Collection « L'esprit économique »

fondée par Sophie Boutillier et Dimitri Uzunidis en 1996
dirigée par Sophie Boutillier, Blandine Laperche, Dimitri Uzunidis

Si l'apparence des choses se confondait avec leur réalité, toute réflexion, toute Science, toute recherche serait superflue. La collection « L'esprit économique » soulève le débat, textes et images à l'appui, sur la face cachée économique des faits sociaux : rapports de pouvoir, de production et d'échange, innovations organisationnelles, technologiques et financières, espaces globaux et microéconomiques de valorisation et de profit, pensées critiques et novatrices sur le monde en mouvement...
Ces ouvrages s'adressent aux étudiants, aux enseignants, aux chercheurs en sciences économiques, politiques, sociales, juridiques et de gestion, ainsi qu'aux experts d'entreprise et d'administration des institutions.

La collection est divisée en six séries :

Dans la série *Economie et Innovation* sont publiés des ouvrages d'économie industrielle, financière et du travail et de sociologie économique qui mettent l'accent sur les transformations économiques et sociales suite à l'introduction de nouvelles techniques et méthodes de production. L'innovation se confond avec la nouveauté marchande et touche le cœur même des rapports sociaux et de leurs représentations institutionnelles.

La série *Economie formelle* a pour objectif de promouvoir l'analyse des faits économiques contemporains en s'appuyant sur les approches critiques de l'économie telle qu'elle est enseignée et normalisée mondialement. Elle comprend des livres qui s'interrogent sur les choix des acteurs économiques dans une perspective macroéconomique, historique et prospective.

Dans la série *Le Monde en Question* sont publiés des ouvrages d'économie politique traitant des problèmes internationaux. Les économies nationales, le développement, les espaces élargis, ainsi que l'étude des ressorts fondamentaux de l'économie mondiale sont les sujets de prédilection dans le choix des publications.

La série *Krisis* a été créée pour faciliter la lecture historique des problèmes économiques et sociaux d'aujourd'hui liés aux métamorphoses de l'organisation industrielle et du travail. Elle comprend la réédition d'ouvrages anciens, de compilations de textes autour des mêmes questions et des ouvrages d'histoire de la pensée et des faits économiques.

La série *Clichés* a été créée pour fixer les impressions du monde économique. Les ouvrages contiennent photos et texte pour faire ressortir les caractéristiques d'une situation donnée. Le premier thème directeur est : mémoire et actualité du travail et de l'industrie ; le second : histoire et impacts économiques et sociaux des innovations.

La série *Cours Principaux* comprend des ouvrages simples, fondamentaux et/ou spécialisés qui s'adressent aux étudiants en licence et en master en économie, sociologie, droit, et gestion. Son principe de base est l'application du vieil adage chinois : « le plus long voyage commence par le premier pas ».

BENJAMIN CONSTANT, ÉCONOMISTE

5-7, rue de l'École-Polytechnique ; 75005 Paris

http://www.editions-harmattan.fr/

ISBN : 978-2-343-16386-4
EAN : 9782343163864

Gérard Minart

Benjamin Constant, économiste

Pour un libéralisme économique qui concilie efficacité et justice

L'Harmattan

OUVRAGES DU MÊME AUTEUR

Pierre DAUNOU, l'anti-Robespierre, éditions Privat, 2001.

Les Opposants à Napoléon, éditions Privat, 2003.

Frédéric BASTIAT, le croisé du libre-échange, éditions de l'Harmattan, 2004.

Jean-Baptiste SAY, maître et pédagogue de l'Ecole française d'économie politique libérale, éditions Charles Coquelin, 2005.

CLEMENCEAU journaliste, L'Harmattan, 2005.

Actualité de Jacques RUEFF, le plan de redressement de 1958, une réussite du libéralisme appliqué, éditions Charles Coquelin, 2007.

Armand CARREL, l'homme d'honneur de la liberté de la presse, éditions de L'Harmattan, 2011.

Gustave de MOLINARI (1819-1912) Pour un gouvernement à bon marché dans un milieu libre, éditions Charles Coquelin, 2012.

Entrepreneur et esprit d'entreprise, l'avant-gardisme de Jean-Baptiste SAY, éditions de l'Harmattan, 2013.

Jacques RUEFF, un libéral français, éditions Odile Jacob, 2016.

Collaboration à *Histoire du libéralisme en Europe* (sous la direction de Philippe Nemo et Jean Petitot), chapitre sur Daunou, Presses Universitaires de France, 2006.

Collaboration à *Dictionnaire du libéralisme* (sous la direction de Mathieu Laine), notices sur Jacques Rueff et Jean-Baptiste Say, Larousse, 2012.

INTRODUCTION

L'autre Benjamin Constant

Benjamin Constant est un personnage complexe à multiples visages dont l'œuvre riche et variée a été découverte par morceaux.

Il fut écrivain avec *Adolphe*, un petit livre qui a constitué un grand moment dans l'histoire du roman français.

Il fut journaliste en publiant un grand nombre d'articles dans des journaux et revues de son temps comme *Le Mercure de France*, *La Minerve*, *La Renommée*, *Le Courrier français*, *La Revue encyclopédique*.

Il fut parlementaire sous deux régimes : le Consulat de Bonaparte et la Restauration des derniers Bourbons.

Il fut philosophe politique et à ce titre l'un des principaux théoriciens du libéralisme sous tous ses aspects. Ses *Principes de politique* sont reconnus aujourd'hui comme l'une des plus solides poutres maîtresses de l'édifice libéral.

Il fut épistolier et sa volumineuse correspondance est une mine d'informations sur lui, ses amours, ses aventures sentimentales, ses amis, ses proches, son époque.

Il fut – et cela est moins connu – historien du sentiment religieux, sujet qu'il a travaillé très tôt, très jeune et dont le résultat fut la publication de cinq volumes sous le titre *De la religion* et de deux volumes posthumes sur le polythéisme romain.

Enfin il fut un personnage que l'on rangerait aujourd'hui dans la catégorie « people », autrement dit qui a défrayé la chronique de son temps en raison de sa triple addiction aux femmes, aux filles et au jeu. Si l'histoire s'est surtout attardée sur sa relation tempétueuse, à la fois intellectuelle et amoureuse, avec la volcanique Germaine de Staël, il eut de nombreuses autres aventures contrariées.

Est-ce tout ? Non. Car il existe un dernier aspect peu exploré du personnage et que nous voudrions mettre en lumière : c'est un *Benjamin Constant économiste.*

Cet autre Benjamin Constant sera le sujet et l'ambition de ce livre.

Si Benjamin Constant n'a pas rédigé un ouvrage exclusivement consacré à la production et à la distribution des richesses, ses réflexions sur l'économie abondent dès ses premiers écrits ainsi que dans la plupart de ses articles, de ses livres et de ses discours.

Il est vrai qu'à son époque la politique et l'économie sont intimement mêlées, même si l'économie, depuis les Physiocrates, Turgot et Adam Smith tend à marquer sa propre originalité relativement à la politique pour mieux se constituer en science humaine autonome. De surcroît la démarche intellectuelle de Benjamin Constant ne vise pas à séparer les domaines du savoir mais plutôt à les unifier dans la recherche d'une sorte de fertilisation croisée. La pente de son esprit et son approche des choses et du monde peuvent se résumer dans une formule qui est de lui : « Tout tient à tout ». Ce en quoi il incarne le grand intellectuel-type du temps de la Restauration dont la culture est fondée sur la philosophie, l'histoire, la littérature et la politique.

Benjamin Constant a donc abordé l'économie par des chemins de traverse plutôt que par la voie royale d'une science morale en cours de constitution. En philosophe plutôt qu'en économiste professionnel. Il a pratiqué une économie buissonnière qui n'est pas moins riche ni moins intéressante que l'autre. Au demeurant, il n'est pas le seul. D'aucuns l'avaient précédé ou accompagné sur de tels chemins.

Ici, il faut dire et redire que l'Ecole française d'économie politique libérale n'est pas riche seulement de ses figures tutélaires – Quesnay, Turgot, Say, Bastiat – elle est riche aussi de ce que l'on pourrait appeler des figures associées. On peut considérer, par exemple, qu'il y a un Condorcet économiste, ou un Sieyès économiste, ou un Roederer économiste comme il y aura un Benjamin Constant économiste. Tous, ils sont comme de puissants contreforts qui viennent soutenir le corps principal du bâtiment.

Si Constant n'est pas un « théoricien » de l'économie, il n'est pas négligeable pour autant : il a étayé par le raisonnement, qu'il avait solide, et clarifié par le style, qu'il avait limpide, nombre de théories fondamentales de l'économie politique, lesquelles, à son époque, étaient déjà soit formulées soit en cours de constitution.

Sur les chemins qu'il a empruntés, il a croisé des économistes, fréquenté des économistes, lu des économistes, combattu des économistes.

A 17 ans, alors qu'il est étudiant à l'Université d'Edimbourg, il fait partie d'une société de pensée, la « Spéculative society », où il rencontre Adam Smith et où il subit l'influence des principaux représentants des Lumières écossaises.

A 33 ans, en 1800, il siège au Tribunat, dans l'une des Assemblées parlementaires du Consulat de Bonaparte, au côté d'un certain Jean-Baptiste Say qui n'est pas encore mais qui sera bientôt l'auteur d'un célèbre *Traité d'économie politique.*

En Suisse, à Coppet, où il est la planète principale d'une constellation d'intellectuels qui brille et gravite autour de Germaine de Staël il a de longues conversations avec Necker et se lie avec Sismondi qui s'y trouve souvent.

Enfin, en 1825, il se lance dans la querelle de l'industrialisme pour dénoncer la doctrine dogmatique et sectaire de Saint-Simon et de ses héritiers.

Benjamin Constant sera donc lecteur d'Adam Smith, de Necker, de Jean-Baptiste Say, de Sismondi, des saint-simoniens, mais pas seulement. Il aura aussi une connaissance approfondie de l'œuvre de David Hume et c'est à juste titre que Paul Bastid soulignera que Hume et Smith sont deux hommes « dont les écrits devaient exercer, soit dans l'ordre historique soit dans l'ordre économique, une influence si décisive sur la pensée de Benjamin Constant ».[1]

De son côté, Marcel Gauchet confirme :

« A en juger en particulier par les manuscrits des *Principes de politique*, Constant a fait une lecture poussée des économistes, dont tout spécialement Say à côté d'Adam Smith. »[2]

A cette liste il convient d'ajouter Jeremy Bentham, dont il critiquera vivement l'utilitarisme.

Dans les décennies qui ont suivi sa mort survenue en décembre 1830, c'est surtout l'imposante lignée des grands critiques littéraires – Sainte-Beuve, Emile Faguet, Albert Thibaudet, Anatole France, Ferdinand Brunetière, Charles du Bos, Marcel Arland – qui s'est emparée de l'écrivain pour marquer la place éminente qu'occupe dans l'histoire du roman français *Adolphe*, « ce petit livre de durée qui traverse les âges sans ride ni poussière » comme le souligne Albert Thibaudet. En effet, toujours selon Thibaudet, le tournant entre le *René* de Chateaubriand et l'*Adolphe* de Constant, parus tous deux à quelques années d'intervalle, c'est la différence en littérature entre les « oratoires » et les « analystes ».[3]

Quand on lit dans la foulée *René* puis *Adolphe* on constate en effet que chez Chateaubriand le héros romanesque épanche ses sentiments à l'extérieur de lui-même prenant la nature à témoin de ses maux et de ses souffrances alors que chez Constant le héros se retire en lui-même et s'analyse dans un style retenu, précis, froid et sec. Disons les choses autrement : chez Rousseau et Chateaubriand on assiste aux épanchements de l'âme dans la nature, chez Benjamin Constant au retranchement de l'âme sur elle-même.

Ce sont ces qualités de dépouillement qui font d'*Adolphe*, selon Marcel Arland, « l'un des plus beaux, le plus vrai des romans français ».[4]

La première figure de Benjamin Constant qui est restée gravée dans la mémoire collective est donc celle de l'écrivain. Elle s'est vite doublée d'un autre visage : celui de l'homme privé dont la vie fut en proie à tous les emportements du cœur et à toutes les passions des sens. Ce Benjamin Constant là a d'autant plus retenu l'attention des biographes et des critiques

---

[1] Paul Bastid, *Benjamin Constant et sa doctrine*, Paris, 1966, Armand Colin, tome 1, p.38.

[2] Benjamin Constant, *Ecrits politiques*, textes choisis, présentés et annotés par Marcel Gauchet, Paris, 1997, Gallimard, Folio essais, p.769.

[3] Albert Thibaudet, *Histoire de la littérature française de Chateaubriand à Valéry*, Paris, 1981, Marabout-Université, p.58.

[4] Marcel Arland, préface à *Benjamin Constant, Adolphe suivi de Cécile*, Paris, 1957, Le Livre de Poche, p.10.

qu'il ne cachait rien de ses failles et de ses faiblesses dans ses correspondances ou ses écrits intimes. Si bien qu'il donne toujours l'impression de se dédoubler, de se regarder vivre, aimer, souffrir. Il souffrait toujours deux fois. La deuxième fois, il souffrait d'avoir fait souffrir. La phrase principale de son *Adolphe*, qui lui ressemble tellement, est sans doute celle-ci : « La grande question dans la vie, c'est la douleur que l'on cause, et la métaphysique la plus ingénieuse ne justifie pas l'homme qui a déchiré le cœur qui l'aimait. »[5]

Se regardant vivre, Constant se juge, se rabaisse, se flétrit, se condamne, le tout avec une sorte de sincérité grinçante. Bref, « il se raillait et se calomniait à plaisir », comme l'écrit Sainte-Beuve.

Dans la dernière année de sa vie, malade et accidenté, ne pouvant plus marcher qu'à l'aide de béquilles, alors qu'on s'informait de sa santé, il avait eu cette réponse d'une effrayante franchise : « je mange ma soupe aux herbes et je *vas* au tripot ».[6]

Et pourtant cet homme qui se traînait lamentablement au tripot aura dans Paris, quelques mois plus tard, d'imposantes funérailles nationales. Un peuple immense se pressera au passage de son convoi funèbre et les étudiants iront jusqu'à dételer les chevaux de son corbillard pour avoir l'honneur de porter sa dépouille jusqu'au cimetière du Père Lachaise après avoir tenté de la faire entrer au Panthéon.

Emile Faguet a bien analysé ce dédoublement d'une personnalité douée d'une intelligence exceptionnelle mais dotée d'une volonté flottante et constamment défaillante. « Presque grand homme par l'intelligence, juge-t-il, presque enfant par la volonté. » Et d'ajouter : « Il y avait en lui une intelligence claire, droite et vigoureuse, et rigoureuse, en face de passions désordonnées, une pensée froide témoin d'une âme trouble, et un homme qui regardait un enfant. »[7]

Rien de surprenant, donc, si les deux aspects les plus publics de Benjamin Constant, l'écrivain et l'homme privé, ont occupé aussi longtemps la scène des lettres et la chronique mondaine. Ce n'est que très progressivement qu'est apparu un troisième Benjamin Constant, le philosophe politique, cette expression devant être entendue dans le sens le plus large regroupant sous un même chapitre les interventions et les écrits de l'intéressé dans les domaines de la politique proprement dite, de l'économie, de la morale et de la religion. Encore fallait-il que les discours, les articles, les livres de ce Constant là fussent connus en totalité. Sait-on, pour ne donner qu'un exemple, que ses *Principes de politique*, son œuvre capitale, rédigés en 1806, recopiés en

---

[5] Benjamin Constant, *Adolphe*, Paris, 1989, GF-Flammarion, p.170.

[6] Cité par Sainte-Beuve dans son article : *Benjamin Constant, son cours de politique constitutionnelle,* Paris, 1884, Nouveaux Lundis, Calmann Lévy, tome 1, p.436.

[7] Emile Faguet, chapitre sur *Benjamin Constant,* dans *Politiques et moralistes du dix-neuvième siècle*, première série, Paris, 1891, Lecène, Oudin et Cie, p.187 et 192.

1810, utilisés en partie en 1815 pour justifier son ralliement à Napoléon, sont restés inconnus dans leur véritable version jusqu'en... 1980, comme le souligne Tzvetan Todorov qui en a donné deux éditions, une édition savante chez Droz et une édition pour un public plus large dans la collection de poche Pluriel ? [8]

Par ailleurs, Benjamin Constant a souvent été victime du peu d'empressement des éditeurs à republier certains de ses livres. Ainsi en a-t-il été de son *Commentaire sur l'ouvrage de Filangieri* dont Kurt Kloocke, son grand biographe actuel, souligne l'extrême nécessité pour la connaissance de ses idées économiques.[9]

Le *Commentaire* avait pratiquement disparu du monde éditorial jusqu'en 2004, date à laquelle Alain Laurent l'a heureusement sorti des sables de l'oubli pour le republier aux éditions des Belles Lettres dans la collection de la *Bibliothèque classique de la liberté* qu'il dirige.

Dans sa préface, Alain Laurent ne manque pas de rappeler que l'historien américain des idées Ralph Raïco tenait ce *Commentaire* pour un ouvrage majeur consacré à l'économie.[10]

Tzvetan Todorov relève que les historiens des idées avaient cru observer un trou béant dans l'histoire de la pensée politique entre le *Contrat social* de Rousseau datant de 1762 et *De la démocratie en Amérique* d'Alexis de Tocqueville parue en 1835. Or il n'y avait nullement béance mais simplement « chaînon manquant », pour reprendre l'expression de Todorov, ce chaînon étant les *Principes de politique*.

C'est donc bien par profils successifs que s'est dégagé et ajusté au fil du temps le vrai visage de Benjamin Constant et par morceaux qu'ont été mis au jour ses écrits de philosophe politique, des écrits qui, aujourd'hui, peuvent donc être replacés dans la chronologie d'une époque qui va de la Révolution de 1789 aux *Trois Glorieuses* de juillet 1830 et qui fut riche d'événements formidables.

Au demeurant, l'œuvre littéraire a elle aussi été découverte par morceaux puisque son autre roman *Cécile*, écrit en 1819, et dont le manuscrit avait été égaré, n'a refait surface et n'a été publié qu'en 1951.

Au passage il importe de saluer, pour la redécouverte du vrai Benjamin Constant, le monumental travail accompli par des universitaires et des chercheurs de l'Institut Benjamin Constant de l'Université de Lausanne. Ils

---

[8] Voir, pour l'édition savante : Tzvetan Todorov, *Les Principes de politique de Benjamin Constant. La genèse d'une œuvre et l'évolution politique de leur auteur* (1789-1806), Genève, 1980, Droz, 2 volumes ; et pour l'édition grand public : *Benjamin Constant, Principes de politique*, présentation de Tzvetan Todorov, Paris, 1997, Hachette-Littératures, collection Pluriel.

[9] Kurt Kloocke, *Benjamin Constant, une biographie intellectuelle*, Genève, 1984, Droz.

[10] Benjamin Constant, *Commentaire sur l'ouvrage de Filangierie*, Paris, 2004, Les Belles Lettres, préface d'Alain Laurent, p.8.

se sont attachés avec érudition et patience à la publication en une cinquantaine de volumes de ses œuvres complètes.[11]

La connaissance précise que l'on possède aujourd'hui de la totalité des écrits politiques de Benjamin Constant permet de vérifier ce que nombre de commentateurs avaient proclamé dès le lendemain de sa mort, à savoir que, derrière l'inconstance du personnage, il existe une extraordinaire constance de ses idées politiques.

Ainsi, le 15 décembre 1830, trois jours après ses funérailles, le journal *Le Constitutionnel* écrivait-il qu'il unissait « la plus grande mobilité d'esprit à une rare fixité de principes. »

Emile Faguet, qui n'a pas caché le côté pitoyable de la vie privée du personnage, a lui aussi dressé ce constat : « Sa doctrine n'a jamais varié, et sous tous les régimes il a soutenu deux ou trois principes où il était arrêté et cramponné comme à des dogmes […] Actes incohérents, pensée immuable, vie troublée et doctrine claire, trépidation des nerfs, calme du cerveau. »[12]

Même constatation chez Marcel Arland : « A travers tous ses reniements, il garde la même doctrine libérale […] Si Benjamin Constant s'est compromis dans l'action politique, il n'y a pas compromis ses principes. »[13]

Même jugement toujours, cette fois chez Paul Bastid : « Nous n'avons jamais pris notre héros pour un saint ; nous n'avons même jamais cru au caractère rectiligne de son action. Nous croyons seulement à la fixité de ses idées fondamentales, ce qui est bien différent […] Sa doctrine reste marquée d'une cohérence sans faille. »[14]

On pourrait multiplier les citations de même tonalité.

Même Sainte-Beuve, si sévère pour l'homme privé qu'il décrit « très désabusé et qui était allé de bonne heure au fond de tout » prend acte « qu'il a suivi en général, à travers ses ondulations, une ligne assez conséquente aux principes et aux sentiments qu'il apporta dès le premier jour dans la vie publique ».[15]

Terminons par trois propos d'aujourd'hui.

Le premier est de Marcel Gauchet : « Les volte-face du politicien et l'incohérence de l'individu dans la conduite de son existence s'allient avec une inébranlable fermeté doctrinale. »[16]

C'est d'ailleurs le même Marcel Gauchet qui souligne le grand et récent tournant des années 1980 pour une appréciation exacte de l'auteur des

---

[11] Voir le détail des volumes de ces *Œuvres complètes* sur le site Internet de l'Institut Benjamin Constant.

[12] Emile Faguet, op.cit., p.194.

[13] Marcel Arland, op.cit., p.10.

[14] Paul Bastid, op.cit., p.1 et 134.

[15] Sainte-Beuve, op.cit., p.420.

[16] Benjamin Constant, *Ecrits politiques*, op.cit., p.792.

Principes de politique : « On s'est mis à lire Constant, souligne-t-il. Sa pensée a fait l'objet de travaux importants, en même temps que les études sur l'ensemble du libéralisme du premier XIXe siècle français se sont multipliées. »[17]

Le deuxième propos émane de Kurt Kloocke qui écrit : « Des principes invariables constituent le secret de l'unité profonde de son œuvre politique et de son combat. »[18]

Enfin, le dernier propos est de Tzvetan Todorov :

« Constant, souligne-t-il, a bien une personnalité que caractérise ce qu'il appelle lui-même la « mobilité », mais celle-ci n'est pas l'inconstance ; il s'agit plutôt d'une extrême sensibilité aux éléments du contexte dans lequel se produit chaque expérience. Pour ce qui est de ses idées, c'est au contraire la grande continuité qui frappe. »[19]

Celui que nous avons nommé « L'autre Benjamin Constant » – le philosophe politique au sens large, c'est-à-dire englobant l'économiste – est désormais bien installé dans l'histoire de la pensée politique, et cela non par un phénomène de mode mais par la rigueur de travaux universitaires.

Ses écrits de toute nature, aujourd'hui sortis pratiquement tous d'archives nationales, locales ou privées, donc connus dans leur quasi-totalité, examinés sans complaisance par les spécialistes, reclassés dans l'ordre chronologique de leur rédaction, éclairés par les événements historiques dont ils émanent, constituent bien ce qu'Albert Thibaudet a appelé « une place forte du libéralisme » et ont permis ce jugement de Faguet : « Benjamin Constant a inventé le libéralisme. »[20]

Moins péremptoire que Faguet, le duc Victor de Broglie, qui l'a bien connu et fréquenté à Coppet et à Paris, a eu ce jugement politiquement plus juste :

« C'est lui qui a vraiment enseigné le gouvernement représentatif à la nation nouvelle, tandis que M. de Chateaubriand l'enseignait à l'émigration et à la gentilhommerie [...] On ne saurait trop apprécier sur ce point la dette de notre pays envers Benjamin Constant : ses différentes brochures ont éclairé les plus habiles, illuminé le gros du public et transformé en lieux communs des vérités ignorées ou méconnues, c'est le premier des triomphes en philosophie et en politique. »[21]

---

[17] Ibid., p.11.
[18] Kurt Kloocke, op.cit., p.219.
[19] Tzvetan Todorov, *Benjamin Constant, la passion démocratique*, Paris, 1997, Hachette-littératures, p. 23.
[20] Albert Thibaudet, op.cit., p.59 et Emile Faguet, op.cit., p.255.
[21] Duc de Broglie, *Souvenirs 1785-1870*, Paris, Calmann-Lévy, tome 1, p. 283.

Quel est donc le premier profil de ce Benjamin Constant, profil que nous avons le projet de transformer en portrait au fil des chapitres qui vont suivre ?

C'est d'abord un adepte de « la liberté en tout » comme il le dira lui-même. En économie il sera donc promoteur des libertés d'entreprendre et d'échanger, de la propriété privée des instruments de production, de l'intérêt personnel comme facteur de la croissance, de la limitation des responsabilités de l'Etat à ses fonctions régaliennes de police, justice et défense, de la division du travail et de l'innovation.

Profil classique de l'économiste libéral mais que Benjamin Constant va enrichir de ses couleurs propres, à savoir :

- Ne jamais dissocier l'économie de la politique car les libertés politiques sont les garanties des droits individuels et il n'y a pas d'économie efficace sans l'existence de droits individuels protégés par des garanties ;
- Toujours inscrire le développement économique dans une perspective de long terme de progrès général pour la société et de progrès personnel pour l'individu ;
- Enfin, ne jamais séparer l'économie libérale de la morale car le destin de l'humanité est de marcher vers l'égalité et la justice.

Nous nous proposons donc de revisiter les ouvrages de cet autre Benjamin Constant pour mettre l'accent sur les traits principaux de son libéralisme économique, devinant qu'il y a sans doute quelques leçons à tirer de ses écrits dès lors que son époque, marquée par la naissance d'un monde nouveau dû à la révolution industrielle, n'est pas sans résonance avec la nôtre, secouée par une autre révolution : celle de l'irruption du numérique dans notre vie quotidienne.

Ce travail sur Benjamin Constant s'intéressera donc en priorité à ses considérations économiques à un moment où l'économie interpelle doublement la société, d'abord comme instrument d'efficacité à l'heure d'une révolution qui pousse à la production de masse, ensuite comme élément de savoir théorique d'une science humaine en voie de consolidation. Quel est le partage entre économie opérationnelle et économie théorique dans l'œuvre de Benjamin Constant, et dans quelle mesure ce partage conserve-t-il aujourd'hui un intérêt pour nous ? Voilà les deux questions auxquelles nous tenterons de répondre en précisant aussitôt que les écrits de ce Benjamin Constant économiste ne seront jamais dissociés de leur contexte politique, voire philosophique, mais au contraire y seront toujours ramenés. C'est que l'économie, la politique et la philosophie de Benjamin Constant ont un même cœur, un même centre, un même foyer : la liberté et l'égalité.

Nombre de ses commentateurs – Sainte-Beuve et Anatole France entre autres – n'ont pas manqué d'insister sur son scepticisme, affirmant que, dès sa jeunesse, « il était revenu de tout ». Affirmation exacte, sauf à ajouter qu'il était revenu de tout sauf de la liberté et de l'égalité. S'il a cru avec détermination et même enthousiasme, durant toute son existence, à une seule chose, c'est bien au couple, qu'il jugeait indissociable, liberté-égalité.

Pour lui, liberté et égalité sont comme deux forces d'attraction qui s'appliquent à la condition humaine et l'attirent vers les voies de la justice et de la perfectibilité.

La seconde partie de cet ouvrage est réservée à une biographie commentée de Benjamin Constant.

Cela s'impose.

En effet, autant on peut consacrer de longues pages à l'analyse de *La Richesse des nations* d'Adam Smith sans rien connaître de la vie de l'auteur hormis sa date de naissance, autant il est impossible de procéder de même avec des personnages comme Benjamin Constant et Jean-Baptiste Say qui, nés tous les deux la même année comme on le verra dans le chapitre suivant, présentent cette caractéristique d'avoir produit une œuvre de pensée qui émane directement de leurs engagements dans l'action.

Les écrits – tous les écrits – de Constant et de Say sont profondément enracinés dans un sol encadré par deux dates qui sont deux révolutions : 1789 et 1830. Un sol qui, durant presque un demi-siècle, a été remué, secoué, labouré, meurtri par des circonstances exceptionnelles et fondatrices. Un sol d'où surgiront une nouvelle société, une nouvelle politique, une nouvelle économie, une nouvelle liberté.

Et un nouvel individu.

Constant et Say seront acteurs et pas seulement spectateurs ou commentateurs d'un tel bouleversement. Chez eux la pensée sort de l'action, se nourrit de l'action, s'éprouve dans l'action, se modifie par l'action.

N'est-il pas révélateur que l'un et l'autre présentent ce point commun d'avoir, chacun, vécu sa spécialité principale - l'activité économique pour l'un, la politique parlementaire pour l'autre - par immersion en eaux profondes : Say a été presque dix ans chef d'entreprise (1805-1813) et Constant a été plus de dix ans député (1819-1830).

Tous deux ont eu l'occasion d'expérimenter leurs idées en situations concrètes.

Et l'on pourrait appliquer à Benjamin Constant ce que Schumpeter a écrit de Jean-Baptiste Say :

« Ce fut un homme de pratique, et il connut ainsi l'avantage de savoir de première main ce dont il écrivait. Les intellectuels qui ne connaissent les affaires que par les journaux ont l'habitude de se féliciter eux-mêmes de leur détachement. Mais, à l'évidence, la médaille a son revers. »[22]

---

[22] Joseph A. Schumpeter, *Histoire de l'analyse économique*, Paris, 1983, Gallimard, tome II, p.160.

PREMIÈRE PARTIE

« Le commerce et l'industrie ont changé la face du monde »

1

Jean-Baptiste SAY et Benjamin CONSTANT frères d'armes dans le combat libéral

Benjamin Constant et Jean-Baptiste Say sont nés la même année, en 1767. Ils sont issus l'un et l'autre de familles protestantes qui avaient quitté la France au moment des guerres de religion pour se réfugier en Suisse, ce qui avait été le cas pour les ancêtres de Constant comme pour ceux de Say. Ils ont adhéré tous deux aux principes de 1789 dès le début de la Révolution et se sont retrouvés tous deux, dans le premier tiers du XIXe siècle, à l'avant-garde du combat pour les idées libérales.

Dans l'avant-propos du monumental ouvrage qu'il a consacré en 1966 à Benjamin Constant et à sa doctrine, Paul Bastid rappelle qu'un quart de siècle plus tôt il avait écrit un *Sieyès et sa pensée.* En quelques phrases il souligne les traits principaux du parallèle qu'il avait dressé, pour ce qui est des idées politiques, entre Sieyès et Constant, « deux penseurs vigoureux » pour qui « la liberté individuelle a été leur commune et leur unique religion », qui ont exalté « l'indépendance de la personne » et qui « dans une époque troublée par l'esprit de domination et d'intolérance » ont fortement dessiné dans leurs écrits l'image « d'un homme libre face au pouvoir et aux factions ».[23]

On pourrait reprendre ce propos sans en changer un iota pour l'appliquer à un autre parallèle, celui entre Constant et Say.

Arrêtons-nous sur l'époque : Constant et Say appartiennent à la génération qui arrive à l'âge d'homme pendant la Révolution française. Génération dont la courbe de vie va rencontrer des événements exceptionnels : après 1789, ce sera la Terreur, Thermidor, le Directoire, le Consulat, l'Empire, les Cent-Jours, les deux Restaurations, les *Trois Glorieuses* et le début de la Monarchie de Juillet. Epoque où la grande Révolution française sombre dans l'anarchie avant d'être récupérée par Bonaparte mais où en Angleterre se lève une autre révolution, aussi capitale que la précédente et qui, elle aussi, va refaçonner le monde : la grande Révolution industrielle. De cette époque Albert Thibaudet dira excellemment : « Qui aura vécu sa jeunesse sous Louis XVI, sa maturité sous la Révolution et l'Empire, sa vieillesse sous la Restauration tiendra dans

[23] Paul Bastid, *Benjamin Constant et sa doctrine*, Paris, 1966, Armand Colin, tome 1 p.5.

sa mémoire un des morceaux de durée les plus variés et les plus puissants que l'histoire ait permis. »[24]

Constant et Say ont donc vécu en direct le passage de la vieille monarchie à la jeune république, des Lumières au Romantisme, de l'économie agricole à l'économie industrielle. Ils ont connu une période comparable à la nôtre, que l'on pourrait qualifier de « destruction-reconstruction », où tout s'écroule - les idées, les institutions, les mœurs, les économies - pour se reconstruire autrement. Une époque où l'introduction du machinisme dans les métiers du textile entraînera autant de bouleversements que l'irruption du numérique dans nos activités d'aujourd'hui.

Né en Suisse, Benjamin Constant n'a pas participé aux événements qui démarrent en 1789.

Avant 1795, c'est-à-dire avant son arrivée à Paris cette année-là avec Madame de Staël dont il deviendra l'amant, sa vie se résume en deux mots : voyages et passions.

Voyages à travers l'Europe : Belgique, Hollande, Allemagne, Angleterre, Ecosse. Et puis la France pour deux séjours de courte durée en 1785 et 1786 chez les Suard où, à l'âge de dix-huit ans, il rencontre quelques célébrités de l'époque comme Condorcet, d'Holbach, Morellet.

Ce cosmopolitisme précoce s'explique par l'activité de son père, Juste de Constant, capitaine au service de la Hollande, qui emmène son fils avec lui dès qu'il a sept ans dans ses différentes missions ou affectations. En effet, Benjamin Constant a perdu sa mère moins d'un mois après sa naissance et c'est son père qui s'occupe tant bien que mal, et plutôt mal que bien, de son éducation.

Durant cette période agitée, Benjamin Constant va vivre sous l'emprise de plusieurs passions. D'abord une grande passion intellectuelle, et rien qu'intellectuelle, de 1787 à 1794, avec Isabelle de Charrière, plus âgée que lui de vingt-sept ans. Elle va jouer un rôle capital dans la formation de ses idées. Avec elle, il échange une abondante correspondance. Puis des passions d'un autre ordre, plus débridées, jusqu'à sa rencontre avec Germaine de Staël. Il sera même marié à une Allemande, Minna Von Cramm, dont il divorcera en 1794.

Bref, jusqu'à son installation à Paris à vingt-huit ans où il va commencer à jouer un rôle politique à partir du salon de Mme de Staël, il aura connu une existence itinérante traversée de passions, d'orages, de querelles, de dettes de jeu, de crises personnelles mais aussi de rencontres intellectuelles qui lui seront profitables.

Trois choses sont à retenir de cette époque agitée qui vont le rapprocher de Jean-Baptiste Say : sa connaissance de l'Angleterre, sa pratique de la langue anglaise, enfin l'influence sur son œuvre des écrits d'Adam Smith.

---

[24] Albert Thibaudet, op.cit., p.67.

Say aussi avait séjourné en Angleterre de 1785 à 1787, lui aussi pratiquait l'anglais, lui aussi enfin subira la très profonde influence d'Adam Smith.

Toutefois, à l'inverse de Benjamin Constant, Jean-Baptiste Say, né en France et résidant à Paris, participe activement à la Révolution. En 1789, il s'enrôle dans la Garde Nationale commandée par La Fayette. Il devient secrétaire de Clavière futur ministre girondin et publie une brochure sur la liberté de la presse. En 1790, il collabore au *Courrier de Provence* de Mirabeau. En 1792, il s'engage dans les armées de la Révolution et part comme volontaire au sein de la Compagnie des Arts où se retrouvent écrivains et artistes qui répondent à l'appel de la patrie en danger.

Il sera présent à la bataille de Valmy.

Marié en 1793, il aura une vie familiale paisible et austère auprès d'une épouse qui lui donnera de nombreux enfants et qui le soutiendra dans toutes ses activités.

En 1794, avant l'arrivée de Benjamin Constant à Paris, il prend la direction d'une revue qui vient de se créer et qui rassemble de jeunes intellectuels républicains : *La Décade*.

Benjamin Constant et Jean-Baptiste Say, à part les différences de ces trajectoires de vie, c'est donc l'appartenance à une même génération ; le respect pour une même religion qui fut celle des ancêtres ; l'attachement à un même pays – la Suisse - terre d'accueil pour les exilés de la liberté de croire et de penser ; l'influence d'une même philosophie, celle du Siècle des Lumières ; l'adhésion aux mêmes idées politiques, celles de liberté et d'égalité qui explosent en 1789.

S'il fallait ajouter une preuve supplémentaire au parallèle que nous venons d'établir on pourrait mentionner, entre autres, l'empressement avec lequel *La Décade* salue le premier grand écrit politique de Benjamin Constant.

Nous sommes en 1796 sous le Directoire. Les républicains modérés qui ont réchappé à la Terreur ont rédigé l'année précédente une nouvelle Constitution – la Constitution de l'An III – qui a mis en place un pouvoir législatif confié à deux Chambres, le Conseil des Anciens et le Conseil des Cinq-Cents, et un pouvoir exécutif attribué à cinq Directeurs. En fractionnant ainsi les différents pouvoirs les auteurs de cette Constitution ont voulu briser les instruments, Comité de salut public et Comité de sûreté générale, qui avaient permis la dictature de Robespierre. L'ambition était d'endiguer la vague révolutionnaire, de terminer la Révolution, d'en consolider les acquis par le moyen d'institutions équilibrées, d'enraciner de telles institutions dans la partie stable de la nation représentée par les propriétaires, enfin de former des citoyens responsables par le développement de l'instruction publique.

Le père de cette nouvelle Constitution est Daunou. Il est à la fois proche des intellectuels de *La Décade* et un familier du salon de Germaine de Staël. Cette dernière éprouve pour Daunou une profonde admiration mêlée de respect et d'affection comme en témoigne ce billet qu'elle lui adresse alors qu'il rentre d'une mission en Italie :

« Vous êtes arrivé et vous n'êtes pas venu me voir, se désole-t-elle. Je m'en plains. Voici vos moyens de réparer : voulez-vous, quoique sauvage, entendre un peu de musique, chez moi, avec de belles dames ? Si les belles dames vous font peur, voulez-vous dîner avec Chénier et Benjamin Constant ? Il me faut vous voir. J'ose vous dire que mon esprit et mon âme ont besoin de vous entendre. »

C'est pour soutenir les premiers pas dans la carrière constitutionnelle de ce régime républicain institué sous l'autorité de Daunou, juste après que ce régime a été menacé par la Conjuration des Egaux, que Benjamin Constant, en 1796, prend la plume et en appelle à l'opinion publique dans un écrit au titre très explicite : *De la force du gouvernement actuel de la France et de la nécessité de s'y rallier*.

Aussitôt il est appuyé par *La Décade*.

Dans ses numéros des 19 et 29 mai 1796, cette revue lui consacre deux articles avec de larges extraits.

La Décade se voulait revue « philosophique, littéraire et politique ». Elle passait pour être l'organe des Idéologues, un mouvement de jeunes intellectuels progressistes héritiers du Siècle des Lumières et de l'Encyclopédie qui avaient comme principales références intellectuelles Locke, Condillac, Condorcet et qui se proclamaient ouvertement républicains.

Benjamin Constant sera très proche d'eux.[25]

Un an plus tard, en 1797, *La Décade* soutiendra de nouveau Benjamin Constant dans son initiative de créer un Cercle constitutionnel destiné à contrer l'influence du cercle de Clichy animé par les royalistes.

La première convergence publique entre Constant et Say s'observe donc sous le Directoire.

Cette convergence est d'abord politique et se nomme la république.

Mais pas n'importe quelle république : la république modérée, caractérisée par la séparation des pouvoirs, éloignée des extrêmes qu'ils

---

[25] Le terme d'idéologues a pris aujourd'hui une connotation péjorative. Ce n'était pas le cas à l'époque de Benjamin Constant. On appelait Idéologues (c'est volontairement que nous mettons une majuscule) les adeptes de l'école philosophico-politique de l'Idéologie. Une école qui étudiait la façon dont les idées se forment dans l'esprit humain et qui regroupait des personnalités libérales et progressistes comme le philosophe Destutt de Tracy, le médecin Cabanis, l'historien Volney, évidemment l'économiste Jean-Baptiste Say et surtout l'ancien oratorien Daunou. Les Idéologues affirmaient que toutes les sciences sont sœurs car elles sortent toutes de l'esprit humain. Ils seront à l'origine de l'Académie des sciences morales et politiques.

soient jacobins ou royalistes, instituée pour mettre en œuvre les conquêtes de la Révolution au premier rang desquelles la liberté, l'égalité, l'abolition des privilèges, le respect des propriétés, la séparation du temporel et du spirituel, le développement de l'instruction publique, la valorisation des talents.

« La propriété et les talents, écrira Benjamin Constant, ces deux raisons raisonnables d'inégalité parmi les hommes, vont reprendre leurs droits. »[26]

Au reste, s'il fallait au Benjamin Constant de ce temps-là un brevet de républicanisme, il lui est décerné par Necker, qui écrit à un de ses amis en janvier 1796 que sa fille, Madame de Staël, ainsi que Benjamin Constant « sont tous deux merveilleusement lestés en idées et en espérances républicaines ».[27]

Quand la Constitution de l'An III aura montré ses limites pour avoir fractionné de manière trop excessive les différents pouvoirs sans avoir mis en place de procédure efficace pour trancher les conflits entre le législatif et l'exécutif, quand ce régime aura précipité le pays au bord de l'anarchie, il faudra tourner la page.

En novembre 1799, Say, *La Décade* ainsi que la grande majorité des Idéologues soutiennent donc le Coup d'Etat du 18 Brumaire de Bonaparte. Benjamin Constant est présent à Saint-Cloud pour en suivre le déroulement et informer Mme de Staël de sa réussite. Deux raisons à un tel soutien : tous dénoncent l'inefficacité d'un Directoire finissant et tous pensent que Bonaparte peut devenir un « Washington français » capable de faire régner à la fois l'ordre et la liberté. D'autant qu'à cette époque Bonaparte fréquente les intellectuels, possède la réputation d'un général progressiste et a été élu membre de l'Institut.

C'est le coup de foudre des Idéologues - et de Germaine de Staël et Benjamin Constant - pour le Premier Consul.

Leur attitude est largement récompensée par quelques « douceurs ».

Début 1800 beaucoup d'Idéologues sont nommés dans les institutions du nouveau régime : soit le Conseil d'Etat, soit le Tribunat (c'est le cas de Jean-Baptiste Say, de Benjamin Constant et de Daunou), soit le Corps législatif, soit le Sénat.

Mais ce trajet parlementaire est de courte durée : ayant protesté contre les premières atteintes aux libertés, ou refusé de voter certains projets par trop autoritaires, nombre d'Idéologues sont exclus du Tribunat dès 1802. Ainsi de Benjamin Constant et de Daunou.

Ils sont devenus des « métaphysiciens », des « avocats » - autrement dit des beaux parleurs - de la « vermine », ces mots sont du Premier Consul, leur récent ami.

---

[26] Paul Bastid, op.cit., p.109.

[27] Ibid., p.110.

Jean-Baptiste Say sera exclu à son tour en 1804 pour avoir refusé de réécrire, sous la dictée de Bonaparte, plusieurs parties de son *Traité d'économie politique*, qui a paru un an plus tôt, qui a obtenu un certain succès et que le Premier Consul veut mettre au service de sa politique étatique. L'affrontement entre les deux hommes, qui étaient proches jusque-là, marque une cassure définitive. Say sera le seul Idéologue à rompre totalement avec Bonaparte jusqu'à sa chute.

Et à refuser sans compromis place, titre ou argent.

Si, après cette brève expérience parlementaire, les routes de Constant et de Say s'écarteront, Constant persistant dans sa double vocation d'homme politique et d'écrivain alors que Say deviendra chef d'entreprise dans le Pas-de-Calais puis professeur d'économie, si même leurs idées sur les institutions divergeront, Constant acceptant la monarchie constitutionnelle dès lors qu'elle respecte les formes juridiques et les garanties des citoyens alors que Say sera jusqu'à la fin de sa vie « un bel exemple du meilleur type de républicain français », selon le jugement de John Stuart Mill, tous deux, toujours, à travers leurs diverses occupations, resteront d'ardents défenseurs de la liberté.

De même, dans le domaine de l'économie, ils resteront fidèles à l'influence subie au temps de leur jeunesse : celle d'Adam Smith.

Constant et Say ont découvert très tôt l'œuvre d'Adam Smith.

Le premier dès l'âge de 17 ans alors qu'il était étudiant à Edimbourg et appartenait à la « Speculative society ».

Le second à 22 ans alors qu'il était en 1789 secrétaire de Clavière qui possédait dans sa bibliothèque un exemplaire en anglais de *La Richesse des nations*.

Par ailleurs *La Décade* sera attentive aux traductions en français des écrits de Smith. Ainsi, en 1798, consacrera-t-elle deux longs articles à la *Théorie des sentiments moraux*, l'autre grand livre d'Adam Smith, qui venait de faire l'objet d'une nouvelle traduction due à Sophie de Grouchy, la veuve de Condorcet.

On pourrait poursuivre en ajoutant bien d'autres éléments à ce parallèle entre Constant et Say.

Par exemple une même ardeur à défendre la liberté de la presse.

Par exemple un même engagement pour dénoncer la traite des Noirs.

Ce n'est pas un hasard si Jean-Baptiste Say en 1818 devant la Société des amis de la liberté de la presse et Benjamin Constant en 1819 à l'Athénée prononceront tous deux un vibrant éloge funèbre de Sir Samuel Romilly, ce « citoyen du monde » qui s'était élevé avec éclat contre l'esclavage.

Par exemple un même intérêt pour les institutions anglaises. Tous deux ayant séjourné en Angleterre et en parlant la langue admiraient une nation où l'existence et l'exercice des libertés étaient entourés de solides garanties résultant à la fois de la tradition et de la législation. Insistons ici sur la puissance de séduction que l'Angleterre exerçait sur les meilleurs esprits de l'époque. Séduction philosophique, par l'intermédiaire de Bacon et de Locke; séduction politique, avec la grande révolution de 1688; séduction technique, avec le génie de ses inventeurs et de ses entrepreneurs; séduction industrielle, avec le fantastique développement de son appareil productif.

Nul n'a résumé cette attraction mieux que Pierre Reboul quand il a écrit que l'Angleterre sera, pour les Français de l'époque de la Restauration, ce que sont les Etats-Unis pour ceux d'aujourd'hui : le pays des « scènes de la vie future ». [28]

Par exemple, enfin, une même attirance pour la jeune Amérique. Constant, sous la Terreur, et Say, sous Napoléon, quand ils désespéraient tous deux de la France, avaient rêvé d'un départ pour l'Amérique :

« Amérique, Amérique [...] si je vois toute liberté mourir en Europe, il me restera donc un asile », avait écrit Benjamin Constant.[29]

Quant à Jean-Baptiste Say, après avoir vendu sa filature de coton, il avait éprouvé en 1813 la tentation du rêve américain et avait envisagé de s'installer définitivement aux Etats-Unis avec sa famille. Il avait étudié la carte de ce vaste pays, avait pris des informations sur les différentes régions, leur climatologie, la structure des sols, le prix des terres. Il avait même fixé son choix sur la Virginie. Les renseignements sur cette contrée accueillante lui avaient été fournis par le plus illustre de ses habitants : Thomas Jefferson, ancien ambassadeur américain à Paris de 1785 à 1789, grand ami de la France, des Idéologues et de Jean-Baptiste Say lui-même.

Finalement, Say avait renoncé à ce projet d'expatriation.

Après ces accès de pessimisme, Say et Constant porteront finalement tous deux un jugement raisonnablement optimiste sur l'époque révolutionnaire, malgré les crimes de la Terreur.

En 1801, jetant un regard rétrospectif sur la période 1789-1799, Say écrira :

« Les dix dernières années sont, à tout prendre, les dix plus belles du siècle, et celles qui auront les plus longues et les plus grandes conséquences. ».

Et Constant, pour sa part, évoquera dans un discours « notre heureuse Révolution », ajoutant : « Je l'appelle heureuse, malgré ses excès, parce que je fixe mes regards sur ses résultats ».

Après la chute de l'Empire napoléonien, Jean-Baptiste Say et Benjamin Constant se retrouveront à Paris pour donner l'un et l'autre des cours de libéralisme à la tribune de l'Athénée, société d'enseignement libre où avaient

---

[28] Cité par Bertier de Sauvigny dans son livre *La Restauration*, Paris, Flammarion, collection Champs, p.331.

[29] Henri Grange, *Benjamin Constant amoureux et républicain 1795-1799*, Paris, 2004, Les Belles Lettres, p.25.

lieu des conférences à destination du grand public. On trouvera d'ailleurs dans les archives de Say un écrit de sa main où il demande qu'on lui réserve une place à une conférence que Constant doit donner le 13 février 1819.

Ici se manifeste une autre convergence essentielle entre les deux hommes : un même dévouement à l'instruction publique. C'est là un thème très fort et très présent chez les Idéologues. Ce dévouement à l'instruction se prolongera jusqu'à la fin de la vie de Constant et de Say. Une telle volonté d'enseigner visera à former une opinion publique éclairée capable de comprendre les bienfaits des libertés et de les défendre.

Benjamin Constant se réclame d'une telle volonté quand il écrit, dans la présentation de ses *Principes de politique* :

« Mon but a été de composer un ouvrage élémentaire ; un ouvrage de ce genre, sur les principes fondamentaux de la politique, m'a paru manquer dans toutes les littératures que je connais. »[30]

Même chose pour Say quand il précise que son dernier ouvrage, le *Cours complet d'économie politique pratique* a une finalité très explicite à savoir : mettre sous les yeux des hommes d'Etat, des propriétaires fonciers, des capitalistes, des savants, des agriculteurs, des manufacturiers, des négociants, et en général de tous les citoyens, l'économie des sociétés.

La conférence de Benjamin Constant à l'Athénée à laquelle souhaite assister Jean-Baptiste Say fera date dans l'histoire du libéralisme politique et en deviendra l'un des textes fondateurs. Elle aura comme titre : *De la liberté des Anciens comparée à celle des Modernes.*

Les Modernes : voilà bien le mot-clé, le mot-code, le mot-signe qui permet de relier et d'unir la pensée de Constant à celle de Say.

La liberté politique des Modernes se résume d'une phrase chez Benjamin Constant : indépendance de l'individu.

La liberté économique des Modernes se résume aussi d'une phrase chez Jean-Baptiste Say : indépendance de l'activité productrice.

Si Constant s'attache à définir et à préciser les caractères propres de la liberté des Modernes, on peut affirmer que Say s'attache à définir et à préciser les contours de la société future dans laquelle s'épanouira cette liberté.

Cette société, ce sera la société industrielle.[31]

Les formes juridiques et les garanties constitutionnelles auront donc pour finalité de créer autour de l'individu citoyen et de l'individu producteur une sphère protectrice des droits et des libertés face aux empiétements de l'Etat.

---

[30] Benjamin Constant, *Principes de politique*, Paris, 1997, Hachette-littératures, collection Pluriel, p.21.

[31] Voir à ce propos l'étude de Philippe Steiner : *Say, les Idéologues et le groupe de Coppet. La société industrielle comme système politique*, Revue française d'histoire des idées politiques (numéro spécial sur les Idéologues) 2003/2, N°18, pp.331 à 353. Sur Internet.

Quand on contemple d'un peu loin et d'un peu haut la période qui s'étend de 1819 à 1830 – époque si importante dans l'histoire du libéralisme – que voit-on ? On voit un Benjamin Constant enseignant le régime parlementaire à la tribune de la Chambre des députés et, au même moment, un Jean-Baptiste Say enseignant l'économie libérale à la chaire du Conservatoire des Arts et Métiers puis à celle du Collège de France.

Les historiens ont appelé cette époque *La Restauration*, terme qui s'applique au retour en France des Bourbons. Nous soulignerons pour notre part que c'est aussi une restauration dans un autre domaine : celui des idées libérales. Pourchassées par la dictature robespierriste, étouffées par l'autoritarisme napoléonien, elles entendent retrouver un espace dans le débat public grâce aux ouvertures offertes par la Charte de 1814.

C'est à juste titre que certains commentateurs ont qualifié Benjamin Constant de *maître d'école* du libéralisme politique et Jean-Baptiste Say de *pédagogue* de l'école française d'économie libérale : c'était le temps où il fallait enseigner - ou réenseigner - la liberté.

Cela nous vaudra deux ouvrages qui seront comme les deux manuels, mieux, les deux bibles du libéralisme à la française, autrement dit d'un libéralisme à la fois conceptuel et opérationnel : *Les principes de politique* de Benjamin Constant et le *Traité d'économie politique* de Jean-Baptiste Say.

Aujourd'hui encore ces deux livres, vieux de deux siècles mais restés jeunes de clarté, de vigueur et de précision, valent bien, comme introduction à la politique et à l'économie, beaucoup de nos pesants et obscurs discours contemporains.[32]

---

[32] La seconde partie de cet ouvrage, nous le rappelons, est consacrée à une biographie détaillée de Benjamin Constant. Nous n'avons donné dans ce chapitre que quelques dates significatives de cette biographie pour souligner les convergences avec la vie de Jean-Baptiste Say. L'œuvre de Say, à laquelle nous ferons souvent référence, éclaire en effet d'une lumière complémentaire celle de Benjamin Constant. Mieux : les écrits de Say et de Constant s'éclairent mutuellement, ayant surgi les uns et les autres des mêmes événements et constituant le profil des deux maîtres du libéralisme français. Et de même que nous tentons de présenter dans cet ouvrage un « Benjamin Constant économiste », on pourrait de la même façon et avec la même méthode rédiger un « Jean-Baptiste Say politique ».

2

La profession de foi de Benjamin Constant : « Liberté en tout »

Si Benjamin Constant n'a pas découvert à lui seul les principaux éléments constitutifs de la doctrine libérale, s'il n'a donc pas « inventé » au sens propre du terme le libéralisme, comme l'a prétendu Emile Faguet, il n'en demeure pas moins que c'est bien lui qui a le mieux éclairé, organisé, mis en relief, en perspective et en cohérence de tels éléments, avec l'ambition d'établir les *principes* qui doivent régir la vie politique et l'activité économique dans la société des Modernes.

Connaître la philosophie politique de Benjamin Constant dans son ensemble est donc nécessaire avant d'entrer dans le détail de ses idées économiques. Car son libéralisme économique s'inscrit, s'organise, s'enracine dans un système global, complet et cohérent de liberté.

Sa philosophie politique, qui devait irradier tout le libéralisme après lui, se résume aisément en deux mots : oui et non.

Oui à la souveraineté du peuple, seule légitime, de laquelle doit émaner la volonté générale, autrement dit toute autorité qui gouverne une nation.

Non au pouvoir illimité de cette volonté générale sur la totalité de l'existence individuelle « car il y a au contraire, proclame Constant, une partie de l'existence humaine qui, de nécessité, reste individuelle et indépendante et qui est, de droit, hors de toute compétence sociale. La souveraineté n'existe que d'une manière limitée et relative. Au point où commence l'indépendance de l'existence individuelle, s'arrête la juridiction de cette souveraineté. Si la société franchit cette ligne, elle se rend aussi coupable de tyrannie que le despote qui n'a pour titre que le glaive exterminateur. La légitimité de l'autorité dépend de son objet aussi bien que de sa source. Lorsque cette autorité s'étend sur des objets hors de sa sphère, elle devient illégitime.[33] »

Avant d'aller plus loin il est nécessaire de rappeler comment se structure dans les écrits de Benjamin Contant, sa conception de la société des Modernes. D'autant que ses idées économiques s'inscriront dans cette architecture. De surcroît, cela permettra, au passage, de préciser le vocabulaire qu'il emploie.

Pour Constant la souveraineté du peuple - seule légitime comme nous venons de le voir - met au jour une volonté générale.

---

[33] Benjamin Constant, *Principes de politique*, op.cit., p. 51.

Cette volonté générale, s'exprimant par la voix du gouvernement représentatif donne naissance à la loi.

Cette loi s'applique par le moyen de ce que Constant appelle indifféremment : autorité, compétence sociale, gouvernement, pouvoir social, bref Etat comme on dirait aujourd'hui.

Cet ensemble de caractéristiques doit être proclamé et inscrit dans un texte suprême qui se nomme Constitution.

« Une constitution, écrit Constant, est la garantie de la liberté d'un peuple : par conséquent, tout ce qui tient à la liberté est constitutionnel, et, par conséquent aussi, rien n'est constitutionnel de ce qui n'y tient pas.[34] »

La Constitution a donc pour objet principal d'assurer à la fois les libertés et les garanties.

Deux notions à ne pas confondre.

En effet, pour Constant, les droits individuels, c'est la liberté et les droits politiques, c'est la garantie.

Et d'expliquer :

« L'axiome de la souveraineté du peuple a été considéré comme un principe de liberté : c'est un principe de garantie. Il est destiné à empêcher un individu de s'emparer de l'autorité qui n'appartient qu'à l'association entière ; mais il ne décide rien sur la nature et les limites de cette autorité même. Il n'augmente donc en rien la somme de liberté des individus ; et si l'on ne recourt pas à d'autres principes pour déterminer l'étendue de cette souveraineté, la liberté peut être perdue, malgré la souveraineté du peuple ou même par ce principe.

« La maxime de M. de Montesquieu, que les individus ont le droit de faire tout ce que les lois permettent, est de même un principe de garantie. Il signifie que nul n'a le droit d'empêcher un autre de faire ce que les lois ne défendent pas. Mais il n'explique pas ce que les lois ont ou n'ont pas le droit de défendre. Or, c'est là, ce me semble, que la liberté réside. La liberté n'est autre chose que ce que les individus ont le droit de faire, et ce que la société n'a pas celui d'empêcher.[35] »

Benjamin Constant est donc celui qui aura exprimé avec éclat et netteté ce qui sera l'essence de la politique des Modernes, à savoir la dissociation entre l'individu et l'Etat, entre la société civile et le gouvernement.

Selon lui, l'individu doit gagner en autonomie et l'Etat perdre en attributions, l'individu doit croître en liberté et l'Etat décroître en pouvoirs.

Le fondement de la politique des Modernes sera donc de reconnaître, de proclamer et de préserver des droits individuels indépendants de la société.

---

[34] Benjamin Constant, *Cours de politique constitutionnelle*, présentation par Edouard Laboulaye, Paris, Guillaumin, tome II, p.123.

[35] Benjamin Constant, *Principes de politique*, op.cit., p. 35.

Une telle dissociation s'exprimera dans la métaphore de la *sphère*, qu'il emploiera souvent, ainsi que dans le thème qui lui est associé des *limites* et des *bornes*, et cela pour bien marquer la séparation entre l'Etat et ses attributions d'un côté et l'individu et ses droits et libertés de l'autre :

« Prions l'autorité, demande Constant, de rester dans ses limites. Qu'elle se borne à être juste ; nous nous chargerons d'être heureux[36] »

Ce thème si fondamental de la dissociation entre l'Etat et l'individu, entre le politique et le civil, s'il a été si remarquablement théorisé par Benjamin Constant à travers sa métaphore de la sphère, n'a pas été inventé par lui. Il l'avait hérité de plusieurs sources, entre autres d'Adam Ferguson qui avait publié en 1767 *Essai sur l'Histoire de la société civile* (traduit en français en 1783) et de Joseph Priestley qui, dès 1768, dans son ouvrage sur les premiers principes du gouvernement, avait déjà distingué lui aussi liberté politique et liberté civile. De même encore Benjamin Franklin et Thomas Paine : le premier avait plaidé pour « la plus petite quantité de gouvernement » et le second avait défini l'Etat comme « un mal nécessaire ». Et Sieyès, de la tribune de l'Assemblée Constituante, avait assuré que l'autorité sociale « n'était point illimitée [37]». Enfin, dans les premières années de la jeune démocratie américaine, après la Déclaration d'indépendance de 1776, le républicain Thomas Jefferson s'était opposé à John Adams et à Alexandre Halmiton sur les limites du pouvoir central fédéral face à la nécessaire autonomie des Etats associés, autonomie que réclamait précisément Jefferson.

Si Benjamin Constant s'inscrit dans la tradition du *Contrat social* pour ce qui concerne la source de la légitimité, il s'oppose donc à Rousseau pour ce qui est de l'étendue de cette souveraineté.

En clair, il refuse l'aliénation totale de chaque individu avec tous ses droits à la collectivité.

Une telle aliénation avait été la caractéristique de l'époque des Anciens.

La libération de l'individu par l'élaboration progressive d'une sphère individuelle protégeant les droits et les libertés sera l'avenir des Modernes.

Non seulement la pensée politique sera désormais marquée par ce tournant capital, mais aussi toute la réflexion économique de Benjamin Constant car il développera avec précision les avantages de la liberté de l'industrie et du commerce - terme générique qui signifie sous sa plume l'ensemble des libertés économiques.

En 1829, un an avant sa mort, Benjamin Constant avait rédigé, dans la préface de son dernier ouvrage, *Mélanges de littérature et de politique*, un véritable hymne à la liberté, laquelle avait donné sens et plénitude à toute

[36] Benjamin Constant, *Ecrits politiques*, op.cit., p.617.
[37] *Principes de Politique*, op.cit., p.36.

son existence. Il se réjouissait d'avoir participé « au mouvement qui entraîne vers une sphère meilleure d'idées et d'institutions l'espèce humaine entière ».

Il avait consacré un long développement à l'économie politique.

Ce texte peut être considéré comme sa profession de foi en la matière.

Il importe d'en donner de larges extraits car il constitue le préalable nécessaire à toute étude sur ses idées économiques :

« J'ai défendu quarante ans le même principe, liberté en tout, en religion, en philosophie, en littérature, en industrie, en politique : et par liberté, j'entends le triomphe de l'individualité, tant sur l'autorité qui voudrait gouverner par le despotisme, que sur les masses qui réclament le droit d'asservir la minorité à la majorité. Le despotisme n'a aucun droit. La majorité a celui de contraindre la minorité à respecter l'ordre : mais tout ce qui ne trouble pas l'ordre, tout ce qui n'est qu'intérieur, comme l'opinion ; tout ce qui, dans la manifestation de l'opinion ne nuit pas à autrui, soit en provoquant des violences matérielles, soit en s'opposant à une manifestation contraire ; tout ce qui, en fait d'industrie, laisse l'industrie rivale s'exercer librement, est individuel, et ne saurait être légitimement soumis au pouvoir social [...]

« En fait de gouvernement, l'égalité la plus absolue des droits répartis entre tous les individus agglomérés en corps de nation doit être et sera bientôt, dans tous les pays civilisés, la première condition de l'existence de tout gouvernement. Les fonctions seront différentes, les formes seront combinées de manière à maintenir l'ordre ; mais des limites fixes seront tracées à tous les pouvoirs, parce que les pouvoirs ne sont que les moyens, et que la conservation et l'exercice des droits sont le but [...]

« En fait d'économie politique, il y aura, quant à la propriété, respect et protection, parce que la propriété est une convention légale, nécessaire à l'époque : mais la disposition, la division, la subdivision, la circulation et la dissémination de la propriété, ne rencontreront aucune restriction, aucune entrave, parce que la liberté illimitée de conserver, d'aliéner, de morceler, de dénaturer la propriété, est, dans notre état social, le droit inhérent, le besoin essentiel de tous ceux qui possèdent. »[38]

Cet extrait met au jour deux éléments principaux de la pensée de Benjamin Constant, l'un de méthode, l'autre de finalité, deux éléments qui tracent la route de sa démarche et en fixent l'horizon.

Dès ses premiers écrits, il annoncera quelle sera sa route : ce sera celle de la découverte et de la mise en lumière des *principes*. Découvrir, énoncer, clarifier les principes qui doivent régir la vie politique et l'action économique dans une société de droit, voilà sa grande ambition. Il pourra

---

[38] *Ecrits politiques*, op.cit., p.623.

varier, flotter, se renier, voire se flétrir dans le domaine des circonstances, il ne variera jamais dans celui des principes.

Dès 1797, dans son deuxième ouvrage *Des réactions politiques*, qui connaîtra le succès au point d'être lu par Kant en personne, il intitule un long chapitre : *Des principes*. Il plaide pour « la réhabilitation des principes » qui serait une entreprise à la fois utile et satisfaisante et y expose ce qu'il nomme son *Système des principes*, système qui, seul, « présente aux agitations un inexpugnable rempart.[39] »

Un rempart contre la tyrannie, contre l'arbitraire mais aussi contre les préjugés.

Pour Constant, il existe des principes premiers et des principes intermédiaires. C'est un principe premier, universel, vrai dans tous les temps et toutes les circonstances que nul homme ne peut être lié que par les lois auxquelles il a concouru. Et le principe intermédiaire permet l'application de ce principe premier quand il affirme que les individus peuvent concourir à la formation des lois, soit par eux-mêmes, soit par leurs représentants.[40]

L'essence d'un principe est d'être fixe :

« S'il n'y a pas de principes, il n'y a rien de fixe : il ne reste que des circonstances, et chacun est juge des circonstances, sans que les réclamations puissent trouver même un point d'appui. Là où tout est vacillant, aucun point d'appui n'est possible. Le juste, l'injuste, le légitime, l'illégitime, n'existeront plus, car toutes ces choses ont pour base les principes, et tombent avec eux. Il restera les passions qui pousseront à l'arbitraire, la mauvaise foi qui abusera de l'arbitraire, l'esprit de résistance qui cherchera à s'emparer de l'arbitraire comme d'une arme pour devenir oppresseur à son tour : en un mot, l'arbitraire, ce tyran aussi redoutable pour ceux qu'il sert que pour ceux qu'il frappe, l'arbitraire régnera seul. [41] »

Dans la politique et l'économie, les institutions, qui sont des contrats, doivent reposer sur la fixité des principes pour échapper à l'arbitraire, car celui-ci anéantit la garantie de tout ce qu'il atteint :

« Or, continue Constant, sans la garantie, rien n'existe, car rien n'existe que de fait, et le fait n'est qu'un accident : il n'y a d'existant en institution que ce qui existe de droit.[42] »

Voilà pourquoi la société de droit « a besoin de principes positifs, de lois claires et précises : en un mot, d'institutions tellement fixes qu'elles ne laissent à la tyrannie aucune entrée, à l'envahissement aucun prétexte.[43] »

Et, dans sa conclusion, Benjamin Constant dévoile l'horizon qu'il aperçoit au bout de sa route :

---

[39] *Cours de politique constitutionnelle*, op.cit., p.126.
[40] Ibid., p.112.
[41] Ibid., p.115.
[42] Ibid., p.118.
[43] Ibid., p.122.

« Depuis que l'esprit de l'homme marche en avant, et que l'imprimerie enregistre ses progrès, il n'est plus d'invasion de barbares, plus de coalition d'oppresseurs, plus d'évocation de préjugés, qui puisse le faire rétrograder. Il faut que les lumières s'étendent, que l'espèce humaine s'égalise et s'élève, et que chacune de ces générations successives que la mort engloutit, laisse du moins après elle une trace brillante qui marque la route de la vérité. [44] »

A cette profession de foi il importe d'ajouter pour la compléter la forte référence de Benjamin Constant à Thomas Jefferson. En effet, en ouverture à ses *Principes de politique* (édition de 1806-1810) il cite longuement le discours prononcé le 4 mars 1801 par Jefferson lors de son installation à la présidence des Etats-Unis.

Benjamin Constant juge que ce texte « venu, dit-il, à l'appui de mes principes précisément tandis que je travaillais à les exposer » est supérieur aux théories politiques « des écrivains les plus estimables ».

Selon lui, ce texte a non seulement une grande valeur théorique mais présente surtout le mérite d'avoir orienté la vie de la jeune Amérique depuis dix ans. Il s'agit donc d'un document qui, en quelque sorte, a reçu l'investiture du réel et a transformé avec réussite des principes en actes. Voilà pourquoi il le cite longuement et le place délibérément en préface à ses *Principes de politique* :

« Bien que la volonté de la majorité, disait M. Jefferson le 4 mars 1801, doive prévaloir dans tous les cas, cette volonté pour être légitime, doit être raisonnable. La minorité possède des droits égaux, que des lois égales doivent protéger. Violer ces droits serait une oppression. On dit quelquefois que l'on ne doit pas confier à l'homme le gouvernement de lui-même. Mais comment peut-on lui confier alors le gouvernement des autres ? Ou bien a-t-on trouvé des anges, sous la forme de rois pour nous gouverner ? Empêcher les hommes de se faire du mal mutuellement et leur laisser par ailleurs pleine liberté de se diriger dans les efforts de leur industrie et dans leurs progrès vers l'amélioration, voilà le but unique d'un bon gouvernement. Une justice égale et exacte pour tous les hommes, quelles que soient leur condition ou leur croyance, religieuse et politique ; la paix, le commerce, la loyauté envers toutes les nations, sans alliances insidieuses avec aucune ; le maintien des gouvernements des Etats dans tous leurs droits, comme l'administration la plus convenable pour nos intérêts domestiques et le boulevard le plus assuré contre les tendances antirépublicaines ; la conservation du gouvernement fédéral, dans toute sa vigueur constitutionnelle, comme la garantie de notre repos au-dedans et de notre sûreté au-dehors ; une attention scrupuleuse au droit d'élection par le peuple, correctif doux et sûr des abus, qu'autrement le fer des révolutions détruit, lorsqu'on n'a préparé aucun

[44] Ibid., p.127.

remède paisible ; un assentiment sans réserve aux décisions de la majorité ; une milice bien disciplinée, notre meilleure sauvegarde en temps de paix et dans les premiers moments d'une guerre, jusqu'à ce que des troupes réglées puissent la seconder ; la suprématie de l'autorité civile sur l'autorité militaire ; l'économie dans les dépenses publiques, afin de ne charger que légèrement la classe laborieuse ; le payement fidèle de nos dettes et un respect inviolable pour la foi publique ; la dissémination de l'instruction et l'appel à la raison publique contre tous les abus, quels qu'ils soient ; la liberté religieuse, la liberté de la presse, la liberté des personnes sous la protection de l'*habeas corpus* et du jugement par des jurés choisis avec impartialité : voilà les principes essentiels de notre gouvernement. Les veilles de nos sages, le sang de nos héros ont été consacrés à leur triomphe. C'est la profession de notre foi politique, le texte de l'instruction des citoyens, la pierre de touche par laquelle nous pouvons apprécier les services de ceux en qui nous mettons notre confiance ; et si nous nous écartions de ces principes dans les moments d'erreur ou d'alarme, il faudrait nous hâter de revenir sur nos pas et de rentrer dans la route qui seule conduit à la paix, à la liberté et à la sûreté. »[45]

Cet univers décrit par Thomas Jefferson et auquel adhère Benjamin Constant c'était le grand espoir, le grand devenir qu'avait annoncé le Siècle des Lumières, à savoir la progression de l'espèce humaine vers la perfectibilité, ce que Jefferson nomme les progrès des hommes vers l'amélioration.

Et le développement économique à base industrielle dans une société de droits, de libertés et d'égalité, allait être envisagé par Benjamin Constant comme une étape vers cette perfectibilité.

---

[45] *Principes de politique*, op. cit., p. 25. Précisons que dans ce texte de Jefferson quand il est fait mention du *gouvernement des Etats*, il s'agit des Etats qui constituent à l'époque la première configuration géographique et politique des Etats-Unis d'Amérique.

3

La tendance vers l'égalité constitue la perfectibilité de l'espèce humaine

S'il fallait citer deux noms, et deux seulement, pour marquer d'une pierre blanche l'époque où a surgi au grand jour, dans l'histoire des Modernes, le thème de la perfectibilité de l'espèce humaine, thème qui sera au centre de la pensée de Benjamin Constant, après avoir été au cœur de la philosophie du Siècle des Lumières, ces deux noms seraient ceux de Turgot et de Condorcet.

C'est dans un discours sur les progrès successifs de l'esprit humain, prononcé en Sorbonne en décembre 1750, que le jeune Turgot, retraçant la longue et douloureuse histoire de l'humanité, la voit d'abord comme « un tout immense », qui a, comme chaque individu, son enfance et ses progrès.

L'enfance de l'humanité, c'est le choc des sociétés, des nations et des empires. Ils s'élèvent et tombent sous l'action des intérêts, des ambitions et des vaines gloires, inondant la terre de sang. Mais, constate Turgot, « au milieu de leurs ravages, les mœurs s'adoucissent, l'esprit humain s'éclaire, les nations isolées se rapprochent les unes des autres ; le commerce et la politique réunissent enfin toutes les parties du globe ; et la masse totale du genre humain, par des alternatives de calme et d'agitation, de biens et de maux, marche toujours, quoiqu'à pas lents, à une perfection plus grande.[46] »

Quant à Condorcet, c'est « sous le glaive de la mort », c'est-à-dire dénoncé, décrété d'arrestation, proscrit, traqué par les séides de Robespierre et réfugié dans une mansarde qu'il rédige en 1793, un an avant sa mort, son *Esquisse d'un tableau historique des progrès de l'esprit humain*, où, se projetant dans l'avenir il entrevoit, malgré les erreurs, les injustices et les crimes du moment, une humanité « affranchie de toutes ses chaînes, soustraite à l'empire du hasard comme à celui des ennemis de ses progrès, et marchant d'un pas ferme et sûr dans la route de la vérité, de la vertu et du bonheur [47] ». Déjà, dans ses travaux antérieurs sur l'instruction publique, il avait considéré « comme une loi générale de la nature » ce perfectionnement indéfini de l'espèce humaine.[48]

Benjamin Constant se place dans cette filiation.

---

[46] *Œuvres de Turgot*, Paris, 1844, Guillaumin, collection des principaux économistes, tome II, p.587.

[47] Condorcet, *Esquisse d'un tableau historique des progrès de l'esprit humain*, Paris, 1988, GF-Flammarion, p.296.

[48] Condorcet, *Cinq mémoires sur l'instruction publique*, Paris, GF-Flammarion, p.1.

Dans ses *Mélanges de littérature et de politique* il rappelle l'importance pour lui du thème de la perfectibilité :

« Parmi les différents systèmes qui se sont suivis, combattus et modifiés, un seul me semble expliquer l'énigme de notre existence individuelle et sociale, un seul me paraît propre à donner un but à nos travaux, à motiver nos recherches, à nous soutenir dans nos incertitudes, à nous relever dans nos découragements. Ce système est celui de la perfectibilité de l'espèce humaine [...] Le système de la perfectibilité nous garantit seul de la perspective infaillible d'une destruction complète. »[49]

Tous les écrits de Benjamin Constant seront donc traversés par ce fil rouge de la perfectibilité.

C'est une étoile polaire vers laquelle il orientera son vaisseau et qui magnétisera toute sa pensée dans tous les domaines y compris l'économie.

Si bien qu'il est impossible d'évoquer les idées économiques de Benjamin Constant sans rappeler qu'elles ont toujours comme ligne d'horizon, comme perspective historique, bref comme finalité, leur insertion dans ce grand destin de l'aventure humaine qu'est la marche à la perfectibilité.

Au demeurant, l'époque où vit Benjamin Constant est fortement imprégnée par l'idée de perfectibilité.

En France, c'est un thème qui est repris, entretenu, développé par les Idéologues, héritiers sur ce point comme sur beaucoup d'autres de Condorcet. C'est ainsi que Cabanis, l'une des principales têtes pensantes des Idéologues, que Constant fréquente dans les salons parisiens progressistes, après avoir souligné que la doctrine de la perfectibilité du genre humain est bien loin d'être nouvelle, écrit :

« Dans tous les temps on l'a reconnue ou sentie ; elle a servi de base ou d'encouragement à tous les travaux du génie, aux tentatives sur le meilleur mode d'éducation, aux recherches sur les meilleures formes de gouvernement ; et les efforts des investigateurs de la vérité, des moralistes, des législateurs ont toujours été fondés sur cette croyance que l'homme est perfectible ; qu'il l'est pris individuellement ; qu'il l'est surtout, considéré collectivement ou en corps de nation [...] L'espoir de perfectionner l'homme, de le rendre plus sensé, meilleur, plus heureux, n'est point chimérique. [50] »

Avant les Idéologues, Talleyrand, en 1791, dans son rapport sur l'instruction publique, avait proclamé qu'un des caractères les plus frappants dans l'homme c'est la perfectibilité :

---

[49] Benjamin Constant, *De la perfectibilité de l'espèce humaine*, dans *Mélanges de littérature et de politique*, Paris, 1829, Pichon et Didier, p.387.

[50] Article de Cabanis dans *La Décade* N° 21, An VII de la République, 3ème trimestre, 30 Germinal, p.149.

« Et ce caractère, avait-il ajouté, sensible dans l'individu, l'est bien plus encore dans l'espèce : car peut-être n'est-il pas impossible de dire de tel homme en particulier, qu'il est parvenu au point où il pouvait atteindre, et il le sera éternellement de l'affirmer de l'espèce entière, dont la richesse intellectuelle et morale s'accroît sans interruption de tous les produits des siècles antérieurs. » [51]

A Coppet, en Suisse, c'est Germaine de Staël, dans son ouvrage *De la littérature*, qui adopte elle aussi le « système » de la perfectibilité et le fonde sur cette observation incontestable que la masse des idées en tout genre s'augmente avec les siècles. Et elle précise :

« En parlant de la perfectibilité de l'espèce humaine, je ne fais nullement allusion aux rêveries de quelques penseurs sur un avenir sans vraisemblance, mais aux progrès successifs de la civilisation dans toutes les classes et dans tous les pays [...] Il n'y a qu'un fait pour l'homme éclairé depuis le commencement du monde, ce sont les progrès des lumières et de la raison. »[52]

Mme de Staël considère d'ailleurs que même les malheurs de l'espèce humaine participent à sa perfectibilité :

« La raison et la philosophie, constate-t-elle, ont toujours acquis de nouvelles forces à travers les malheurs sans nombre de l'espèce humaine. »[53]

Pratiquant une sorte de synthèse de toutes les idées qui ont été émises sur la perfectibilité par les penseurs qui l'ont précédé, qu'ils soient lointains ou proches, car « dans tous les temps des écrivains d'opinions différentes se sont occupés de ces questions », Benjamin Constant va non seulement souscrire au « système de la perfectibilité de l'espèce humaine » - reprenant à son compte l'expression même employée par Germaine de Staël - mais il va approfondir et enrichir ce thème.

En effet, selon lui, le système de la perfectibilité :

- Explique l'énigme de notre existence individuelle et sociale ;
- Donne un but à nos travaux ;
- Motive nos recherches ;
- Nous soutient dans nos incertitudes ;
- Nous relève dans nos découragements ;
- Nous garantit seul de la perspective infaillible d'une destruction complète ;
- Unit les hommes au-dessus de l'espace et du temps par la masse des connaissances humaines, « masse éternelle car les idées ont une durée indépendante des hommes et se transmettent sans cesse » - d'où l'importance de l'imprimerie dans l'histoire des découvertes :

---

[51] Talleyrand, *Rapport sur l'instruction publique*, sur Gallica, p.7.
[52] Germaine de Staël, *De la littérature*, Paris, GF-Flammarion, p.59 et 177.
[53] Ibid. p.54.

« Le perfectionnement progressif de notre espèce, constate Benjamin Constant, établit seul des communications assurées entre les générations. Elles s'enrichissent sans se connaître, et tant est profondément gravé dans l'homme l'instinct de cette opinion consolatrice, que chacune de ces générations fugitives attend et trouve sa récompense dans l'estime des générations lointaines qui doivent fouler un jour sa cendre insensible [...] Celui qui, par la méditation, découvre un seul principe, celui dont la main trace une seule vérité, peut laisser les peuples et les tyrans disposer de sa vie ; il n'aura pas existé vainement.[54] »

Pour Benjamin Constant, la perfectibilité de l'homme s'exerce à la fois intérieurement, c'est le progrès de la morale et extérieurement, c'est le progrès des découvertes et des innovations.

Exemple de perfectibilité intérieure : l'abolition de l'esclavage « qui est pour nous une vérité évidente, et qui était le contraire pour Aristote ». Et de souligner :

« Dans la lutte de la révolution française, les aristocrates les plus invétérés n'ont pas songé à proposer le rétablissement de l'esclavage, et Platon, dans sa République idéale, ne suppose pas qu'on puisse s'en passer. Telle est la marche de l'esprit humain, que les hommes les plus absurdes d'aujourd'hui ne peuvent, en dépit d'eux, rétrograder au point où en étaient les plus éclairés des siècles antérieurs [...] Pour la perfectibilité extérieure, nous avons une multitude de découvertes : celles de Galilée, de Copernic, de Newton ; la circulation du sang, l'électricité, et une foule de machines qui rendent l'homme tous les jours plus maître de l'univers matériel. [55] »

Rendre l'homme plus maître de l'univers matériel grâce aux découvertes scientifiques : on se souvient que c'était aussi l'un des points fondamentaux de la doctrine économique de Jean-Baptiste Say qui avait accordé au savant une place centrale, à côté du chef d'entreprise, dans le processus de création des richesses.

Benjamin Constant refuse donc la thèse de l'éternel retour, autrement dit l'idée que l'homme serait condamné à tourner perpétuellement à l'intérieur du même cercle, passant et repassant sans cesse de l'ignorance aux lumières et des lumières à l'ignorance.

Pour lui, la marche de l'humanité est progressive. Et cette progression, tellement évidente, est une loi de la nature.

Quel est donc le but d'une telle marche ? C'est l'égalité.

Et Constant de proclamer :

« La perfectibilité de l'espèce humaine n'est autre chose que la tendance vers l'égalité.

---

[54] Benjamin Constant, *De la perfectibilité de l'espèce humaine*, op.cit., p.388 et suivantes.

[55] Ibid., p.400.

« Cette tendance vient de ce que l'égalité seule est conforme à la vérité, c'est-à-dire aux rapports des choses entre elles et des hommes entre eux.

« L'inégalité est ce qui seul constitue l'injustice. Si nous analysons toutes les injustices générales ou particulières, nous trouverons que toutes ont pour base l'inégalité.

« Toutes les fois que l'homme réfléchit, et qu'il parvient, par la réflexion, à cette force de sacrifice qui forme sa perfectibilité, il prend l'égalité pour point de départ ; car il acquiert la conviction qu'il ne doit pas faire aux autres ce qu'il ne voudrait pas qu'on lui fît, c'est-à-dire qu'il doit traiter les autres comme ses égaux, et qu'il a le droit de ne pas souffrir des autres ce qu'ils ne voudraient pas souffrir de lui ; c'est-à-dire que les autres doivent le traiter comme leur égal.[56] »

Considérant l'évolution de l'humanité depuis les origines, Constant affirme qu'elle est passée par plusieurs grandes révolutions : la destruction de la théocratie, l'abolition de l'esclavage, le renversement de la féodalité, la fin de la noblesse comme privilège.

Pour lui, chacune de ces révolutions a été un pas de plus vers l'égalité. Sans retour : « Le sort de l'espèce humaine est décidé : le règne du privilège est fini », écrit-il dans son *Commentaire sur l'ouvrage de Filangieri*.[57]

N'est-il pas évident, en conséquence, « qu'une progression pareille est une loi de la nature » ? Et que chacune de ces époques portait en elle les germes des époques qui devaient la remplacer ?

Arrêtons-nous quelques instants pour ajouter ceci : cette idée d'une marche de l'humanité vers la perfectibilité va se retrouver, après Benjamin Constant, chez de nombreux auteurs.

A titre d'exemple, citons en trois :

D'abord Tocqueville. En 1835, dans l'introduction du premier tome de sa *Démocratie en Amérique* il passe en revue toute la longue histoire de l'humanité ainsi que celle de la France depuis les origines pour arriver à la même constatation que Benjamin Constant, à savoir qu'une révolution irrésistible est en marche et que cette révolution a une direction et un but : le développement graduel de l'égalité des conditions. Tocqueville va même plus loin. Pour lui, ce développement présente les caractères d'un « fait providentiel » car il est universel, il est durable et il échappe chaque jour à la puissance humaine. Bref, le développement graduel et progressif de l'égalité est à la fois « le passé et l'avenir » de l'histoire des hommes. »[58]

Même position chez Frédéric Bastiat. En 1851, dans son dernier livre *Harmonies économiques*, il constate une invincible tendance sociale qui est un rapprochement des hommes « vers un commun niveau physique,

---

[56] Ibid., p.407.

[57] *Commentaire sur l'ouvrage de Filangieri*, op.cit., p.43.

[58] Alexis de Tocqueville, *De la Démocratie en Amérique*, 1864, Michel Lévy frères, tome premier, p.8.

intellectuel et moral, en même temps qu'une élévation progressive et indéfinie de ce niveau ». Et de professer cet acte de foi : « Je crois que tout dans la société est cause de perfectionnement et de progrès, même ce qui la blesse. »[59]

Enfin Léon Walras, lui aussi, après avoir constaté que l'humanité était passée de l'esclavage au servage puis au salariat et aussi, en économie, des corporations et des règlements au système de la liberté de l'industrie et du commerce, assure que les combinaisons plus récentes sont supérieures aux anciennes car « plus conformes à l'intérêt et à la justice ». Selon lui l'homme, doué de raison et de liberté « a le choix entre le bien et le mal, et il va du mal au bien de plus en plus ».[60]

Le fil rouge de la perfectibilité de l'espèce humaine, qui s'observait chez nombre des prédécesseurs de Benjamin Constant, continue ainsi de courir chez beaucoup de ses successeurs en libéralisme. Nul ne doute que cela a contribué à donner au libéralisme français, et spécialement au libéralisme économique, cette coloration optimiste qui le distingue si nettement de l'école anglaise de Malthus.

Relevons que chez Benjamin Constant certains de ses concepts économiques seront fortement imprégnés de cette notion de perfectibilité. Ainsi, pour lui, le terme *industrie* aura deux acceptions. La première, fonctionnelle, considérera l'industrie comme un système efficace de production combinant arts mécaniques, science appliquée et intelligence humaine, combinaison seule capable de répondre à la multiplicité des besoins. L'industrie sera donc la « source de l'aisance ». La seconde acception, plus globale et plus philosophique, envisagera l'industrie comme « l'état social vers lequel l'espèce humaine commence à marcher ».

Il y a donc chez Benjamin Constant une vision téléologique du devenir humain. A travers chutes, rechutes, violences, drames, malheurs, sang et larmes, l'espèce humaine progresse vers un but : l'égalité. Elle n'erre pas au hasard. Elle n'est pas enfermée dans un cercle de fer. Elle n'a rien de commun avec cette marche des aveugles au bord d'un précipice qu'évoque un tableau célèbre. Au contraire, elle traverse le temps en créant sa propre histoire et en s'enrichissant des idées produites par les siècles passés.

Car pour Constant ce sont les idées qui sont le moteur du devenir :

« C'est aux idées seules que l'empire du monde a été donné. Ce sont les idées qui créent la force, en devenant ou des sentiments, ou des passions, ou des enthousiasmes. Elles se forment et s'élaborent dans le silence ; elles se rencontrent et s'électrisent par le commerce des individus. Ainsi soutenues,

---

[59] Frédéric Bastiat *Œuvres complètes*, Paris, 2013, éditions de l'Institut Charles Coquelin, volume 6, *Harmonies économiques*, p.18.

[60] Léon Walras, *Eléments d'économie politique pure ou théorie de la richesse sociale*, Lausanne, 1874, L.Corbaz, p.9.

complétées l'une par l'autre, elles se précipitent bientôt, avec une impétuosité irrésistible. [61]»

L'humanité avance donc de manière lente mais progressive vers l'égalité et la justice. Pour Benjamin Constant égalité et justice, c'est la même chose :

« On appellera si l'on veut sentiment de justice ce que je nomme sentiment d'égalité : mais la justice n'est autre chose que l'égalité investie de la force de la loi. »

Cette conception de l'égalité comme finalité de l'espèce humaine apparaît très tôt dans l'œuvre de Benjamin Constant et y restera toujours.

Dès 1796, dans son premier écrit politique, *De la force du gouvernement actuel*, il proclame que l'égalité est une « idée mère qui n'a jamais été tout à fait expulsée du cœur de l'homme. Et d'ajouter :

« L'origine de l'état social est une grande énigme, mais sa marche est simple et uniforme. Au sortir du nuage impénétrable qui couvre sa naissance, nous voyons le genre humain s'avancer vers l'égalité, sur les débris d'institutions de tout genre.[62] »

Quelques années plus tard, en 1799 ou 1800, il rédige un texte resté longtemps inédit et au titre très explicite, *Du moment actuel et de la destinée de l'espèce humaine, ou histoire abrégée de l'égalité.* [63]

Dans cette étude, il opère une distinction entre les lois politiques, qui sont souvent l'œuvre des hommes qui détiennent la force, et les lois civiles, qui chez tous les peuples consacrent, au moins par leur intention, l'égalité et sont l'expression des besoins universels :

« Ainsi, conseille Constant, examinez attentivement les gouvernements les plus oppresseurs ou les institutions les plus abusives. L'injustice et l'inégalité y naissent de la loi politique, et sur les points où cette loi politique a prononcé, la loi civile garde le silence. Mais dès qu'elle parle, elle est l'interprète de l'égalité [...]

« L'on a dit et redit sans cesse que les peuples étaient plus épris de l'égalité que de la liberté politique. Je le crois bien. C'est que l'amour de l'égalité est un sentiment intime qui naît avec nous, qui nous anime et nous accompagne, qui s'identifie avec toutes nos craintes, toutes nos espérances, toutes nos vanités, qui est de toutes les heures, de tous les instants. La liberté politique est une forme qu'il faut étudier, dont l'utilité, d'ailleurs inestimable, n'est que négative ; l'attachement à la liberté politique est un calcul auquel nous amènent les progrès de la civilisation. L'amour de l'égalité est une passion, allumée au fond de nos cœurs par la nature.[64] »

---

[61] *De la force du gouvernement actuel et de la nécessité de s'y rallier*, Paris, 1796, p.92.

[62] Ibid., p.95.

[63] Publié dans la revue *Dix-huitième siècle*, N°14, 1982 (numéro spécial : *Au tournant des lumières, 1780-1820*), p.199. Ce texte important de Benjamin Constant est présenté par Béatrice Fink.

[64] Ibid., p.208.

Pour Benjamin Constant, l'une des grandes étapes de la marche de l'humanité vers la perfectibilité et l'égalité sera le développement du commerce par la multiplication des échanges.

Dans l'histoire des hommes le commerce va remplacer la guerre.

4

La pacification par les échanges

C'est donc sur la vaste toile de fond de la perfectibilité de l'espèce humaine que va venir s'inscrire l'économie politique de Benjamin Constant.

Pour lui, l'un des grands moments sur le chemin de cette perfectibilité c'est l'apparition et le développement de ce phénomène économique fondamental : le commerce, autrement dit la généralisation des échanges aussi bien à l'intérieur des frontières qu'au-delà des frontières.

Alors, le commerce va remplacer la guerre :

«Nous sommes arrivés à l'époque du commerce, proclame-t-il, époque qui doit nécessairement remplacer celle de la guerre, comme celle de la guerre a dû nécessairement la précéder. La guerre et le commerce ne sont que deux moyens différents d'arriver au même but, celui de posséder ce que l'on désire. Le commerce n'est autre chose qu'un hommage rendu à la force du possesseur par l'aspirant à la possession. C'est une tentative pour obtenir de gré à gré ce qu'on n'espère plus conquérir par la violence. Un homme qui serait toujours le plus fort n'aurait jamais l'idée du commerce. C'est l'expérience qui, en lui prouvant que la guerre, c'est-à-dire l'emploi de sa force contre la force d'autrui, est exposée à diverses résistances et à divers échecs, le porte à recourir au commerce, c'est-à-dire à un moyen plus doux et plus sûr d'engager l'intérêt des autres à consentir à ce qui convient à son intérêt.

« La guerre est donc antérieure au commerce. L'une est l'impulsion sauvage, l'autre le calcul civilisé. Il est clair que plus la tendance commerciale domine, plus la tendance guerrière doit s'affaiblir. »[65]

Pour Benjamin Contant, le remplacement de la guerre par le commerce comme moyen de posséder marque le passage de l'époque des Anciens à celle des Modernes.

Chez les Anciens, la guerre était une nécessité. Leur situation expliquait leur bellicisme. Divisés en peuplades, ils se disputaient pour vivre sur un territoire restreint. « Ceux qui ne voulaient pas être conquérants, explique Constant, ne pouvaient néanmoins déposer le glaive sous peine d'être conquis. Tous achetaient leur sûreté, leur indépendance, leur existence entière au prix de la guerre ».

Changement de décor chez les Modernes :

« Le but unique des nations modernes, c'est le repos, avec le repos l'aisance, et comme source de l'aisance, l'industrie. La guerre est chaque jour un moyen plus inefficace d'atteindre ce but. Ses chances n'offrent plus,

---

[65] Benjamin Constant, *Ecrits politiques*, op.cit., p.130.

ni aux individus ni aux nations, des bénéfices qui égalent les résultats du travail paisible et des échanges réguliers. Chez les anciens, une guerre heureuse ajoutait, en esclaves, en tributs, en terres partagées, à la richesse publique et particulière. Chez les modernes, une guerre heureuse coûte infailliblement plus qu'elle ne rapporte.»[66]

Sous la plume de Benjamin Constant, le terme repos appliqué aux nations ne signifie nullement inactivité, oisiveté ou paresse. Dans sa pensée, de telles nations sont en repos quand les citoyens qui les habitent ont reconquis leurs droits et les ont fait inscrire dans une Constitution. En clair, c'est le repos de l'esprit d'un individu devenu autonome et préservé de toute forme de despotisme par les garanties constitutionnelles.

« Le commerce, constate-t-il, s'appuie sur la bonne intelligence des nations entre elles ; il ne se soutient que par la justice ; il se fonde sur l'égalité ; il prospère dans le repos. »[67]

L'échange, le commerce (qui n'est que l'échange effectué), l'industrie (qui n'est que la création des objets d'échange), les ramifications du commerce hors des territoires nationaux, le constat enfin que la guerre coûte plus que ses frais puisque, comme l'a souligné Jean-Baptiste Say, « elle coûte tout ce qu'elle empêche de gagner », tout cela a entraîné une évolution des esprits qui interdit aux peuples modernes « d'être belliqueux par caractère ».

« Considérée de la sorte, continue Benjamin Constant, la guerre aujourd'hui n'est plus qu'un fléau. Appliquée à des nations commerçantes, industrieuses, civilisées, placées sur un sol assez étendu pour leurs besoins, avec des relations dont l'interruption devient un désastre, n'ayant aucune prospérité, aucun accroissement d'aisance à espérer des conquêtes, la guerre ébranle sans compensation toutes les garanties sociales [...] Troublant toutes les sécurités, elle pèse encore sur toutes les fortunes, par les sacrifices pécuniaires auxquels sont condamnés tous les citoyens. Ses succès mêmes précipitent dans l'épuisement les peuples vainqueurs. »[68]

Cette idée forte de la pacification des relations humaines par le développement du commerce n'était pas nouvelle. Ici encore Benjamin Constant s'appuyait sur toute une lignée de prédécesseurs. Avec cette particularité que, parmi eux, on rencontrait à la fois des praticiens du commerce national ou international comme Jacques Savary ou Vincent de Gournay, ou bien des philosophes politiques comme Jean Bodin, David Hume et, surtout, Montesquieu.

Jean Bodin, au XVIe siècle, dans sa *Réponse aux paradoxes de M. de Malestroit* ainsi que son compatriote angevin Jacques Savary, au XVIIe siècle, dans son *Parfait négociant,* avaient considéré tous deux comme une

---

[66] Ibid., p.131.
[67] *Ecrits politiques,* op.cit., p. 148.
[68] Benjamin Constant, *Principes de politique*, op.cit., p.287.

sorte de « fait de nature », voire comme une volonté providentielle, l'existence des inégalités entre pays car c'étaient précisément de telles inégalités qui incitaient les hommes à commercer :

« Dieu, par sa prudence admirable, souligne Jean Bodin, a tellement départi ses grâces qu'il n'y a pays au monde si plantureux qui n'ait faute de beaucoup de choses. »

Et Jacques Savary :

« De la manière que Dieu a disposé les choses sur la terre l'on voit bien qu'il a voulu établir l'union et la charité entre tous les hommes, puisqu'il a imposé une espèce de nécessité d'avoir toujours besoin les uns des autres. Il n'a pas voulu que tout ce qui est nécessaire à la vie se trouvât en un même lieu, il a dispersé ses dons afin que les hommes eussent commerce ensemble et que la nécessité mutuelle qu'ils ont de s'entraider pût entretenir l'amitié entre eux : c'est cet échange continuel de toutes les commodités de la vie qui fait le commerce, et c'est ce commerce aussi qui fait toute la douceur de la vie puisque par son moyen il y a partout abondance de toutes choses»[69]

Au XVIIIe siècle, Jean-François Melon, dans un *Essai politique sur le commerce* paru en 1734 opposera commerce et conquête :

« L'esprit de conquête et l'esprit de commerce, écrira-t-il, s'excluent mutuellement dans une nation. »[70]

C'est Montesquieu qui prolongera Bodin, Savary, Melon et annoncera Benjamin Constant quand il écrira dans son *Esprit des lois* :

« Le commerce guérit des préjugés destructeurs : et c'est presque une règle générale que, partout où il y a des mœurs douces, il y a du commerce ; et que, partout où il y a du commerce, il y a des mœurs douces. Qu'on ne s'étonne donc point si nos mœurs sont moins féroces qu'elles ne l'étaient autrefois [...] L'effet naturel du commerce est de porter à la paix. Deux nations qui négocient ensemble se rendent réciproquement dépendantes : si l'une a intérêt d'acheter, l'autre a intérêt de vendre ; et toutes les unions sont fondées sur des besoins mutuels. »[71]

On voit comment Montesquieu, reprenant à Savary le concept de « douceur » sera à l'origine de la théorie économique dite « du doux commerce », florissante au siècle des Lumières, et comment Benjamin Constant apportera sa pierre à cette théorie mais en considérant, pour sa part, le développement du commerce comme une étape de progrès dans l'histoire de l'humanité, étape succédant « nécessairement » à la guerre.

Deux contemporains de Benjamin Constant, Jean-Baptiste Say et Antoine Destutt de Tracy - autrement dit l'économiste et le philosophe du groupe des Idéologues - mettront aussi en relief, chacun dans sa spécialité, l'importance

---

[69] Jacques Savary, *Le Parfait négociant,* Paris, 1675, Louis Billaine, chapitre premier, p.1.

[70] *Economistes financiers du XVIIIe siècle*, Paris, 1843, Guillaumin, p. 733.

[71] Montesquieu, *De l'esprit des lois*, Paris, 1979, GF-Flammarion, tome 2 p.9 et 10.

du commerce, donc de l'échange, donc du marché, comme lien entre les hommes, aussi bien à l'intérieur de la nation qu'entre les nations.

Prenant le recul et la hauteur qui conviennent à un philosophe, Destutt de Tracy écrit :

« Il est aisé de voir que le commerce, je veux dire l'échange, étant la société elle-même, il est l'unique lien entre les hommes, la source de tous leurs sentiments moraux, et la première et la plus puissante cause du développement de leur sensibilité mutuelle et de leur bienveillance réciproque. Nous lui devons tout ce que nous avons de bon et d'aimant. Il commence par réunir tous les hommes d'une même peuplade ; il lie ensuite ces sociétés entre elles, et il finit par réunir toutes les parties de l'univers. Il n'étend, ne provoque et ne propage pas moins les lumières que les relations. [....] Plus l'esprit de commerce s'accroît, plus celui de ravage diminue. »[72]

Pour Destutt de Tracy le commerce est donc plus que le commerce. Montesquieu, même s'il avait vu les conséquences pacifiques sur les mœurs du développement du commerce, au point d'avoir été à l'origine du concept de « doux commerce », s'était arrêté là, considérant cette activité comme une simple spécialité du monde du négoce.

Jean-Baptiste Say, de son côté, prolongeant et complétant Adam Smith, avait, dans son *Traité d'économie politique*, opposé ces deux mondes de la guerre et du commerce en traçant un parallèle entre le chef d'entreprise, « travailleur productif » et le soldat, « travailleur destructif ».

Car il y avait, selon lui, une dramatique méconnaissance de la science économique chez ceux qui, au cours des siècles, avaient tenté de justifier la conquête par les armes et ses suites imposées comme l'invasion, l'asservissement, le pillage, la spoliation…

Et de même que la production possédait sa figure de proue dans la personne du chef d'entreprise, la destruction avait la sienne dans celle du soldat.

Si Adam Smith avait qualifié le soldat de « travailleur improductif », Say juge que l'économiste écossais n'est pas allé assez loin :

« Smith, écrit-il, appelle le soldat un travailleur improductif ; plût à Dieu ! C'est bien plutôt un travailleur destructif ; non seulement il n'enrichit la société d'aucun produit, non seulement il consomme ceux qui sont nécessaires à son entretien, mais trop souvent il est appelé à détruire, inutilement pour lui-même, le fruit pénible des travaux d'autrui. »[73]

Quand il avait formulé sa loi des débouchés, Say avait établi non seulement une théorie de la production mais encore une théorie des relations internationales. Il l'avait fondée sur l'économie politique en affirmant que

---

[72] Destutt de Tracy, *Commentaire sur l'Esprit des lois de Montesquieu*, Paris, 1819, Delaunay, p.391.

[73] Jean-Baptiste Say, *Traité d'économie politique*, Paris, 1841, Guillaumin, p.485.

tout pays a intérêt à avoir des nations voisines prospères, autrement dit capables de lui acheter ses produits.

Souvenons-nous de sa phrase fameuse :

« Les pays bien avisés favorisent de tout leur pouvoir les progrès de leurs voisins. »[74]

Benjamin Constant exprimera la même idée quand il écrira :

« Au milieu des guerres les plus cruelles, les négociants d'un pays font souvent des vœux, et quelquefois des efforts pour que la nation ennemie ne soit pas détruite. »[75]

Du coup, la guerre était classée dans la catégorie des calamités.

« C'est la production, avait proclamé Say, qui nous a civilisés, qui nous a fait comprendre qu'il y avait des ressources plus sûres que le brigandage des conquêtes et le vol du bien d'autrui. »[76]

C'est dans un passage de son *Traité d'économie politique* intitulé *Des dépenses relatives à l'armée*, qu'il avait synthétisé le mieux sa position d'économiste sur la guerre :

« La guerre, avait-il souligné, coûte plus que ses frais ; elle coûte ce qu'elle empêche de gagner. »[77]

Phrase que Benjamin Constant avait reprise à son compte.

Pour l'économiste Say, la guerre détruit la source même de la création des richesses que sont les épargnes et les capitaux.

Constant, Say et Destutt de Tracy dépassent donc Montesquieu, élargissent l'horizon et considèrent le commerce non pas comme une simple technique de distribution des richesses mais bien comme l'état social par excellence de la société des Modernes.

Pour Benjamin Constant, la société des Anciens était celle de la prédation par la guerre ; la société des Modernes sera celle de la possession par l'échange : il fera sienne, en économie politique, la théorie de *l'économie de marché pacifique.* Pour lui, le commerce et l'industrie, « ces deux grands leviers des siècles modernes », seront créateurs « des intérêts pacifiques ».[78]

Cela dit, il va élargir le nouvel horizon que l'apparition du commerce offre à l'humanité. En effet, il va associer le développement du commerce à l'ascension de la liberté et des lumières et placer cette association dans une vaste perspective historique :

« Le commerce et l'industrie, explique-t-il, sont aujourd'hui les régulateurs des Etats et les arbitres des gouvernements. J'ai prouvé ailleurs

---

74 Jean-Baptiste Say, *Cours complet d'économie politique pratique*, Paris, 1840, Guillaumin, tome 1, p.343.

75 *Ecrits Politiques*, op.cit., p.368.

76 *Œuvres diverses de J.B. Say*, Paris, 1848, Guillaumin, p.169.

77 *Traité*, op.cit., p.485.

78 Benjamin Constant, *Mémoires sur les Cent-Jours*, Paris, 1829, Pichon et Didier, p. xij.

que ces deux puissances avaient changé la face du monde. Tandis que les peuples anciens étaient presque uniquement guerriers, les peuples modernes sont essentiellement commerçants. Toutes nos institutions doivent subir les changements que cette différence rend nécessaires ; et ces changements sont un bien réel, un pas immense dans le sens de la liberté et des lumières. Car le commerce ne vit que par la liberté. Il l'introduit partout, sans convulsions et sans violences. Il la fonde sur des bases solides. Il limite la puissance des gouvernements sans les attaquer [...] La philosophie a pu déclarer les principes de la liberté ; le courage héroïque a pu la défendre ; mais c'est au commerce et à l'industrie, à ces deux forces, d'autant plus indépendantes qu'elles ne demandent à l'autorité que de ne pas se mêler d'elles ; c'est au commerce, dis-je, et à l'industrie, à fonder la liberté, par leur action lente, graduelle, que rien ne peut empêcher. »[79]

Plus philosophiquement, Destutt de Tracy proclame que le commerce n'est pas seulement la base mais aussi l'essence de la société :

« Le commerce, constate-t-il, consiste essentiellement dans l'échange. Tout échange est un acte de commerce, et notre vie toute entière est une suite perpétuelle d'échanges et de services réciproques. Nous serions tous très malheureux qu'il n'en fût pas ainsi ; car nous serions réduits chacun à nos propres forces, sans pouvoir nous aider jamais de celles des autres. En considérant le commerce sous ce point de vue, qui est le vrai, on y voit ce qu'on n'y avait jamais remarqué. On trouve qu'il n'est pas seulement le fondement et la base de la société, mais qu'il en est pour ainsi dire l'essence, qu'il est la société elle-même ; car la société n'est autre chose qu'un échange continuel de secours mutuels, et cet échange produit le concours des forces de tous pour la plus grande satisfaction des besoins de chacun. »[80]

Que, dans l'histoire de l'humanité, l'époque du commerce succède « nécessairement » à celle de la guerre ne signifie nullement, dans l'esprit de Benjamin Constant, la fin définitive de tout conflit. Ce changement d'époque signifie surtout que c'est la fin de la justification de la guerre comme moyen de possession.

Benjamin Constant, qui n'est pas un pacifiste naïf, sait - et écrit - que la guerre « est dans la nature de l'homme ».

Il sait - et écrit - que la guerre a, jadis, formé les hommes à la grandeur d'âme, à l'adresse, au sang-froid, au courage, au mépris de la mort, aux dévouements héroïques, à la notion de patrie.[81]

---

[79] *Collection complète des ouvrages publiés sur le gouvernement représentatif et la Constitution actuelle de la France, formant une espèce de Cours de politique constitutionnelle*, par M. Benjamin Constant, Paris, Plancher, 1819, troisième volume, cinquième partie de l'ouvrage, p.8.

[80] Destutt de Tracy, *Commentaire*... op.cit., p.343.

[81] *Principes de politique*, op.cit., p.285

Il sait - et écrit - qu'il fut un temps où les hommes étaient contraints d'acheter leur sûreté, leur indépendance, leur existence entière au prix de la guerre.

Il fut donc une époque où la guerre a été utile.

Mais les temps ont changé, entraînant le changement des conditions d'existence. Les nations, devenues commerçantes, n'ont plus rien à espérer des conquêtes. La guerre est devenue un anachronisme. Elle a perdu son utilité. L'homme n'est plus disposé à s'y livrer « ni par intérêt ni par passion » ces deux grands mobiles qui le font agir :

« De nos jours, constate Benjamin Constant, la guerre ne procurant aux peuples aucun avantage, et n'étant pour eux qu'une source de privations et de souffrances, l'apologie du système des conquêtes ne pourrait reposer que sur le sophisme et l'imposture. »[82]

Pire encore : déclencher une guerre dans une société moderne, industrieuse, civilisée, liée avec ses nations voisines par le commerce, ce serait ébranler, sans compensation, toutes les garanties sociales, mettre en péril tous les genres de libertés, blesser tous les intérêts, troubler toutes les sécurités, peser sur toutes les fortunes, combiner et autoriser tous les modes de tyrannie intérieure et extérieure et, en fin de compte, détruire les formes judiciaires en qualifiant les hommes que le pouvoir en place voit avec malveillance de complices de l'ennemi étranger.[83]

Si l'évolution des sociétés vers la civilisation a institué pour l'homme « de nouveaux rapports avec ses semblables », allant jusqu'à lui donner « une nouvelle nature », malgré cela une guerre est toujours possible, même dans la société des Modernes, de par la volonté de gouvernements arbitraires :

« L'époque de la guerre étant passée pour les peuples modernes, explique Benjamin Constant, il est évident que le devoir des gouvernements est de s'en abstenir. Mais pour que les gouvernements ne s'écartent pas de ce devoir, ce n'est pas à eux qu'il faut s'en fier. Dans tous les temps la guerre sera, pour les gouvernements, un moyen d'accroître leur autorité [...] Il résulte de là que si on laisse les gouvernements, et sous la désignation de gouvernements je comprends tous ceux qui s'emparent du pouvoir, les démagogues comme les ministres, si, dis-je, on laisse les gouvernements libres de commencer ou de prolonger les guerres, le bénéfice que les peuples devraient recueillir des progrès de la civilisation sera perdu pour eux, et les guerres continueront, longtemps après que l'époque de leur nécessité n'existera plus. C'est donc en sortant la question de la guerre de l'arbitraire des gouvernants que nous parviendrons à en préserver les gouvernés. »[84]

Comment se protéger des agissements de tels gouvernements ?

---

[82] *Ecrits politiques*, op.cit., p.147.

[83] Ibid., p.176.

[84] Benjamin Constant, *Commentaire sur l'ouvrage de Filangieri*, op.cit., p.28.

Benjamin Constant avance deux impératifs :

- Voter une Constitution représentative qui donne aux élus de la nation la possibilité de refuser au pouvoir en place les moyens financiers d'entreprendre ou de continuer des guerres inutiles ;

- Soumettre dans cette même Constitution « à une grave et inévitable responsabilité » les ministres coupables de précipiter la nation dans ce genre de guerres.

Et Benjamin Constant de conclure :

«L'on voit que dans cette question déjà (et il en sera de même de beaucoup d'autres) la solution de la difficulté dépend de l'établissement de garanties constitutionnelles. » [85]

Commerce, échange, marché, industrie, aisance, relations pacifiques entre les nations : voilà donc les aspects fondamentaux de l'économie politique des Modernes. Avec Destutt de Tracy, Say et quelques autres, Benjamin Constant, s'appuyant sur ce qui, plus tard, sera appelé *la théorie de l'économie de marché pacifique*, a contribué à préciser de tels aspects, considérant pour sa part que cette société nouvelle s'inscrivait comme une étape de progrès dans la longue histoire de la perfectibilité de l'espèce humaine.

On pourrait même ajouter, en forçant à peine le trait, que Benjamin Constant, dans ses réflexions sur le commerce, a entrevu les contours de la société des échanges mondialisés qui est la nôtre aujourd'hui :

« Les ramifications infinies et compliquées du commerce, écrit-il, ont placé l'intérêt des sociétés hors des limites de leur territoire ; et l'esprit du siècle l'emporte sur l'esprit étroit et hostile qu'on voudrait parer du nom de patriotisme. »[86]

N'est-on pas là devant cette évolution que nous nommons de nos jours « mondialisation », y compris dans le refus obstiné d'une telle mondialisation par des esprits qui, pour justifier leur position, se parent de la qualité de « patriotes » ?

Mais l'avènement de la société des Modernes va entraîner un autre changement - considérable - celui de la propriété.

A la propriété foncière, qui garantissait la stabilité des institutions sous l'Ancien Régime va succéder la propriété industrielle qui assurera l'émancipation et l'indépendance des individus.

---

[85] Ibid., p.29.

[86] *Ecrits politiques*, op.cit., p. 131.

5

La propriété et la liberté : « voilà ce qu'il faut »

La propriété est l'un de ces thèmes fondamentaux que l'on retrouve au cœur de toutes les doctrines économiques.

Chaque économiste à sa propre conception de la propriété et du droit de propriété, conception sur laquelle repose toute sa construction intellectuelle.

Depuis l'Antiquité jusqu'à l'époque actuelle, nombre de combats se sont livrés autour de la question de la propriété, de son origine, de sa nature, de sa place et de son rôle dans les institutions sociales et dans le processus de création des richesses.

On sait que le débat, voire la lutte, entre propriété privée et propriété collective des moyens de production - la terre jadis, les entreprises industrielles aujourd'hui - à traversé le temps, constituant une ligne de fracture entre les hommes et les sociétés. Parfois, cette ligne a passé à l'intérieur même des familles.

Deux exemples pour illustrer ce propos :

Le premier, au début du XVIIIe siècle, concerne l'opposition de ces deux frères que sont l'abbé Mably et Condillac : le premier prêche la communauté des biens et les lois agraires alors que le second, disciple de John Locke, est l'une des grandes figures du libéralisme économique.

L'autre exemple, un siècle plus tard, oppose le révolutionnaire Auguste Blanqui, qui combat pour la collectivisation des biens de production, à son frère aîné Adolphe, économiste libéral disciple de Jean-Baptiste Say.

C'est dire si le thème de la propriété divise.

Ce thème ira jusqu'à diviser Benjamin Constant contre lui-même.

Lui si ferme, si fixe, si assuré dans ses principes va changer entre 1815 et 1824 dans son analyse des formes et des avantages de la propriété. D'abord défenseur de la propriété foncière, dans laquelle il voyait une base solide pour asseoir les droits civiques et les institutions politiques, il va se transformer en promoteur de la propriété industrielle, seule capable d'assurer le bien-être et de promouvoir l'indépendance de l'individu dans la société des Modernes.

« Tout tient à tout » avait-il écrit un jour. Observation particulièrement judicieuse pour la propriété et le droit de propriété. En effet, la propriété tient à tout : elle touche à la philosophie, au droit, à l'économie, à la politique, au social, à la morale...

Surtout, la propriété est l'un de ces thèmes qui unissent étroitement économie et politique : elle est propice à la fois à la création de richesses et à la stabilité sociale.

C'est dire qu'elle appartient à l'histoire.

Et même à la grande histoire.

Pour s'en convaincre il suffit de remonter aux premiers pas de la Révolution française.

La Déclaration des droits de l'homme de 1789, de même que toutes les Constitutions qui suivent – celles de 1791, 1793, 1795 – tous ces textes fondamentaux sans exception placent la propriété au même rang, sur le même plan que la liberté, l'égalité et la sûreté.

Les articles 2 et 17 de la Déclaration des droits attribuent quatre qualificatifs à la propriété : c'est un droit naturel, imprescriptible, inviolable et sacré.

Cela s'explique.

Qui jouissait principalement de la propriété avant la Révolution ? La Noblesse, l'Eglise, la Monarchie. Autant dire le vieux monde que, précisément, les législateurs de 1789 veulent abattre pour régénérer la nation et, par l'accession du plus grand nombre à la propriété, sortir le peuple de son état de sujétion afin de l'élever à la dignité de citoyen.

Répandre la propriété, la proclamer comme un droit naturel, imprescriptible et sacré, faire en sorte que l'homme, devenu propriétaire, travaillant plus ardemment pour lui-même et sa famille contribue ainsi au bien-être de la nation : voilà quelle est l'ambition des révolutionnaires.

Pour eux, le droit de propriété est un droit libérateur. Ils savent, à la lumière de l'expérience des siècles de servitude, que la multiplication de la propriété sera un puissant facteur de paix sociale. Le paysan devenu propriétaire ne verra plus ses récoltes saccagées par les chasses du seigneur. Il sera maître chez lui. Il sera seul responsable désormais de son destin et seul propriétaire des fruits de son travail. Libre enfin de l'organiser à sa manière.

Dans les premières séances de la Convention nationale, l'Assemblée la plus révolutionnaire de cette époque puisque c'est elle, en septembre 1792, qui proclame l'abolition de la royauté et l'instauration de la République, le Représentant Lasource déclare :

« La protection des propriétés est l'objet du contrat social : elles sont donc sacrées […] Si les propriétés de chacun n'étaient pas sous la protection des lois, la société ne serait qu'un théâtre de brigandage où il n'y aurait d'autre droit que celui de la force. »

Et les pétitionnaires qui défilaient durant des heures à la barre de cette même Convention venaient proclamer hautement « leur haine pour les rois et leur dévouement pour le maintien des propriétés » et faire le serment « de maintenir de tout notre pouvoir la liberté, l'égalité, les propriétés ». [87]

Liberté, égalité, propriété, responsabilité, sûreté, paix sociale sont donc des notions qui vont marquer de leur forte empreinte les premiers moments de la Révolution, annoncer des temps nouveaux et s'inscrire dans cette vaste perspective de la perfectibilité chère à la philosophie des Lumières. En voulant régénérer l'espèce humaine, la Révolution française, plus que toute autre, aura une conscience aiguë d'œuvrer pour la libération de l'humanité.

Ainsi la propriété fait-elle corps avec une double histoire : celle du libéralisme économique et celle de la Révolution.

Bien avant la Révolution les principaux économistes, au premier rang desquels les Physiocrates, avaient mis au jour, en accord avec les philosophes, les bienfaits de la propriété dans le processus de création des richesses. Selon eux, si l'on voulait multiplier et diversifier les échanges, il fallait diffuser la propriété. Pas d'échange, pas de développement, pas de vie économique, sans droit de propriété. Et cette remarque vaut pour tous les compartiments de la vie humaine. Ainsi philosophie, histoire, économie, sociologie, droit convergent-ils vers la reconnaissance et la mise en valeur de ce puissant ressort de l'activité humaine qui s'appelle : la propriété.

Il ne faudrait pas croire que le droit de propriété était sorti tout formé du cerveau des hommes de 1789. Ce concept avait été longuement médité, élaboré, préparé, mûri par plusieurs traditions philosophiques et juridiques. Deux écoles avaient vu le jour.

La première se réclamait du philosophe anglais John Locke, qui faisait de la propriété un droit naturel inscrit dans la nature même de l'homme, donc un droit antérieur, extérieur et supérieur à toute société :

« Bien que la nature ait donné toute chose en commun, avait écrit Locke, l'homme, néanmoins, étant le maître et le propriétaire de sa propre personne, de toutes ses actions, de tout son travail, a toujours en soi le grand fondement de la propriété ; et que tout ce en quoi il emploie ses soins et son industrie pour le soutien de son être et pour son plaisir [...] lui appartient entièrement en propre, et n'appartient point aux autres en commun.»[88]

Pour Locke, c'est le travail qui, au commencement de l'humanité, « a donné droit de propriété ». La société n'est intervenue qu'après, pour confirmer les propriétés de chaque membre « que le travail et l'industrie avaient déjà commencé d'établir ».

---

[87] Convention nationale, séances des 21 et 22 septembre 1792, *Archives parlementaires*, par Mavidal et Laurent, première série (1787-1799), tome LII, Paris, Paul Dupont édition, 1897, pp.71-80-81. Sur Internet/Gallica.

[88] Locke, *Traité du gouvernement civil*, Paris, 1984, GF-Flammarion, p.208.

Pour l'autre école, le fondement de la propriété n'est nullement dans l'homme lui-même mais dans la société : c'est la société qui institue le droit de propriété.

La propriété est donc une convention sociale.

C'est le point de vue de Benjamin Constant :

« Plusieurs de ceux qui ont défendu la propriété par des raisonnements abstraits, explique-t-il, me semblent être tombés dans une erreur grave. Ils ont présenté la propriété comme quelque chose de mystérieux, d'antérieur à la société, d'indépendant d'elle. Rejeter ces hypothèses, c'est servir la propriété. Dans tout ce qui ne tient pas à la superstition, le mystère est nuisible. La propriété n'est point antérieure à la société ; car sans l'association, qui lui donne une garantie, elle ne serait que le droit du premier occupant, en d'autres mots, le droit de la force, c'est-à-dire un droit qui n'en est pas un [...] La propriété n'est autre chose qu'une convention sociale. Mais de ce que nous la reconnaissons pour telle, il ne s'ensuit pas que nous l'envisagions comme moins sacrée, moins inviolable, moins nécessaire que les écrivains qui adoptent un autre système. »[89]

En refusant à la propriété le statut de droit naturel, qui ressortit trop de la superstition et du mystère, bref d'une sorte de métaphysique, en l'inscrivant au contraire dans le domaine des conventions légales, Benjamin Constant entend l'établir sur la seule raison.

L'esprit humain ayant désormais trop de lumières pour se laisser gouverner par la force, la ruse, les erreurs, les vénérations superstitieuses, les préjugés, établira par confrontation de sa raison avec la raison de ses semblables une sorte de « raison commune et convenue » qui sera le produit moyen de toutes les raisons individuelles :

« Ce n'est qu'aujourd'hui, explique Benjamin Constant, qu'arrivé au point de ne plus reconnaître de puissance occulte qui ait le droit de maîtriser sa raison, l'homme ne veut consulter qu'elle, et ne se prête tout au plus qu'aux conventions qui résultent d'une transaction avec la raison de ses semblables.[90] »

Des transactions fondées sur la seule raison pour aboutir à des conventions légales, autrement dit à des contrats susceptibles d'organiser la vie sociale autour des échanges, n'est-ce pas là l'essence de l'économie politique libérale des Modernes ?

S'il n'y a donc aucun doute dans la pensée de Benjamin Constant sur l'origine de la propriété - une convention sociale très explicite, donc un fait émanant de la juridiction de la société et non un droit naturel, lequel serait antérieur à toute société - c'est sur l'autre aspect, à savoir la nature de la

[89] Benjamin Constant, *Principes de politique*, op.cit., p.176.
[90] Ibid., p.413.

propriété, qu'il va évoluer, passant de l'éloge de la grande propriété foncière à la reconnaissance de la prééminence de la propriété industrielle.

Pour expliquer cette évolution, il importe de souligner que Benjamin Constant lie très étroitement propriété et droits politiques. Selon lui, seuls les propriétaires doivent jouir de tels droits.

Chercher la stabilité des institutions nouvelles en les fondant sur la stabilité sociale des propriétaires n'était pas une idée neuve. Cela avait même été la démarche principale des rédacteurs de la Constitution de 1795, dite Constitution de l'An III, qui avait créé le Directoire.

Après la chute de Robespierre, et pour empêcher le retour du despotisme de la Terreur, les législateurs, surtout Daunou, Boissy d'Anglas et Languinais, dont Mme de Staël et Benjamin Constant étaient très proches, avaient résolu de mettre le nouveau régime hors d'atteinte des pulsions de l'esprit révolutionnaire en l'appuyant sur l'esprit propriétaire.

La propriété devenait ainsi l'ancre de salut d'une République modérée dont l'ambition était de terminer la Révolution.

Nul mieux que Boissy d'Anglas n'a résumé l'esprit de cette Constitution quand il a proclamé à la tribune de la Convention, dans la séance du 23 juin 1795 :

« Nous devons être gouvernés par les meilleurs : les meilleurs sont les plus instruits et les plus intéressés au maintien des lois : or, à bien peu d'exceptions près, vous ne trouverez de pareils hommes que parmi ceux qui, possédant une propriété, sont attachés au pays qui la contient, aux lois qui la protègent, à la tranquillité qui la conserve, et qui doivent à cette propriété et à l'aisance qu'elle donne, l'éducation qui les a rendus propres à discuter avec sagacité et justesse les avantages et les inconvénients des lois qui fixent le sort de leur patrie.[...] Un pays gouverné par les propriétaires est dans l'ordre social ; celui où les non propriétaires gouvernent est dans l'état de nature. »[91]

En 1806, quelque six ans après l'expérience du Directoire, séquence à laquelle il a été étroitement associé et qui sert de toile de fond à ses réflexions, Benjamin Constant, dans la première version de ses *Principes de politique*, consacre de nombreuses pages - seize chapitres exactement - à justifier les bienfaits de la propriété foncière en politique et en économie.[92]

---

[91] Michel Troper : *Terminer la Révolution, la Constitution de 1795*, Paris, 2006, Fayard, Histoire des Constitutions de la France, p.281.

[92] Rappelons une fois encore qu'il existe deux versions des *Principes de politique*, l'œuvre essentielle de Benjamin Constant. La première version a été écrite en 1806 (mais n'a été connue du public qu'en 1980). De ce texte d'origine, Benjamin Constant a publié en 1815 une version raccourcie que l'on pourrait qualifier d'opérationnelle dès lors qu'il s'agissait, pour lui, à l'époque, de justifier son ralliement à Napoléon durant les Cent-Jours. C'est la version de 1806 qui figure dans la collection Pluriel (op.cit.). Quant à la version de 1815, elle se trouve dans le volume intitulé *Benjamin Constant, écrits politiques*, de la collection Folio/essais (op.cit.).

Le titre d'un de ces chapitres est très explicite et résume toute sa pensée de l'époque : « Que la propriété territoriale réunit seule tous les avantages de la propriété ».

Du coup il parlera de la propriété foncière avec beaucoup d'émotion et même une pointe de romantisme, mettant en opposition le statut du commerçant et celui de l'agriculteur :

« Les éléments des calculs du commerçant, constate-t-il, sont les caprices, les passions, l'orgueil, le luxe, de ses semblables. Une ferme est une patrie en diminutif. L'on y naît, l'on y est élevé, l'on y grandit avec les arbres qui l'entourent. La propriété industrielle exclut ces sources de sensations douces [...] On dit : le champ de mes ancêtres, la cabane de mes pères. On n'a jamais dit l'atelier ou le comptoir de mes pères. »[93]

Dans la suite de son argumentation en faveur de la propriété foncière il distingue deux choses :

- D'abord « la garantie civile » (liberté individuelle, liberté d'opinion, protection civile) qui est due aux non-propriétaires parce que la société doit cette garantie à tous, même d'ailleurs à l'étranger qui réside sur son sol.

- Ensuite « les droits politiques », qui ne sont pas une protection mais une « puissance » et qui doivent être confiés aux propriétaires fonciers car, d'une part, ils sont liés au sol par l'intérêt et, d'autre part, ils se trouvent en position de posséder le « loisir », lequel et indispensable à l'acquisition des lumières et à la rectitude du jugement. Ici, le terme *loisir* signifie *disponibilité* à la fois matérielle et intellectuelle pour acquérir des connaissances.

Toutefois, pour disposer d'une situation sociale qui permette l'exercice de ces droits Benjamin Constant exige du propriétaire foncier qu'il possède une certaine « quotité » de propriétés. Il faut en effet que le revenu territorial qu'il tire de ses terres lui procure « la somme suffisante pour exister pendant une année sans être tenu de travailler pour autrui ».[94]

Peut-on accéder à ce statut de propriétaire foncier tel qu'il vient d'être défini ? Oui, répond Benjamin Constant, en empruntant « la route naturelle » qui est celle du « travail ». Ainsi cite-t-il l'exemple d'un négociant détenteur d'un important capital constituant une « propriété industrielle » et qui, en achetant des terres à hauteur de la quotité requise transforme sa propriété industrielle en propriété foncière et accède ainsi à l'exercice des droits politiques.[95]

---

[93] *Principes de politique*, op.cit., p.186.

[94] Ibid., p.194.

[95] Rappelons que pour Benjamin Constant les droits politiques consistent :

- A pouvoir être membres des diverses autorités de l'Etat ;
- A concourir à l'élection des représentants qui siègeront dans la Chambre élective ;
- A concourir à l'élection de ceux des magistrats ou administrateurs dont la loi jugera convenable de confier l'élection au peuple.

Conclusion : quoi de plus facile, pour les titulaires de propriétés industrielles, « d'acquérir une propriété territoriale qui les rendent citoyens ? » Et cela vaut aussi pour les jurisconsultes, littérateurs, mathématiciens, chimistes, géomètres, physiciens et autres. Tous ceux-là détiennent une propriété que Constant qualifie non plus d'industrielle mais d'intellectuelle. Elle peut, elle aussi, être transformée en propriété foncière.

D'où l'impérative nécessité de rendre la propriété foncière mobile en supprimant les lois de l'Ancien Régime qui étaient favorables au droit d'aînesse, aux substitutions, aux majorats, aux fidéicommis etc. Toutes dispositions héritées d'un âge gothique concernant les successions. Elles avaient pour objet de maintenir la propriété territoriale figée et concentrée au sein de certaines familles.

Favoriser la « dissémination » de la propriété, la rendre mobile, divisée, fluide, circulante à l'infini par l'instauration de la liberté des transactions : voilà le mot d'ordre de Benjamin Constant.

Pour lui, la dissémination de la propriété foncière présente un double effet bénéfique : elle favorise l'émergence dans le pays d'une vaste classe intermédiaire, car c'est dans cette classe que sont les ennemis des révolutions, et elle fait descendre l'aristocratie au niveau du reste de la nation.

L'achat et la vente des terres en toute liberté doit donc créer un double mouvement : ascension des acheteurs vers le statut de propriétaire susceptible de leur permettre d'exercer les droits politiques, abaissement de l'ancienne aristocratie terrienne au niveau du reste de la nation.

Notons au passage qu'il existe une certaine cohérence entre, d'une part la volonté politique telle qu'elle s'exprime dans la Constitution de l'An III qui vise à séparer très nettement les pouvoirs, et, d'autre part, la volonté sociale d'instaurer un dégel et une « circulation » de la propriété foncière. Fragmenter le pouvoir politique et disséminer la propriété des terres, ces deux attitudes procèdent d'une même ambition : lutter contre une forme de despotisme, celui des Comités révolutionnaires sur la vie publique et celui des grands aristocrates sur les terres et sur les paysans.

Il ne s'agit de rien d'autre, en laissant agir la liberté des transactions dans le domaine foncier, de remplacer un nombre restreint de grands possédants par une multitude de petits propriétaires :

« Si on laisse la propriété foncière suivre paisiblement la direction que lui imprime la nature, souligne Benjamin Constant, si on ne la rend pas stationnaire et indivisible par des règlements absurdes en contradiction avec les besoins du temps, elle changera souvent de maître, elle se divisera d'elle-même. L'égalité de partage, l'action des opérations commerciales, l'indépendance de l'industrie, en triplant les richesses de la France, placeront ces richesses dans les mains qui les auront méritées et qui en feront usage dans le sens de la liberté [...] Tolérons ce qui est mais en préparant ce qui doit être ; et sans prétendre, d'un coup de baguette ou d'un coup de hache, faire triompher l'égalité, laissons la liberté agir librement. Elle pourvoit à tout ; elle enrichit le pauvre sans dépouiller le riche ; elle ne fait pas disparaître violemment les fortunes disproportionnées ; mais en les empêchant de se perpétuer, elle leur enlève ce qu'elles ont d'oligarchiques ou de dangereux [...] Il est indifférent à l'Etat de savoir entre quelles mains la terre se trouve, pourvu qu'elle soit confiée à des mains actives et laborieuses ; que ces mains laborieuses aient pour ancêtres des privilégiés, est une chose de peu d'importance : la propriété et la liberté, voilà ce qu'il faut. Partout où ces deux choses existent, l'homme est actif et l'agriculture florissante.»[96]

Dans le domaine de l'économie politique, Benjamin Constant place donc propriété et liberté sur le même plan et leur confère la même importance.

Elles sont sœurs jumelles pour leur action bienfaisante dans le processus de création des richesses.

Le paysan, qui était « le mercenaire misérable » des grands propriétaires, le paysan, accablé par « le dégoût et le découragement », va retrouver espoir et ardeur au travail en accédant à la propriété. Passant de l'état de mercenaire au statut de cultivateur-propriétaire il pourra travailler et fertiliser sa terre pour lui, pour sa famille, pour ses successeurs, dans une autonomie et une indépendance qui l'aura affranchi de toute servitude. « La sueur du cultivateur est le meilleur engrais des terres ».[97]

Au commencement était la propriété : ainsi pourrait-on, d'une phrase, résumer toute la doctrine économique de Benjamin Constant, qui est aussi celle de toute l'école libérale.

Mais la propriété, qu'elle soit conçue comme un droit naturel ou comme une convention sociale, doit être garantie et protégée par les institutions politiques car elle constitue le premier moteur de la production des richesses. D'où l'importance, dans l'économie libérale, de la sécurité.

Ici encore, on retrouve l'analogie avec les positions de Jean-Baptiste Say :

« Quant à l'économie politique, écrit Say, elle ne considère la propriété que comme le plus puissant des encouragements à la multiplication des richesses [...] Qui ne sait que la certitude de jouir des fruits de ses terres, de ses capitaux, de son labeur, ne soit le plus puissant encouragement qu'on puisse trouver à les faire valoir ? Qui ne sait qu'en général nul ne connaît mieux que le propriétaire le parti qu'on peut tirer de sa chose, et que nul ne met plus de diligence à la conserver ? »[98]

---

[96] *Ecrits politiques*, op.cit., pp.726,727,728.

[97] Benjamin Constant, *Commentaire sur l'ouvrage de Filangieri*, Paris, 2004, Les Belles Lettres, p.159.

[98] Jean-Baptiste Say, *Traité d'économie politique*, Paris, 1841, Guillaumin, p.p. 133 et 597.

Dès l'instant où il y a droit de propriété reconnu, dès l'instant où il y a faculté exclusive garantie à une personne de disposer comme elle l'entend de sa propriété et de tous les revenus qu'elle lui procure, bref dès l'instant où il y a propriété et liberté il peut y avoir - et il y aura - échanges, marché, prix, monnaie, production, croissance.

« La propriété et la liberté, voilà ce qu'il faut » : insistons donc sur cette injonction lancée par Benjamin Constant. Sans être un économiste professionnel, il avait bien compris que propriété et liberté sont les deux locomotives qui mettent en marche et emportent derrière elles le grand convoi de la création des richesses.

S'il s'était intéressé prioritairement en 1806 à la propriété territoriale, à partir de 1815 il va porter ses regards sur la propriété industrielle. La raison est évidente : entre ces deux dates la France aura fait des pas de géant pour passer d'une économie à dominante agricole à une économie à avenir manufacturier.

6

De l'agriculture à l'industrie

C'est entre 1815 et 1818 que l'on observe dans les écrits de Benjamin Constant une forte inflexion de sa pensée relativement à la nature de la propriété.

En 1815, dans la deuxième version de ses *Principes de politique*, il refuse toujours de mettre à égalité propriété agricole et propriété industrielle. C'est toujours la première qui, en attachant le cultivateur au sol, en le reliant à ses ancêtres, en le faisant vivre en permanence au contact et au rythme de la nature et des saisons, procure à la société la stabilité dont elle a besoin, au point de réserver l'exercice des droits politiques aux seuls propriétaires fonciers à condition, on l'a vu, qu'ils possèdent une « quotité » minimale de terres.

C'est l'époque où il associe très étroitement possession du sol et stabilité sociale, ruralité et morale, productivité de la terre et accès aux connaissances et aux lumières grâce aux « loisirs » que procure l'activité agricole.

Ce Benjamin Constant là a des accents que l'on pourrait qualifier aujourd'hui de conservateur. Plus tard, Jules Méline se rendra célèbre en plaidant pour un « retour à la terre ». Pour le Benjamin Constant de 1815 on pourrait parler d'une politique de « maintien à la terre ». En plus de la stabilité politique, il voit beaucoup d'avantages dans le fait que la propriété foncière « enchaîne l'homme » au pays qu'il habite, « entoure les déplacements d'obstacles », suscite « le patriotisme par l'intérêt ».[99]

Soulignons au passage l'expression « enchaîne l'homme » qui ressemble si peu à ce que sera en définitive la philosophie politique de libération et d'autonomie de l'individu de Benjamin constant.

Pour justifier la prééminence de la propriété foncière, il en avait appelé d'ailleurs à deux autorités, l'une contemporaine, l'autre antique. En effet, il souligne que c'est Adam Smith qui proclame que l'exercice de l'agriculture, en exigeant une suite d'observations et d'expériences, forme et développe le jugement. Au passage il reconnaît avoir emprunté à Germain Garnier, grand défenseur de la propriété foncière et traducteur d'Adam Smith en France, l'idée d'une « quotité » de propriété pouvant fournir une année de revenus pour accéder aux droits politiques. Il s'était appuyé aussi sur Aristote dans un jugement où ce dernier a fait ressortir « avec beaucoup de force » la distinction entre classes *agricoles* et classes *mercantiles* et « a décidé en faveur des premières ».[100]

---

[99] Benjamin Constant, *Ecrits politiques*, op.cit., p.373.

[100] Ibid., pp.372, 370, 373.

Soulignant que la Constitution de 1815, dont il est en grande partie l'auteur et dont le nom exact est *Acte additionnel aux Constitutions de l'Empire*, reconnaît plusieurs classes de propriétés et accorde pour la première fois des représentants non seulement aux territoires mais aussi à l'industrie, Constant explique :

« Notre Constitution a voulu pousser à l'excès sa sollicitude pour l'industrie. Elle a créé pour elle une représentation spéciale : mais elle a sagement borné le nombre des représentants de cette classe au vingt-septième environ de la représentation générale […] J'avoue que, si le résultat de cette disposition eût été de mettre de pair la propriété foncière et la propriété industrielle, je n'aurais pas hésité à la blâmer. »[101]

Cette position tranchée du Benjamin Constant de 1815 qui, à cette date, est toujours favorable à la prépondérance de la propriété foncière, ne doit pas surprendre.

La France, avec les Physiocrates – et même avant eux avec Cantillon – a toujours nourri en son sein une tradition que l'on pourrait qualifier *d'agrarienne*, laquelle a toujours donné une prééminence à la fois de nature et de classe aux propriétaires fonciers.

Souvenons-nous de la constatation de Cantillon :

« Il n'y a que le Prince et les propriétaires des terres qui vivent dans l'indépendance […] Si le Prince et les propriétaires des terres renfermaient leurs terres, et s'ils n'y voulaient laisser travailler personne, il est visible qu'il n'y aurait ni nourriture ni habillement pour aucun des habitants de l'Etat. »[102]

Cette tradition agrarienne a été à l'origine d'une opposition qui a duré longtemps, en France, entre la Terre et l'Argent, autrement dit entre l'agriculture et l'industrie, entre le capital foncier et le capital financier. Au XXe siècle encore on verra dans certains villages français une opposition larvée entre grands propriétaires fonciers issus de la vieille aristocratie et puissants industriels qualifiés dédaigneusement de « nouveaux riches ».[103]

Rien de surprenant, donc, que Benjamin Constant, dans un premier temps, ait mis fortement en relief les avantages politiques, économiques, sociaux, moraux de la propriété agricole, au point de s'intéresser autant à

---

[101] Ibid., pp.374 et 371.
Précisons que *l'Acte additionnel aux Constitutions de l'Empire du 22 avril 1815*, auquel Constant fait référence, adopté un mois après le retour de Napoléon de l'île d'Elbe, et qui sera le régime constitutionnel des Cent-Jours, avait un article 33 qui stipulait que « l'industrie et la propriété manufacturière et commerciale auront une représentation spéciale ».

[102] Richard Cantillon, *Essai sur la nature du commerce en général*, Paris, 1997, Institut national d'études démographiques, p.25.

[103] L'opposition entre la *Terre* et *l'Argent* (avec des majuscules), puis entre l'*Argent* et le *Nombre* (lors de la Révolution de 1848) sont des expressions employées par Edgard Allix dans son étude intitulée : *La rivalité entre la propriété foncière et la fortune mobilière sous la Révolution*, (Revue d'Histoire Economique et Sociale, 1913, p.328).

l'activité paysanne elle-même, comme élément stabilisateur de la société, qu'à la propriété foncière proprement dite, puisqu'il accorde le statut de propriétaire foncier et les droits politiques qui y sont attachés au fermier qui a souscrit un long bail, en clair à celui qui sans être propriétaire exerce une activité agricole dans la longue durée sur des terres louées, à condition bien entendu que cette activité lui procure un revenu suffisant.[104]

C'est en 1818 que s'annonce la conversion de Benjamin Constant à la propriété industrielle.

1815, c'est l'année où les derniers feux de la Physiocratie auront brillé dans sa pensée.

1818, c'est l'année où ces feux-là s'éteignent définitivement :

« J'avais été d'avis, dans mes *Principes de politique*, de n'accorder les droits de cité qu'aux propriétaires fonciers, et l'expérience m'a éclairé, écrit-il dans la seconde édition de ses *Réflexions sur les Constitutions* qui paraît en 1818. J'ai vu que, dans notre siècle, la propriété industrielle est une propriété plus réelle encore et surtout plus puissante que celle du sol et, reconnaissant mon erreur, j'ai corrigé mon ouvrage ».[105]

Que s'est-il passé qui puisse expliquer cette évolution déterminante ?

Plusieurs événements nationaux ou personnels peuvent apporter des éléments de réponse.

L'effondrement de l'Empire napoléonien a permis la reprise des échanges internationaux entravés par le Blocus continental en même temps que la Charte de 1814 a ouvert des espaces de liberté qui vont profiter à l'économie. Ce à quoi il faut ajouter la dissolution par Louis XVIII, en 1816, de la Chambre ultraroyaliste dont la politique de retour à l'Ancien Régime, si elle avait réussi, aurait signifié le repliement et le renfermement de la France sur elle-même avec comme classe centrale dominante une aristocratie foncière reconstituée.

En levant l'hypothèque ultra, le roi et son ministre Decazes ont fait le choix de la liberté et de la modernité.

Une modernité qui, malgré les obstacles de toute nature, avait cheminé dans les esprits et dans les faits depuis 1789.

La preuve en est apportée en 1819 par Chaptal qui publie cette année-là les deux volumes de son ouvrage *De l'industrie française*.

En matière d'histoire des faits économiques concernant la France de l'époque, Chaptal est le grand témoin. Sa triple position de savant, de manufacturier et de responsable politique, surtout comme ministre de l'Intérieur de 1800 à 1804, l'a placé dans une situation exceptionnelle pour connaître le pays de l'intérieur et disposer d'éléments chiffrés pouvant

[104] *Ecrits politiques*, op.cit., p.370.
[105] Edgar Allix, op.cit., p.342.

permettre un bilan. Ce bilan, il l'a établi pour les trente années qui vont de 1789 à 1819, époque du décollage en France de la Révolution industrielle.

Pour lui, la cause est entendue : la France, sous l'impulsion déterminante de la chimie et des arts mécaniques est devenue pendant cette période irrévocablement manufacturière :

« L'industrie manufacturière, souligne-t-il, n'a pas fait moins de progrès que l'agriculture : je crois même qu'en comparant ces deux branches de la prospérité publique, l'avantage resterait à la première : on peut facilement assigner les causes de cette différence.

« Les règlements de fabrication avaient retenu notre industrie captive pendant plus d'un siècle ; elle était restée stationnaire, tandis que celle de nos voisins, dégagée de toute entrave, marchait à grands pas vers la perfection. Du moment que la liberté a été rendue à notre industrie, elle n'a eu qu'à imiter pour se placer au niveau de celle qui l'avait devancée.

« Les progrès étonnants de la chimie moderne, qui ne datent que du milieu du dernier siècle, ont pu diriger l'industrie dans toutes ses applications, et créer des arts inconnus jusqu'alors :

« Il y a encore cette différence entre l'industrie manufacturière et l'agriculture, c'est que la première s'exerce principalement dans les villes où les connaissances sont plus répandues, l'émulation plus active, les ressources plus grandes, les encouragements plus nombreux, et les communications plus faciles ; tandis que l'agriculteur vit isolé dans les champs, où il n'est entouré que de gens qui pratiquent ce qu'ils ont vu pratiquer ; esclave des méthodes que ses pères lui ont transmises, il ne se doute même pas qu'on puisse les améliorer [...]

« Toutes les opérations qui constituent l'industrie manufacturière sont *mécaniques* ou *chimiques* ; leur état de perfection tient donc essentiellement à celui de ces deux sciences, et leur amélioration ne peut avoir lieu que par elles. »[106]

Retour à la liberté après l'abolition des règlements de fabrication, essor de la chimie et de la mécanique, concentration des manufactures dans les villes devenues lieu d'émulation et d'échanges des connaissances, esprit du siècle hérité des Lumières porté vers la science et le progrès, émergence d'opportunités de profit comme dans toute période de mutation, ce à quoi on pourrait ajouter l'obligation de valoriser un patrimoine immobilier résultant des achats de biens nationaux : on comprend mieux dans un tel contexte pourquoi la propriété foncière décline et pourquoi la propriété industrielle, disons capitaliste, s'affirme et se trouve en voie de s'imposer comme le mode de propriété de l'avenir.

---

[106] Jean-Antoine Chaptal, *De l'industrie française*, Paris, 1819, éditions Antoine-Augustin Renouard, tome second, p.1.

Un homme proche de Benjamin Constant illustre et résume à lui seul dans sa vie et ses écrits toutes les évolutions de la société française depuis 1789 décrites par Chaptal.

C'est évidemment Jean-Baptiste Say.

Entre 1805 et fin 1812, Say a créé dans le Pas-de-Calais une filature de coton qu'il a dirigée puis revendue.

En 1813 et en 1817 il publie les deuxième et troisième éditions de son *Traité d'économie politique*. Entre ces deux dates, pour mettre ses idées à la portée d'un public élargi, il diffuse en 1815 un *Catéchisme d'économie politique.*

Say a démontré avec éclat dans ses activités de chef d'entreprise, puis théorisé dans son œuvre, le fait que le développement économique repose désormais sur les découvertes scientifiques sources d'innovations - la *chimie* selon Chaptal - et sur les machines, autrement dit les *arts mécaniques.*

Héritier du siècle des Lumières, ancien responsable de la revue *La Décade* qui accordait beaucoup d'intérêt aux progrès dans tous les domaines, républicain défenseur des libertés, attentif à combattre l'esprit de réglementation qui entrave l'économie, Say a mis en valeur le rôle fondamental de ces deux acteurs nouveaux dans le processus de création des richesses : l'entrepreneur d'industrie et le savant, en clair l'homme de l'art et l'homme de la recherche, désormais partenaires et alliés sur la grande scène de l'industrialisation.

L'influence de Say n'est sans doute pas à négliger dans l'évolution de Benjamin Constant. En reconnaissant la primauté de la nouvelle propriété industrielle sur l'ancienne propriété agricole, ce dernier, attentif aux changements de son temps, prend donc acte d'un tournant capital dans l'histoire sociale.

Et dans sa propre pensée.

7

Une nouvelle propriété qui libère et protège l'individu

Le changement de statut de la propriété – primauté de la propriété industrielle sur la propriété agricole – suscité par le développement des échanges intérieurs et extérieurs – ce que Benjamin Constant nomme le *commerce*, lequel a remplacé la guerre -, cette évolution va donner naissance à un nouvel individu.

C'est dans l'année qui suit son grand tournant sur la propriété que Benjamin Constant, en février 1819, dans sa fameuse conférence sur *La liberté des Anciens comparée à celle des Modernes*, annonce la naissance de l'individu moderne, façonné en partie par le surcroît d'indépendance que lui procure le nouveau mode de propriété et, de ce fait, mieux protégé contre le despotisme des pouvoirs.

Avant d'aller plus loin sur le thème spécifique de la propriété rappelons brièvement la thèse centrale de Benjamin Constant qui consiste à distinguer la liberté des Modernes, centrée sur l'individu, de celle des Anciens, centrée sur le collectif, c'est-à-dire sur la participation de tous, en direct et sans intermédiaire, au pouvoir politique.

En effet, les Anciens nommaient *liberté* la possibilité pour eux de consacrer la quasi-totalité de leur temps et de leurs forces à leur participation directe à la vie politique : ils délibéraient sur la place publique de la paix et de la guerre, votaient les lois, prononçaient des jugements, nommaient et destituaient les magistrats, examinaient et arrêtaient les comptes de la cité.

Ce type d'activité supposait une vie économique reposant sur l'esclavage et une vie sociale assujettissant l'individu à l'autorité collective :

« Rien n'est accordé à l'indépendance individuelle, souligne Benjamin Constant, ni sous le rapport des opinions, ni sous celui de l'industrie, ni surtout sous le rapport de la religion. La faculté de choisir son culte, faculté que nous regardons comme l'un de nos droits les plus précieux, aurait paru aux Anciens un crime et un sacrilège. »[107]

Condorcet avait déjà remarqué que les Anciens n'avaient aucune notion des droits individuels :

« L'individu, ajoute Benjamin Constant s'était en quelque sorte perdu dans la nation, le citoyen dans la cité. »[108]

Chez les Modernes, l'individu, loin de se perdre dans le collectif, va en émerger et s'en libérer.

---

[107] *Ecrits politiques*, op.cit., p.594.
[108] Ibid., p.596.

Que s'est-il donc passé dans la longue période qui sépare l'Antiquité du XIXe siècle qui puisse expliquer une telle différence ? Essentiellement trois évolutions :

D'abord l'agrandissement des pays. On est passé des cités à dimensions restreintes aux nations fondées sur de vastes territoires :

« L'étendu d'un pays, explique Benjamin Constant, diminue d'autant l'importance politique qui échoit en partage à chaque individu. Le républicain le plus obscur de Rome et de Sparte était une puissance. Il n'en est pas de même du simple citoyen de la Grande-Bretagne ou des Etats-Unis. Son influence personnelle est un élément imperceptible de la volonté sociale qui imprime au gouvernement sa direction. »[109]

Ensuite, la suppression de l'esclavage sur qui les nombreuses tâches domestiques reposaient :

« L'abolition de l'esclavage, constate Benjamin Constant, a enlevé à la population libre tout le loisir qui résultait pour elle de ce que les esclaves étaient chargés de la plupart des travaux. Sans la population esclave d'Athènes, vingt mille Athéniens n'auraient pas pu délibérer chaque jour sur la place publique. »[110]

Enfin, le développement du commerce, qui ne laisse plus à l'individu la possibilité de s'occuper à temps plein de la vie politique :

« Le commerce, souligne Benjamin Constant, inspire aux hommes un vif amour pour l'indépendance individuelle. Le commerce subvient à leurs besoins, satisfait leurs désirs, sans l'intervention de l'autorité [...] Chaque individu occupé de ses spéculations, de ses entreprises, des jouissances qu'il obtient ou qu'il espère, ne veut en être détourné que momentanément et le moins qu'il est possible. »[111]

La multiplication des échanges et les progrès de la civilisation – on retrouve ici l'idée de perfectibilité – ont donc entraîné le passage d'une forme de liberté à une autre :

« Nous ne pouvons plus jouir de la liberté des Anciens qui se composait de la participation active et constante au pouvoir collectif, proclame Benjamin Constant. Notre liberté, à nous, doit se composer de la jouissance paisible de l'indépendance privée. [...] Il s'ensuit que nous devons être bien plus attachés que les Anciens à notre indépendance individuelle. Car les Anciens, lorsqu'ils sacrifiaient cette indépendance aux droits politiques, sacrifiaient moins pour obtenir plus ; tandis qu'en faisant le même sacrifice nous donnerions plus pour obtenir moins. Le but des Anciens était le partage du pouvoir social entre tous les citoyens d'une même patrie. C'était là ce qu'ils nommaient liberté. Le but des Modernes est la sécurité dans les

---

[109] Ibid., p.599.
[110] Ibid.
[111] Ibid., p.600.

jouissances privées ; et ils nomment liberté les garanties accordées par les institutions à ces jouissances. »[112]

C'est à la fin de cette conférence que Benjamin Constant lève le rideau sur une scène tout à fait nouvelle : celle qui va résulter, selon lui, de l'action de la nouvelle propriété sur la vie économique, sociale, politique des nations modernes.

Si le développement des échanges comporte le risque de rendre l'arbitraire plus vexatoire qu'autrefois « parce que nos spéculations étant plus variées, l'arbitraire doit se multiplier pour les atteindre », en revanche ce même développement rend l'action de l'arbitraire plus facile à éluder « parce qu'il change la nature de la propriété, qui devient, par ce changement, presque insaisissable ».[113]

En effet la nouvelle propriété, la propriété mobilière, va jouir d'une faculté dont ne dispose pas la propriété agricole : la circulation.

Avec la propriété agricole la richesse est rivée au sol. Elle est facilement atteignable par l'arbitraire :

« Sans circulation, écrit Benjamin Constant, la propriété n'est qu'un usufruit ; l'autorité peut toujours influer sur l'usufruit, car elle peut enlever la jouissance. »

Au contraire, la propriété mobilière qui peut circuler aisément « met un obstacle invisible et invincible » à l'action despotique du pouvoir social. Disons, en nous inspirant d'une formule célèbre, qu'avec une propriété mobilière circulante on peut emporter sa richesse à la semelle de ses souliers.

Si la propriété mobilière « affranchit les individus », ce n'est pas tout : le développement des échanges a aussi créé le crédit et, ce faisant, il a rendu l'autorité dépendante.

Conclusion de Benjamin Constant :

« L'argent est l'arme la plus dangereuse du despotisme ; mais il est en même temps son frein le plus puissant ; le crédit est soumis à l'opinion ; la force est inutile, l'argent se cache ou s'enfuit ; toutes les opérations de l'Etat sont suspendues. Le crédit n'avait pas la même influence chez les Anciens ; leurs gouvernements étaient plus forts que les particuliers ; les particuliers sont plus forts que les pouvoirs politiques de nos jours ; la richesse est une puissance plus disponible dans tous les instants, plus applicable à tous les intérêts, et par conséquent bien plus réelle et mieux obéie ; le pouvoir menace, la richesse récompense ; on échappe au pouvoir en le trompant ; pour obtenir les faveurs de la richesse il faut la servir ; celle-ci doit l'emporter.

[112] Ibid., pp. 602-603.
[113] Ibid., p. 614.

« Par une suite des mêmes causes, l'existence individuelle est moins englobée dans l'existence politique. Les individus transplantent au loin leurs trésors ; ils portent avec eux toutes les jouissances de la vie privée ; le commerce a rapproché les nations, et leur a donné des mœurs et des habitudes à peu près pareilles ; les chefs peuvent être ennemis ; les peuples sont compatriotes.

« Que le pouvoir s'y résigne donc ; il nous faut la liberté, et nous l'aurons ; mais comme la liberté qu'il nous faut est différente de celle des Anciens, il faut à cette liberté une autre organisation que celle qui pourrait convenir à la liberté antique. Dans celle-ci, plus l'homme consacrait de temps et de forces à l'exercice de ses droits politiques, plus il se croyait libre ; dans l'espèce de liberté dont nous sommes susceptibles, plus l'exercice de nos droits politiques nous laissera de temps pour nos intérêts privés, plus la liberté nous sera précieuse. »[114]

Ce nouvel individu, affranchi des sujétions anciennes grâce à l'apparition d'une nouvelle espèce de propriété, va réclamer une nouvelle organisation politique de la société plus conforme à ses intérêts : ce sera la naissance du système représentatif.

D'où cette définition de Benjamin Constant :

« Le système représentatif est une procuration donnée à un certain nombre d'hommes par la masse du peuple, qui veut que ses intérêts soient défendus, et qui néanmoins n'a pas le temps de les défendre toujours lui-même. »[115]

Résumons :

Le commerce – rappelons une fois pour toutes que Benjamin Constant utilise le terme de *commerce* comme un raccourci, comme une sorte de synonyme qui signifie, chez lui, économie de marché au sens large ou, mieux encore, multiplication des échanges – le commerce donc, ou plutôt le « doux commerce », a été au cours des siècles la source d'une immense révolution dans la propriété, dans l'économie, dans le social, dans l'individu, dans la politique.

Et, ce qui est plus essentiel : dans la liberté.

Par là, l'individu s'affranchit et s'émancipe du collectif, d'où il s'extrait progressivement comme d'une gangue, abandonne ce que ce collectif nommait liberté, à savoir la participation directe et permanente aux affaires publiques, délègue cette participation à des représentants, et se construit sa sphère privée à l'intérieure de laquelle il sera autonome et responsable.

C'est la naissance de la société civile au sens contemporain du terme face à l'Etat.

---

[114] Ibid., p. 615.
[115] Ibid.

C'est le marquage des territoires de chacun. Souvenons-nous de la phrase de Constant : « Prions l'Etat de rester dans ses limites ».

La liberté individuelle est érigée au rang de véritable liberté des Modernes et elle doit être garantie par la liberté politique.

Il n'y a pas rejet mais plutôt rénovation profonde de la participation du citoyen à la politique. Mieux, Benjamin Constant proclame qu'il n'y a renoncement à aucune des deux espèces de liberté mais combinaison de l'une avec l'autre. La participation des citoyens ne disparaît pas mais s'exprime autrement : par le gouvernement représentatif et non plus par le gouvernement direct.

Tout cela, pour Benjamin Constant, s'inscrit dans le sens de la perfectibilité :

« Ce n'est pas au bonheur seul, conclut-il, c'est au perfectionnement que notre destin nous appelle ; et la liberté politique est le plus puissant, le plus énergique moyen de perfectionnement que le Ciel nous ait donné.

« La liberté politique soumettant à tous les citoyens, sans exception, l'examen et l'étude de leurs intérêts les plus sacrés, agrandit leur esprit, anoblit leurs pensées, établit entre eux tous une sorte d'égalité intellectuelle qui fait la gloire et la puissance d'un peuple. »[116]

Après cette conférence sur les Anciens et les Modernes, Benjamin Constant reviendra à plusieurs reprises, dans ses écrits ultérieurs, sur ce thème de la propriété si fondamental en économie puisque presque tout, en définitive, part de là. Tout, c'est-à-dire la division du travail et sa productivité, la possibilité pour les producteurs de multiplier les initiatives tendant à satisfaire pleinement les besoins des consommateurs, la variété des échanges, les relations entre classes sociales…

Les positions de Benjamin Constant sur ce sujet se développeront selon deux axes d'ailleurs complémentaires que nous avons déjà évoqués précédemment : lutte contre la *concentration* de la propriété foncière, efforts en faveur de sa *dissémination*.

Dans une société qui marche à grands pas sur le chemin de son industrialisation, ce qui est le cas de la France de l'époque, le maintien de la concentration des propriétés, avec son cortège de lois favorisant cette concentration, constituerait un goulet d'étranglement dans le processus de création et de distribution des richesses.

Dans son livre *Commentaire sur l'ouvrage de Filangieri*, qui paraît en 1822 et qui constitue, selon Kurt Kloocke, l'exposé le plus complet de la doctrine politique de Benjamin Constant, ce dernier consacre un chapitre entier à la division des propriétés.

Après avoir constaté que la grande propriété rendue inaliénable par les substitutions « reconstruit l'oligarchie », Benjamin Constant souligne que ce

---

[116] Ibid., p. 617.

type de propriété entraîne deux effets néfastes dans le domaine économique: le défaut de subsistance et la diminution de la population.

Pour lui, le seul moyen de garder de l'influence et de la productivité à la propriété foncière, c'est de la diviser et de créer un grand nombre de petits propriétaires.

Et d'ajouter :

« Lorsque le pauvre même peut acquérir un champ, il n'existe plus de classe ; tout prolétaire espère par ses travaux arriver au même point, et la richesse devient dans la propriété comme dans l'industrie une question de travail et d'assiduité. Dans l'autre hypothèse, la propriété foncière est une barrière qu'on ne peut franchir. »[117]

Le statut de la grande propriété foncière inaliénable ainsi que le régime féodal, intimement liés l'un à l'autre durant les siècles passés, sont désormais tous deux contraires à l'état présent de la civilisation.

La grande propriété foncière inaliénable doit donc abdiquer et changer de nature.

Pour s'adapter aux temps nouveaux, il faut qu'elle devienne mobile, divisée, circulante « à l'infini ».

Evolution considérable car le paysan-mercenaire, qui travaillait jadis pour le compte de son seigneur, pourra désormais accéder à la propriété grâce à la division de celle-ci. Il découvrira ainsi « que son travail est sa richesses et que ses bras sont ses capitaux ». Par là, le mercenaire sera devenu un individu productif en économie et un citoyen protégé par les garanties constitutionnelles en politique, autrement dit une personne autonome et responsable. La société y gagnera, car l'homme qui s'enrichit par son industrie ou ses facultés apprend à mériter ce qu'il acquiert.

De surcroît, la multiplication des petits propriétaires sera favorable à la stabilité politique en attachant le grand nombre, par l'intérêt personnel, aux institutions nouvelles.

Cette évolution de la propriété à travers les siècles s'explique par ce que Benjamin Constant appelle « une loi de progression » laquelle s'exerce dans tous les sens et sur tòus les objets.

Finalement, c'est dans son dernier écrit, *Mélanges de littérature et de politique,* qu'il exprimera sa position définitive sur ce vaste sujet si essentiel en économie politique du statut de la propriété à travers des âges :

« L'industrie, écrit-il, longtemps inférieure à la propriété foncière, sous le rapport du rang et de l'influence, devient par degrés son égale, et bientôt lui est supérieure. En ouvrant à l'homme une carrière plus vaste et plus libre, elle tend perpétuellement à rendre disponibles les moyens à l'aide desquels cette carrière peut être parcourue plus rapidement et plus facilement. La propriété foncière arrive à n'être qu'un de ces moyens ; elle se divise alors

---

[117] Benjamin Constant, *Commentaire sur l'ouvrage de Filangieri*, op.cit., p. 155.

pour circuler plus commodément : tout ce qui contrarie cette division est sans résultat. La terre devient mobile, fractionnée ; elle se disperse, pour ainsi dire, entre mille mains, qui s'en saisissent plutôt pour la transmettre à d'autres que pour la posséder. La propriété foncière est un effet à ordre qu'on négocie dès qu'on peut tirer un meilleur parti du capital qu'elle représente ; car ce ne sont plus les capitaux qui représentent les terres, ce sont les terres qui représentent les capitaux.

« Cette révolution change la société jusque dans ses bases. La propriété foncière est la valeur de la chose, l'industrie celle de l'homme. L'époque où la propriété foncière se voit domptée par l'industrie, c'est-à-dire forcée de prendre la nature de cette dernière et de se mettre à son niveau, est celle d'un nouveau progrès dans la route de la valeur morale et du perfectionnement intellectuel. »[118]

Toujours la perfectibilité...

Par cette évolution progressive de sa conception de la propriété, Benjamin Constant rejoignait ainsi Jean-Baptiste Say qui, dès la première édition de son *Traité d'économie politique*, en 1803, avait consacré un chapitre entier à *l'indépendance née chez les modernes des revenus industriels* et avait écrit :

« Je ne saurais m'empêcher de remarquer l'indépendance que les revenus industriels ont procurée, chez les modernes, à une classe nombreuse de toute société : celle qui ne possède ni terres, ni capitaux [...] Chez les modernes, quelles que soient nos formes de gouvernement, tout homme qui a un talent industriel, est indépendant [...] Dans un pareil ordre de choses, le gros d'une nation trouve qu'il y a peu de profits à servir les grands, et qu'il y en a beaucoup à servir le public, c'est-à-dire à tirer parti de son industrie. Dès lors plus de clientèles ; le plus pauvre citoyen peut se passer de patron ; il se met sous la protection de son talent pour subsister, et les gouvernements tirent des peuples, les secours qu'ils leur accordaient jadis. »[119]

---

118 *Ecrits politiques*, op.cit., p.633.

119 Jean-Baptiste Say, *Traité d'économie politique*, Paris, 1803, Crapelet, tome II, p.262.

8

Pour l'industrie, mais contre « le papisme industriel »

« L'industrie est aujourd'hui la pensée principale, peut-être la pensée unique du siècle, et chaque jour de nouveaux prodiges signalent le règne de cette puissance. »[120]

Cette proclamation de Benjamin Constant date du 3 décembre 1825.

Elle constitue la suite logique de son évolution sur la propriété.

Elle a été prononcée lors d'une conférence à l'Athénée royal de Paris.

Après sa conversion à la propriété industrielle « valeur de l'homme », elle marque son ralliement à la société nouvelle qui est en train d'émerger.

Surtout, elle annonce son entrée en scène dans la *querelle de l'industrialisme* qui va opposer deux écoles : l'école industrielle libérale issue de Jean-Baptiste Say et l'école industrielle dogmatique et dirigiste de Saint-Simon et de ses héritiers intellectuels.

Entre 1815 et 1830 chacune de ces écoles va avoir son chef, ses acteurs, ses troupes, sa presse et ses lieux d'influence.

En 1803, dans son *Traité d'économie politique,* Jean-Baptiste Say avait esquissé un monde économique futur qui reposerait sur l'industrie, l'entrepreneur, l'innovation, la production de masse. Bien que le mot n'existât pas encore, il était déjà *industrialiste.*

Ce n'était pas encore le cas de Saint-Simon.

De sept ans plus âgé que Say, il avait participé avec La Fayette à la guerre d'indépendance des Américains, puis s'était plongé dans l'étude des sciences et avait été fasciné par la gravitation universelle. Dans un écrit daté lui aussi de 1803, *Lettre d'un habitant de Genève à ses contemporains*, il avait demandé l'ouverture d'une souscription devant le tombeau de Newton. Cette souscription, renouvelée chaque année, devait permettre aux hommes de génie - mathématiciens, physiciens, physiologistes, littérateurs, peintres, musiciens - de travailler « au progrès des lumières » et « au bonheur de l'humanité ».

Le grand mot qui se trouvait au cœur de ce texte était en effet celui d'humanité.

« Chez l'homme de génie, avait souligné Saint-Simon, l'intérêt personnel est bien puissant, mais l'amour de l'humanité est aussi capable de lui faire enfanter des prodiges. Qu'elle est belle l'occupation de travailler au bien de l'humanité ! Quel but auguste ! L'homme a-t-il un moyen de se rapprocher davantage de la divinité ? [...] Savants, artistes, et vous aussi qui employez

---

[120] *Revue encyclopédique*, tome 28, décembre 1825, p.666.

une partie de vos forces et de vos moyens aux progrès des lumières, vous êtes la partie de l'humanité qui avez le plus d'énergie cérébrale, vous êtes celle qui avez le plus d'aptitude à recevoir une idée neuve, vous êtes le plus directement intéressés aux succès de la souscription : c'est à vous à vaincre la force d'inertie [...] Savants, artistes, regardez avec l'œil du génie la situation actuelle de l'esprit humain ; vous verrez que le sceptre de l'opinion publique est entré dans vos mains ; saisissez-le donc vigoureusement, vous pouvez faire votre bonheur et celui de vos contemporains. »[121]

C'était déjà le Saint-Simon incantatoire qui s'exprimait là, faisant des hommes de génie les nouveaux prophètes devant guider la nouvelle humanité vers une nouvelle religion au service d'un nouveau dieu.

Say s'annonçait comme le chef de file du libéralisme économique et le porte-parole de *l'individu* et de ses droits.

Saint-Simon se présentait comme le représentant des hommes de génie travaillant *collectivement* au bonheur de l'humanité.

L'individualisme d'un côté, le collectif - qui ne tardera pas à se transformer en socialisme - de l'autre : l'opposition de deux écoles était déjà en germe dès 1803.

C'est entre 1803 et 1817 que va s'opérer le grand virage de Saint-Simon de la science pure vers l'économie politique.

Entre ces deux dates il va d'abord devenir un grand lecteur et un grand admirateur d'Adam Smith et de Jean-Baptiste Say. Il fréquentera souvent le salon de ce dernier.

Il admire Adam Smith pour avoir posé des *principes* qui ne sont autre chose que les *vérités* générales qui résultent de la science de l'économie politique et pour s'être livré « à la critique la plus forte, la plus directe, la plus complète qui ait jamais été faite du régime féodal ».

Quant à Jean Baptiste Say « il fait un pas de plus que Smith » en établissant avec méthode et clarté que l'économie politique « est distincte et indépendante de la politique ». De surcroît, son *Traité d'économie politique* est le livre dans lequel se trouve « le plus grand nombre d'idées positives coordonnées ». [122]

Cette évolution intellectuelle amènera Saint-Simon à embrasser hautement la cause des industriels en regardant cette cause comme le centre réel et le foyer de la civilisation.

Les héritiers intellectuels de la pensée de Say comme Charles Dunoyer et Charles Comte agiront de concert, entre 1814 et 1817, avec ce Saint-Simon libéral, notamment dans les colonnes du *Censeur* puis du *Censeur européen*, le journal libéral de l'époque, jusqu'au moment où Saint-Simon décidera

[121] Saint-Simon, *Lettres d'un habitant de Genève* (page 7 et 23) dans *Œuvres de Saint-Simon* publiées par Olinde Rodrigues, Paris, 1841, Capelle.
[122] *Œuvres de Saint-Simon*, op.cit., p.342 et 344.

d'abandonner le libéralisme pour se prononcer en faveur de l'organisation collective de la société.

Il appellera cela passer de l'époque *critique* à l'époque *positive.*

En effet pour Saint-Simon la liberté de penser et d'écrire qui avait marqué le XVIIIe siècle avait agi comme un dissolvant sur l'Ancien Régime féodal et militaire. Cette dissolution de la vieille société par l'intérieur avait entraîné son effondrement lors de la Révolution française.

Le XVIIIe siècle est donc l'âge de la critique par excellence.

Mais l'âge de la critique est clos, de même que celui de la liberté telle qu'on l'entendait à cette époque. Il faut donc retirer aux « légistes » et aux « métaphysiciens » chantres de cette liberté, l'influence politique universelle qu'on leur avait accordée. Les temps ont changé. Il s'agit maintenant d'organiser le système industriel, scientifique, collectif, autrement dit cette époque positive qui doit remplacer l'époque critique.

Il s'agit bien d'une refonte générale du système social.

En aucun cas la liberté ne saurait être le cœur de ce nouveau contrat social.

Et voici que tombe de la plume de Saint-Simon en 1821 la condamnation la plus nette de la liberté. Cela va le couper de l'école de Jean-Baptiste Say et annoncer l'émergence d'une école nouvelle :

« En aucun cas, proclame-t-il, le maintien des libertés individuelles ne peut être le but du contrat social. La liberté, considérée sous son vrai point de vue, est une conséquence de la civilisation, progressive comme elle, mais elle ne saurait en être le but. On ne s'associe point pour être libres [...] Il faut un but d'activité, je le répète, et la liberté ne saurait en être un [...] L'idée vague et métaphysique de liberté, telle qu'elle est en circulation aujourd'hui, si on continuait à la prendre pour base des doctrines politiques, tendrait éminemment à gêner l'action de la masse sur les individus. Sous ce point de vue, elle serait contraire au développement de la civilisation et à l'organisation d'un système bien ordonné, qui exige que les parties soient fortement liées à l'ensemble et dans sa dépendance. »[123]

Et Saint-Simon de lancer cet appel :

« Nous invitons tous les industriels qui sont zélés pour le bien public et qui connaissent les rapports existants entre les intérêts généraux de la société et ceux de l'industrie, à ne pas souffrir plus longtemps qu'on les désigne par le nom de *libéraux* ; nous les invitons d'arborer un nouveau drapeau et d'inscrire sur leurs bannières la devise : *industrialisme* [...] Le mot *libéralisme* désigne un ordre de sentiments ; il n'indique point une classe d'intérêts ; d'où il résulte que cette désignation est vague, et par conséquent elle est vicieuse. »[124]

---

[123] Saint-Simon : préface à *Du système industriel*, Paris, 1821, Renouard, p.xiij.

[124] *Œuvres de Saint-Simon*, op.cit., texte intitulé : *Le libéralisme et l'industrialisme*, p. 205 et 207.

Saint-Simon meurt en 1825.

Il avait créé la revue *L'Industrie*, à laquelle participe le jeune Augustin Thierry, puis *L'Organisateur*.

Après sa mort, c'est avec *Le Producteur*, organe de ses héritiers intellectuels, que se développe et s'étend sa doctrine anti-individualiste et protosocialiste.

Et c'est avec *Le Producteur* que Benjamin Constant entre en conflit.

Que la liberté soit considérée par Saint-Simon comme un moment de l'organisation sociale et non comme une constante de l'histoire humaine, que l'ère de la liberté soit datée donc passée, finie, close : voilà une thèse qui ne pouvait laisser Benjamin Constant indifférent.

En 1822 et 1824 il publie les deux volumes de son *Commentaire sur l'ouvrage de Filangiéri.* Ce sera l'écrit où il traitera le plus d'économie politique. Si, à cette époque, il s'est prononcé en faveur de l'industrie, il se démarque de Saint-Simon dès le chapitre premier en rappelant son complet accord « avec les principes de cette liberté politique et surtout individuelle que je considère comme le seul but des associations humanitaires et à l'établissement de laquelle nous sommes destinés à parvenir ».[125]

Pour Benjamin Constant la liberté n'est donc pas du domaine du passé mais bien de celui du présent et de l'avenir.

A la fin de l'année 1825, quelques mois après la mort de Saint-Simon, il prononce à l'Athénée, sous le titre *Coup d'œil sur la tendance générale des esprits dans le XIXe siècle*, une conférence où il précise sa conception de l'industrie, conception qui allie très étroitement éloge de la liberté et développement économique.

Un compte rendu de cette conférence est publié dans la *Revue encyclopédique* du mois de décembre 1825.

Texte important pour mieux connaître la pensée économique de Benjamin Constant et qui va constituer le premier épisode de la polémique avec les saint-simoniens.

Selon lui, chaque grande époque de l'humanité est marquée par « un esprit particulier », « une tendance spéciale », « un besoin dominant ».

Au XVe et au XVIe siècle, ce besoin était celui du « libre examen ». Au XIXe siècle, à cette liberté des croyances et de l'opinion s'ajoute comme besoin dominant l'indépendance de l'existence matérielle « sans laquelle l'intelligence [...] est menacée toujours de retomber dans la servitude ». De là les efforts de l'industrie qui manifestent « la volonté de trouver des moyens de bien-être physique hors de la protection et des faveurs du pouvoir ».[126]

---

[125] *Commentaire sur l'ouvrage de Filangiéri*, op.cit., p.21.

[126] *Revue encyclopédique*, tome 28, décembre 1825, p.663-664.

L'industrie doit donc être comme l'enveloppe protectrice de cette sphère des droits de l'individu dont il a établi la théorie dans ses écrits politiques précédents.

Avant l'industrie, les individus étaient dans la dépendance des pouvoirs dispensateurs des richesses.

Avec l'industrie, ce sont les pouvoirs qui désormais sont dans la dépendance des individus par l'intermédiaire du crédit.

Avec le développement de l'industrie la richesse, autrement dit l'argent, est dans le peuple. Les pouvoirs doivent maintenant « tendre la main » pour emprunter cet argent. Plus la peine de « mendier » ces moyens auprès des pouvoirs : il est plus *honorable*, plus *sûr,* moins *pénible* de les acquérir par soi-même.

Ici, Benjamin Constant rejoint Jean-Baptiste Say : l'industrie devient le grand instrument d'émancipation de l'individu qui peut se libérer des sujétions qu'il connaissait sous l'Ancien Régime.

Sauf à retomber dans d'autres formes de sujétion, ce que Benjamin Constant redoute de la doctrine des saint-simoniens :

« L'industrie, explique-t-il, entoure le pouvoir de sa force invisible, lui trace des limites, lui oppose des obstacles ; et, si par quelque circonstance imprévue, des hommes passionnés pour l'arbitraire saisissaient ce pouvoir tant convoité, on les verrait, au milieu du système industriel, comme frappés d'une subite paralysie : aussi, seraient-ils accusés par leurs complices de timidité ou de trahison.

« Pacifique, indépendante, restauratrice de la dignité de l'homme, en ce sens qu'elle substitue le travail qui laisse intacte cette dignité, à la mendicité déguisée qui dégrade également celui qui donne et celui qui mendie, l'industrie a mille droits à notre reconnaissance. Elle est le signal d'une ère nouvelle favorable à la liberté publique, puisqu'elle enchaîne ses ennemis, et favorable aussi à la morale privée, sous ce rapport qu'elle ouvre à tous des moyens plus légitimes d'aisance, et les entoure de plus de sécurité. »[127]

Rendant compte de cette conférence, une publication de création récente, *L'Opinion, journal des mœurs, de la littérature, de l'industrie*, avait laissé entendre que l'orateur avait attaqué « le système industriel ». D'où une longue lettre rectificative que Benjamin Constant adresse à ce journal où il proteste contre une telle méprise qu'il juge inexplicable. Il réaffirme au contraire son attachement à l'industrie « sans laquelle aucune société ne pouvait être ni libre, ni heureuse, ni morale » et livre le fond de sa pensée sur la nouvelle école saint-simonienne, sans d'ailleurs citer ses adeptes :

« Ce que j'ai attaqué dans mon discours, écrit-il, ce n'est donc point le système industriel, seule base raisonnable des sociétés, c'est un système qui lui est opposé sous mille rapports, un système qui détruit tous ses avantages,

---

[127] Ibid., p.667.

et que les organes les plus éclairés de l'industrie désavouent [...] D'après une certaine école, toute philosophie qui n'a pas pour but l'exploitation de la nature physique est chimérique et vaine ; les garanties politiques sont inutiles, parce que l'industrie se défend toute seule ; les arts s'égarent quand ils sortent de la sphère du pur mécanisme ; la poésie ne doit chanter que les machines ; et enfin, ce qui est bien plus grave, la liberté de conscience même, n'étant qu'un moyen de destruction, bon aussi longtemps que l'erreur subsiste, ne doit plus exister quand on a découvert la vérité, comme si chacun ne regardait pas son opinion comme la vérité et ne se trouvait pas autorisé, par cette doctrine nouvelle, à étouffer la liberté de ses adversaires en les accusant d'erreur. Voilà le système que j'ai combattu, dans l'intérêt de l'industrie même, qu'il tend à isoler, tandis qu'elle s'associe à tout ; qu'il rendrait hostile, tandis qu'elle est un lien d'affection entre tous les hommes ; persécutrice et despotique, tandis qu'elle veut la tolérance et qu'elle vit de liberté. Au reste, les partisans les plus judicieux du système industriel, dont je suis le défenseur, autant que personne, partagent mon sentiment. »[128]

Si Benjamin Constant n'a cité dans sa lettre ni Saint-Simon ni ses héritiers intellectuels, ces derniers se sont tout de suite reconnus et répliquent par la plume de Cerclet, rédacteur général du *Producteur*, qui proclame que l'heure de la réorganisation positive de la société est enfin arrivée et qu'il faudra bien, bon gré, mal gré, croire aux vérités scientifiques en morale et en politique « comme on croit aujourd'hui aux vérités scientifiques en astronomie et en physique ».[129]

Un an plus tard la polémique rebondit, mais plus vive, à partir d'un ouvrage de Charles Dunoyer : *L'industrie et la morale considérées dans leurs rapports avec la liberté.*

Dans *Le Producteur* Pierre-Isidore Rouen y consacre une analyse en trois longs articles et y critique la place centrale que Dunoyer accorde à l'homme individuel, lequel ne saurait être, selon lui, la base unique de la politique ni le principe générateur des lois sociales. La liberté est ainsi ramenée dans le domaine de la vie privée car elle ne saurait être une puissance organique. Nécessaire pour critiquer les systèmes anciens, elle est incapable d'en créer de nouveaux.

Pour Pierre-Isidore Rouen la liberté « n'a pas pour mission de féconder le monde mais de le purifier pour le livrer ensuite au pouvoir générateur de la science. Ce n'est que lorsque, la détournant de sa fonction naturelle, on veut en faire un instrument d'édification que la liberté dénaturée devient une cause permanente d'anarchie ».

Et d'ajouter :

---

[128] Extrait de la lettre de Benjamin Constant parue dans le Journal *L'Opinion* du 7 décembre 1825 et reproduite dans *Le Producteur* organe des saint-simoniens, avec un commentaire de A. Cerclet, rédacteur général de cette revue, tome premier, 1825, p.536.

[129] Ibid., p.538.

« Il est des temps où les idées de liberté n'ont plus que peu de chose à faire, où il est bien plus urgent de coordonner que de dissoudre, et où la théorie positive doit succéder aux théories critiques. Nous entrons dans une époque semblable, et chaque jour les doctrines du XVIIIe siècle perdent de leur importance. »[130]

Bref, pour les saint-simoniens, il n'est pas permis d'admettre la liberté comme but des sociétés humaines.

C'est dans l'analyse qu'il fait lui aussi du même livre de Charles Dunoyer que Benjamin Constant réplique vivement à Pierre-Isidore Rouen en lui reprochant d'accentuer et d'exagérer les doctrines de Saint-Simon au point de les rendre « ridicules et funestes ».

Après avoir rappelé qu'il adhère au système de Dunoyer qualifié de manière péjorative *d'individualisme* par ses détracteurs, Benjamin Constant explique ce qu'est cet individualisme en matière économique :

« Le système de M. Dunoyer, écrit-il, établit pour premier principe que les individus sont appelés à développer leurs facultés dans toute l'étendue dont elles sont susceptibles ; que ces facultés ne doivent être limitées qu'autant que le nécessite le maintien de la tranquillité, de la sûreté publique, et que nul n'est obligé, dans ce qui concerne ses opinions, ses croyances, ses doctrines, à se soumettre à une autorité intellectuelle en dehors de lui.

« Ce système, que nous croyons le seul juste, le seul favorable au perfectionnement de l'espèce humaine, est en horreur à la nouvelle secte, qui veut fonder un papisme industriel. Dans toute dissidence d'opinion, dans toute divergence d'efforts, cette secte voit l'anarchie. Elle s'effraie de ce que tous les hommes ne pensent pas de même, ou, pour mieux dire, de ce que beaucoup d'hommes se permettent de penser autrement que ne le veulent ses chefs ; et pour mettre fin à ce scandale, elle invoque un pouvoir spirituel. »[131]

Papisme industriel, pouvoir spirituel : ces deux condamnations ne sont pas sans signification sous la plume de cet adepte du culte protestant qu'est Benjamin Constant qui décèle derrière Saint-Simon non seulement l'émergence d'une secte mais surtout la menace d'une nouvelle théocratie, sorte de théocratie des Modernes, fondée sur une organisation autoritaire de la future société industrielle. D'autant que deux autres doctrines, pour ne pas parler de sectes, pourraient rejoindre, par des voies inattendues, à savoir celle de la religion et celle de la défense de la royauté, la position des saint-simoniens. Il s'agit des catholiques regroupés derrière Lamennais, lequel vient de publier son *Indifférence en matière de religion*, et des défenseurs de l'Ancien Régime amis de Joseph de Maistre et de ses *Soirées de Saint-Pétersbourg*. Deux ouvrages qui, chacun à sa façon, condamnent la liberté en la tenant pour responsable de l'anarchie qui a suivi la Révolution

---

[130] *Le Producteur*, tome second, 1826, p.168.
[131] *Revue encyclopédique*, tome 22, janvier 1926, p.432.

française et expriment la pensée de ceux qui, comme les saint-simoniens, sont à la recherche d'une nouvelle « unité » collective et positive de la société.

Après avoir accusé les saint-simoniens de proposer « un joug nouveau » en s'appuyant de leur autorité seule, Benjamin Constant souligne que c'est toujours de leur autorité seule qu'ils s'arrogent le privilège de la science, qu'ils proscrivent la doctrine critique, autant dire le libre examen. Il souligne ensuite que le *pouvoir spirituel* qu'ils réclament à grands cris ne sera jamais « qu'une nouvelle inquisition ».

Enfin, il repousse le qualificatif d'anarchie que les saint-simoniens appliquent à la liberté. Loin d'être une anarchie, la liberté possède une influence bienfaisante et n'est rien d'autre que l'état naturel, désirable, heureux, d'une société dans laquelle chacun, suivant ses lumières, ses loisirs, sa disposition d'esprit « croit ou examine, conserve ou améliore, fait, en un mot, un usage libre et indépendant de ses facultés ».[132]

Et de reprocher aux saint-simoniens de vouloir ramener l'esprit humain à cette habitude « de croire sur parole », une habitude qui a plongé cet esprit durant des siècles dans l'apathie et l'engourdissement en lui ôtant son principe d'action et son énergie. Ce faisant, accuse-t-il, « vous auriez brisé son ressort, et détruit la force dont la Providence l'a doué pour qu'il aille en avant et se perfectionne ».

Et de conclure :

« Nous n'attaquons point vos intentions, nous les croyons pures. Vous êtes des hommes assez instruits, fort zélés, mais convaincus qu'un privilège spécial vous appelle à fixer dès à présent la régénération du monde, et, pour employer vos propres paroles, à le transporter d'un état transitoire à un état définitif. Eh bien, désabusez-vous, rien n'est définitif sur la terre : ce que vous prenez pour définitif, n'est qu'une transition comme une autre, et il est bon que cela soit ainsi ; car ce qui serait définitif serait stationnaire ; et tout ce qui est stationnaire est funeste. Respectez donc la liberté d'examen que vous exercez contre vos prédécesseurs et vos adversaires, et qu'il est fort juste qu'on exerce contre vous ; et quand vous pouvez être d'utiles collaborateurs dans le grand travail qui se fait et doit se faire indéfiniment, ne devenez pas d'intolérants pédagogues. »[133]

Le dernier épisode de cette *querelle de l'industrialisme* prendra la forme d'une longue étude de Charles Dunoyer parue en janvier 1827 dans la *Revue encyclopédique* sous le titre : *Esquisse historique des doctrines auxquelles on a donné le nom d'industrialisme, c'est-à-dire des doctrines qui fondent la société sur l'industrie.*

---

132 Ibid., p.434.
133 Ibid., p.435.

Ainsi, cette querelle avait-elle duré dix ans.

En effet, son premier signe était apparu en 1817 quand Augustin Thierry, qui s'était présenté jusque-là comme le fils adoptif de Saint-Simon avait rompu avec ce dernier :

« Je ne conçois pas d'Association sans le gouvernement de quelqu'un » avait affirmé Saint-Simon. A quoi Augustin Thierry avait répliqué : « Et moi, je ne conçois par d'Association sans liberté ».[134]

Ainsi, c'était bien la liberté, sa valeur, sa place, son rôle dans la société future qui était au centre de la discorde entre les deux écoles. Et c'est quand Saint-Simon avait proclamé qu'en aucun cas la liberté ne saurait être à la base d'un nouveau contrat social que Benjamin Constant était descendu dans l'arène.

Cette querelle ajoute ceci à l'histoire des idées que tous les intervenants, qu'ils soient de l'école dogmatique comme Saint-Simon et Pierre-Isidore Rouen ou libéraux de stricte observance comme Augustin Thierry, Charles Dunoyer ou Benjamin Constant lui-même, ont permis de mettre au jour les racines intellectuelles de ce qui allait devenir notre monde industriel.

Pour ce qui est de Benjamin Constant lui-même, cette querelle lui aura donné l'occasion d'approfondir et de préciser sa conception de l'industrie dans la société des Modernes, conception déjà largement esquissée dans ses écrits antérieurs, entre autres sa conférence de 1819 sur *La liberté des Anciens comparée à celle des Modernes.*

Pour lui, la société industrielle, réunion de toutes les professions utiles, ne peut se passer de la liberté, son alliée naturelle. De surcroît, dans sa philosophie de l'histoire, les différentes périodes traversées par l'humanité ne sont en rien définitives, ne sont en rien stationnaires mais constituent des étapes sur le long chemin de la perfectibilité. C'est dire que l'individu avec ses droits, ses libertés, ses initiatives, son esprit de libre examen reste le moteur de l'évolution humaine et ne saurait accepter le retour d'une forme de théocratie, fût-ce une théocratie nouvelle fondée sur le pouvoir spirituel des industriels, des savants et des artistes.

---

[134] Elie Halévy, *Histoire du socialisme européen*, Paris, 1974, Gallimard/Idées, p.74.

9

L'Etat : plutôt garant que gérant

Aussi loin que l'on remonte dans l'histoire du libéralisme – et avant que le mot lui-même existât – on trouve toujours au cœur de cette doctrine la question des relations entre la liberté et l'Etat, que ce dernier s'appelle indifféremment, selon les auteurs, gouvernement, pouvoir, autorité sociale, volonté nationale, administration ou lois.

Quand le négociant Legendre lance au dirigiste Colbert : « Laissez-nous faire ! » c'est la liberté des échanges qui s'adresse à l'Etat. De même quand Jean-Baptiste Say refuse de se plier aux injonctions de Bonaparte qui le presse de réécrire certains passages de son *Traité d'économie politique* pour soutenir sa politique autoritaire, c'est la liberté économique qui entend résister à l'Etat incarné par le Premier consul.

On pourrait multiplier les anecdotes de ce genre et en trouver de nombreuses encore aujourd'hui dans la vie sociale contemporaine, anecdotes qui, au demeurant, appartiennent plutôt à la catégorie très signifiante des « petits faits révélateurs » si chers à l'historien Hippolyte Taine.

Le grand mérite de Benjamin Constant, autant dans ses écrits de théoricien du gouvernement représentatif que dans ses interventions de parlementaire, aura été de chercher à fixer avec précision, d'une part les attributions nécessaires de l'Etat dans la société des Modernes, d'autre part le domaine intouchable des droits et des libertés propres à l'épanouissement des individus. Il est vrai que d'avoir vécu en témoin les débordements de l'Etat, soit sous la Terreur jacobine, soit sous la férule napoléonienne, prédisposait un esprit de cette qualité à une réflexion approfondie sur les sources de l'arbitraire et les moyens de le combattre.

En préambule, rappelons d'une phrase la position de Benjamin Constant sur la souveraineté, puisque tout part de là : pour lui, si toute souveraineté émane du peuple et ne peut émaner que du peuple, il ne s'ensuit pas que cette souveraineté soit illimitée. Il y a une partie de l'existence humaine qui, de nécessité, reste individuelle et indépendante et qui, de droit, se situe hors de toute compétence sociale.

Ce principe étant proclamé, reste à élaborer les conditions pratiques de son application et en premier lieu à déterminer la place et le rôle de l'Etat dans la vie quotidienne des citoyens.

Dans tous ses livres, tous ses discours, tous ses articles Benjamin Constant répétera que l'Etat n'a que deux attributions : la première de prévenir et de réprimer les désordres intérieurs par l'action de la police et de la justice, la seconde de défendre les frontières :

« La législation comme le gouvernement, proclame-t-il, n'a que deux objets : le premier, de prévenir les désordres intérieurs ; le second de repousser les invasions étrangères. Tout est usurpation par-delà cette borne [...] Dans tous les temps, les délits réels, c'est-à-dire les actes qui nuisent à autrui, doivent être réprimés et ceux qui ne nuisent à personne ne doivent pas l'être [...] Les attentats à la vie, à la propriété, à la sûreté, sont des crimes et doivent être punis. Tout le reste doit demeurer libre. »[135]

S'il s'est exprimé à de nombreuses reprises sur les attributions de l'Etat, c'est toutefois dans une étude sur Godwin publiée en 1817 puis reprise en 1829 dans ses *Mélanges de littérature et de politique* qu'il synthétise le mieux, et l'on pourrait dire définitivement, sa pensée sur le sujet. Pour ce faire il reprend d'ailleurs la métaphore qui lui est chère de la *sphère* :

« Le gouvernement, écrit-il, à une sphère qui lui est propre. Il est créé pour les besoins de la société, et pour empêcher que ses membres ne se nuisent mutuellement ; aussi longtemps qu'il reste dans cette sphère, il ne pèse sur les citoyens qu'autant qu'ils se nuisent. Il n'est donc point un mal, si ce n'est pour les coupables, et c'est un bien qu'il leur soit un mal. »[136]

Benjamin Constant reprend donc à son compte l'héritage intellectuel des philosophes politiques qui l'ont précédé et qui ont affirmé que l'Etat devait disposer, par délégation des citoyens, des moyens d'exercer ce que nous appelons aujourd'hui une « violence légitime » pour empêcher les hommes de s'entretuer.

Et d'employer une autre métaphore - celle de la *sentinelle* – pour mieux préciser sa pensée :

« Les gouvernements, dit-il, sont ces sentinelles placées par les individus qui s'associent précisément pour que rien ne trouble leur repos, ou ne gêne leur activité. »[137]

Dans sa sphère aux contours extrêmement précis, l'Etat-sentinelle est légitime à peser sur la vie et la liberté des citoyens « qu'autant qu'ils se nuisent ». L'Etat dans ce cas n'est donc un mal que pour les coupables et il est heureux qu'il en soit ainsi.

Pas question de procéder à une condamnation qui serait globale de l'ensemble des actes de l'Etat.

Benjamin Constant rejette donc la thèse de l'Etat *mal nécessaire*.

Dans sa sphère propre, l'Etat, loin d'être un mal, exerce au contraire un bien indispensable à la vie et au respect des droits des individus. Constant ne souscrit donc pas à l'affirmation de Godwin qui avait prétendu que le gouvernement « était un mal absolu en même temps qu'un bien relatif ». C'est dès que le gouvernement passe la borne qui lui a été assignée que les choses changent :

---

[135] *Commentaire sur l'ouvrage de Filangieri*, op.cit., p.51.
[136] *Ecrits politiques*, op.cit., p.682.
[137] *Principes de politique*, op.cit., p.328.

« Dès que le gouvernement sort de sa sphère, il devient un mal, et un mal incalculable ; mais ce n'est point alors comme gouvernement, c'est comme usurpation qu'il est un mal. Sans doute, lorsque, pour atteindre les coupables, il vexe les innocents ; lorsque, sous prétexte de prévenir les délits, il porte atteinte à la liberté ; lorsque, s'arrogeant une foule de fonctions qui ne lui appartiennent pas, il s'érige en instituteur, en moraliste, en juge des opinions, en surveillant des idées, en directeur des lumières, il se rend singulièrement nuisible. »[138]

Benjamin Constant conteste donc vivement la conclusion de Godwin qui affirmait qu'il ne fallait « que le moins possible » de gouvernement :

« C'est une seconde erreur, assure-t-il. Il n'en faut point hors de sa sphère ; mais, dans cette sphère, il ne saurait en exister trop. La liberté gagne tout à ce qu'il soit sévèrement circonscrit dans l'enceinte légitime ; mais elle ne gagne rien, elle perd au contraire, à ce que, dans cette enceinte, il soit faible ; il doit toujours y être tout puissant. »[139]

Toutefois, un gouvernement tout puissant dans sa sphère peut parfois tenter d'en sortir et, tombant dans l'arbitraire, porter atteinte aux droits des individus. D'où la nécessité de contenir le pouvoir dans ses attributions propres par l'institution des formes juridiques :

« Ce qui préserve de l'arbitraire, insiste Benjamin Constant, c'est l'observance des formes. Les formes sont les divinités tutélaires des associations humaines ; les formes sont les seules protectrices de l'innocence, les formes sont les seules relations des hommes entre eux. Tout est obscur par ailleurs : tout est livré à la conscience solitaire, à l'opinion vacillante. Les formes seules sont en évidence, c'est aux formes seules que l'opprimé peut en appeler. »[140]

Face à la sphère des attributions de l'Etat, Benjamin Constant dresse la sphère de l'individu et de ses libertés. Quelles sont ces libertés qui doivent être impérativement respectées et protégées par les garanties politiques ?

Il les énumère :

« C'est pour chacun le droit de n'être soumis qu'aux lois, de ne pouvoir ni être arrêté, ni détenu, ni mis à mort, ni maltraité d'aucune manière, par l'effet de la volonté arbitraire d'un ou de plusieurs individus. C'est pour chacun le droit de dire son opinion, de choisir son industrie et de l'exercer ; de disposer de sa propriété, d'en abuser même : d'aller, de venir, sans en obtenir la permission et sans rendre compte de ses motifs ou de ses démarches. C'est, pour chacun, le droit de se réunir à d'autres individus, soit pour conférer sur ses intérêts, soit pour professer le culte que lui et ses associés préfèrent, soit simplement pour remplir ses jours et ses heures d'une manière plus conforme à ses inclinations, à ses fantaisies. Enfin, c'est le

---

[138] *Ecrits politiques*, op.cit., p.682.
[139] Ibid., p.684.
[140] Ibid., p.487.

droit, pour chacun, d'influer sur l'administration du gouvernement, soit par la nomination de tous ou de certains fonctionnaires, soit par des représentations, des pétitions, des demandes, que l'autorité est plus ou moins obligée de prendre en considération. »[141]

Ce rapide survol des idées principales de Benjamin Constant sur l'Etat nous permet de résumer sa pensée en quatre mots : circonscrire, énumérer, garantir, inscrire.

Circonscrire les pouvoirs de l'Etat à trois domaines : ceux, impératifs, concernant la protection des individus, à savoir police, justice, défense. Dans ces domaines, le gouvernement doit être doté de moyens puissants pour agir.

Enumérer les droits et libertés des individus face à la sphère de l'Etat. Cette énumération n'est pas loin d'être aussi une numération car Benjamin Constant établira, dans ses divers écrits, une sorte d'ordre dans les libertés, en tête duquel il placera les trois grandes libertés d'opinion, de presse et de culte.

Garantir ces droits et libertés par l'institution de formes juridiques et judiciaires car il n'existe, hors des garanties politiques, aucun moyen d'empêcher les dépositaires de l'autorité de violer les lois qu'ils ont établies :

« La meilleure législation est nulle, affirme Benjamin Constant, quand une bonne organisation politique ne la garantit pas, de même qu'il n'y a point de liberté civile, quand la liberté constitutionnelle ne l'entoure pas de son égide. »[142]

Inscrire en conséquence toute cette architecture libérale dans le marbre d'une Constitution pour donner la priorité à la politique sur la législation car Benjamin Constant se méfie extrêmement de la tendance des gouvernements à multiplier les lois :

« Défions-nous plus que jamais, conseille-t-il, de tout effort pour détourner nos regards de la politique et pour les fixer sur la législation [...] Quand les gouvernements offrent aux peuples des améliorations législatives, les peuples doivent leur répondre en leur demandant des institutions constitutionnelles. Sans Constitution, les peuples ne sauraient avoir nulle certitude que les lois soient observées. C'est dans les Constitutions, dans les peines qu'elles prononcent contre les possesseurs infidèles de l'autorité, dans les droits qu'elles assurent aux citoyens, dans la publicité surtout qu'elles doivent consacrer, c'est là que réside la force coercitive nécessaire pour contraindre le pouvoir à respecter les lois. Quand il n'y a point de Constitution, non seulement le pouvoir fait les lois qu'il veut, mais il les

---

[141] Ibid., p.593.

[142] *Commentaire de l'ouvrage de Filangieri*, op.cit. , p.45.

observe comme il veut ; c'est dire qu'il les observe quand elles lui conviennent, et les viole quand il y trouve son avantage. »[143]

Dans la philosophie politique de Benjamin Constant et dans l'organisation des pouvoirs qui en découle, l'Etat sera donc *garant* de la sécurité intérieure et extérieure de la nation, avec tous les moyens nécessaires pour assumer pleinement cette double fonction.

Mais son autorité s'arrêtera là.

C'est dire qu'il ne saurait être en même temps *gérant* des diverses activités de la société.

Et surtout pas de l'activité industrielle :

« Les fonctions du gouvernement sont purement négatives, assure Benjamin Constant. Il doit réprimer les désordres, écarter les obstacles, empêcher en un mot que le mal n'ait lieu. On peut ensuite s'en fier aux individus pour trouver le bien. »[144]

Le gouvernement-sentinelle a donc une place extrêmement précise chez Benjamin Constant, qu'il résume comme suit :

« Le gouvernement n'est à sa place que lorsqu'il réprime. Alors aucune de ses actions n'est vaine. Mais lorsqu'il veut encourager, diriger, émouvoir, enthousiasmer et qu'il se présente avec des phrases, toujours suivies de moyens coercitifs, il est ridicule s'il échoue, il est despote s'il contraint. »[145]

Ici encore – ici surtout – il importe de souligner la forte convergence des idées de Constant et de Say sur la place et le rôle de l'Etat dans la société en général et dans le processus de production des richesses en particulier.

Dans un cours d'économie qu'il donne à l'Athénée en 1819, qui porte comme titre *Du principe de vie dans le corps social*, et où il s'adresse à un public plus large que les lecteurs de son *Traité d'économie politique*, Jean-Baptiste Say, après avoir exposé les mécanismes de la production et de la consommation interpelle son auditoire et lui pose cette question :

« Avez-vous jusqu'ici trouvé le gouvernement de la société dans tout cela ? »

Et de répondre : « Non ! Et la raison en est que le gouvernement n'est point une partie essentielle de l'organisation sociale. Remarquez bien que je ne dis pas que le gouvernement est *inutile* ; je dis qu'il n'est point *essentiel.* »[146]

Un commentateur de l'œuvre de Benjamin Constant ayant écrit que sa position sur l'Etat « frôlait l'anarchie », il aurait été plus exact de le dire de

---

143 Ibid., p.45.
144 Ibid., p.54.
145 *Principes de politique* op.cit., p.379.
146 Jean-Baptiste Say, *Cours d'économie politique et autres essais*, présentation par Philippe Steiner, Paris, 1996, GF-Flammarion, p.145.

celle de Jean-Baptiste Say qui va plus loin que Constant en proclamant que la société peut exister sans le gouvernement. Mais il ajoute aussitôt que ce serait à la condition – idéale et utopique – qu'aucun membre de la société n'empiétât jamais sur les droits et les propriétés des autres. Comme cette condition est irréaliste, il faut bien se résigner à l'institution d'une autorité pour faire respecter le droit :

« L'autorité publique, souligne Say, est donc un accident ; un accident rendu nécessaire par notre imprudence, par notre injustice qui nous porte à empiéter sur les droits de notre semblable. »[147]

Même conclusion, donc, que celle de Constant, à savoir que l'Etat a sa sphère propre d'attributions et que ces attributions doivent être strictement limitées aux fonctions régaliennes de maintien de l'ordre à l'intérieur et à l'extérieur.

Et Say résume sa pensée dans une formule : l'Etat doit *bien* gouverner, et non point *trop* gouverner :

« Les plus grands maux que nous ayons éprouvés, rappelle Say, sont arrivés pendant que nous étions gouvernés, trop gouvernés ; soit par des conseils de commune, soit par un comité de salut public, soit par des Préfets, soit par une autorité centrale et militaire [...] L'impulsion, la vie sociale n'est pas dans le gouvernement, mais dans les gouvernés ; ces vieux emblèmes qui représentent l'Etat comme une famille et le chef de l'administration comme un père, n'ont aucune justesse. Dans la famille c'est le père qui nourrit les enfants. C'est de lui que viennent toutes les idées qui peuvent faire prospérer la famille [...] Dans l'Etat c'est tout le contraire. L'instruction est dans la classe des *gouvernés* ; c'est là que l'on connaît les lois de la nature, les procédés des arts, la constitution physique et morale de l'homme ; heureux quand ils peuvent faire entrer quelques parcelles d'idées justes dans la tête des gouvernants ! Toutes les entreprises productives sont des conceptions des gouvernés. Ce sont eux qui font les applications des forces de la nature aux besoins de la société, qui enfantent tous les produits, tous les revenus sur lesquels la société subsiste. C'est sur eux que repose le soin d'élever et de perpétuer les familles dont se compose la société.»[148]

Si les fonctions de l'Etat doivent être cantonnées aux attributions régaliennes, cet impératif ne suffit pas. Encore faut-il voir, selon Say, « si quelquefois il n'est pas arrivé aux peuples de payer un peu cher les services qui leur ont été rendus ».[149]

C'est là poser la question de l'impôt, de son montant et du coût de sa collecte.

Une question qui, elle aussi, donnera lieu a développement dans les écrits de Benjamin Constant.

---

[147] Ibid., p.146.
[148] Ibid., p.146 et 148.
[149] Ibid., p.153.

10

L'intervention de l'Etat dans l'économie est source d'arbitraire et de pertes

Se fier à la liberté des individus pour trouver le bien en politique, cela est-il vrai également dans le vaste domaine de l'économie concrète et quotidienne ? La liberté dans ce secteur, autrement dit l'absence des interventions gouvernementales, produit-elle les mêmes effets bénéfiques ?

Benjamin Constant a varié dans son jugement sur la liberté d'industrie comme il avait varié sur la primauté à donner à la propriété industrielle sur la propriété foncière.

Dans ses *Principes de politique* (version de 1806-1810), il s'explique sur cette variation :

« Dans l'énumération qui se trouve au commencement de cet ouvrage des droits inaliénables des individus, affirme-t-il, je n'ai pas placé la liberté d'industrie. Cependant, les philosophes les plus éclairés du siècle dernier ont démontré jusqu'à l'évidence, l'injustice des restrictions qu'éprouve cette liberté dans presque tous les pays. Ils ont prouvé de même, et tout aussi évidemment à mes yeux, que ces restrictions n'étaient pas moins inutiles et malentendues que contraires à l'équité. Cette dernière question toutefois paraît encore douteuse à beaucoup de gens. Des volumes seraient nécessaires pour l'éclaircir d'une manière qui leur parût satisfaisante. »[150]

Et c'est ici qu'il évoque la gradation qu'il établit entre les différentes sortes de libertés :

« Je n'ai pas voulu, souligne-t-il, bien que toutes les questions de cette nature soient liées entre elles, mettre sur la même ligne la liberté commerciale et la liberté civile, de peur que les hommes qui différeraient d'opinion sur la première, n'en fussent plus disposés à contester les principes importants qui servent de base au bonheur des associations et à la sûreté des citoyens. Il s'est néanmoins présenté à moi non seulement des considérations morales qui rentrent dans le sujet de cet ouvrage et qui sous le rapport moral décident la question favorablement pour la liberté, mais encore des observations et des faits qui la décident de même sous le point de vue industriel. Je n'ai pas cru devoir les supprimer. Mais je prie le lecteur de ne pas oublier que ce livre n'est nullement un traité d'économie commerciale et contient simplement des réflexions générales que j'isole à dessein du reste de mes recherches pour que mes erreurs, si j'en ai commises, ou les dissentiments que mes opinions à cet égard pourraient rencontrer, ne

[150] *Principes de politique*, op.cit., p.239.

retombent point sur les autres questions que j'ai discutées. Je me serais trompé dans mes assertions sur la liberté d'industrie et du commerce, que mes principes sur la liberté religieuse, intellectuelle et personnelle n'en seraient point affaiblis. »[151]

En clair, Benjamin Constant souhaite, quant à la question des libertés, bien distinguer ces deux domaines que sont la politique et l'économie. Il n'entend pas que d'éventuelles interrogations ou dissensions sur l'efficacité des libertés économiques puissent aboutir, par répercussion, à mettre en cause les grandes libertés politiques qu'il juge fondamentales et intouchables.

Quelles sont donc ses appréciations sur la liberté d'industrie ?

Elles découlent de sa position générale sur la place et le rôle de la société – autrement dit de l'Etat – dans l'organisation sociale :

« La société, constate-t-il, n'ayant d'autres droits sur les individus que de les empêcher de se nuire mutuellement, elle n'a de juridiction sur l'industrie qu'en supposant celle-ci nuisible. Mais l'industrie d'un individu ne peut nuire à ses semblables aussi longtemps que cet individu n'invoque pas, en faveur de son industrie et contre la leur, des secours d'une autre nature. La nature de l'industrie est de lutter contre l'industrie rivale par une concurrence parfaitement libre, et par des efforts pour atteindre une supériorité intrinsèque. Tous les moyens d'espèce différente qu'elle tenterait d'employer ne seraient plus de l'industrie, mais de l'oppression ou de la fraude. La société aurait le droit et même l'obligation de la réprimer ; mais de ce droit que la société possède, il résulte qu'elle ne possède pas celui d'employer contre l'industrie de l'un, en faveur de celle de l'autre, les moyens qu'elle doit également interdire à tous. »[152]

Dès l'instant que l'Etat sort de la sphère de ses attributions pour intervenir dans la vie économique soit en édictant des prohibitions, soit en instituant des privilèges, soit en proclamant des interdictions, soit en développant le protectionnisme, soit en accordant des encouragements, soit en édifiant des monopoles, il installe l'arbitraire au cœur du processus de création des richesses et cet arbitraire, en faussant la concurrence, est source de profonds désordres.

En effet l'arbitraire consiste, pour l'Etat qui intervient dans l'économie, à user de la violence légitime dont il est le dépositaire au profit de certaines activités ou de certains individus et donc au détriment de nombre d'autres :

« Qu'est-ce qu'un privilège en fait d'industrie ? demande Benjamin Constant. C'est l'emploi de la force du corps social, pour tourner au profit de quelques hommes les avantages que le but de la société est de garantir à tous [...] Il y a manifestement injustice en principe. Y a-t-il utilité dans

---

[151] Ibid., p.240.

[152] Ibid.

l'application ? Si le privilège est le partage d'un petit nombre, il y a sans doute utilité pour ce petit nombre. Mais cette utilité est du genre de celle qui accompagne toute spoliation. Ce n'est pas celle qu'on se propose ou du moins qu'on avoue se proposer. Y a-t-il utilité nationale ? Non sans doute. Car en premier lieu, c'est la grande majorité de la nation qui est exclue du bénéfice. Il y a donc perte sans compensation pour cette majorité. En second lieu, la branche d'industrie ou de commerce, qui est l'objet du privilège, est exploitée plus négligemment et d'une manière moins économique par des individus dont les gains sont assurés par l'effet seul du monopole, qu'elle ne le serait, si la concurrence obligeait tous les rivaux à se surpasser à l'envi par l'activité et par l'adresse. Ainsi la richesse nationale ne retire pas de cette industrie tout le parti qu'elle en pourrait tirer. Il y a donc perte relative pour la nation tout entière. Enfin les moyens dont l'autorité doit se servir pour maintenir le privilège et pour repousser de la concurrence les individus non privilégiés, sont inévitablement oppressifs et vexatoires. Il y a donc encore pour la nation tout entière perte de liberté. Voilà trois pertes réelles, que ce genre de prohibition entraîne et le dédommagement de ces pertes n'est réservé qu'à une poignée de privilégiés. »[153]

Pour Benjamin Constant d'éventuels dysfonctionnements de l'économie ne doivent pas être réglés par des interventions de l'Etat mais par la libre initiative des individus et des associations.

D'autant que l'Etat, « en s'érigeant une fois en tuteur des citoyens ne tarderait pas à devenir leur tyran ».

Dans la catégorie des privilèges, Benjamin Constant dénonce le comportement des grandes compagnies de commerce bénéficiant de situations de faveur accordées par l'Etat. Leur histoire montre qu'après avoir ruiné les particuliers en baissant les prix des marchandises, elles ont ruiné la nation en haussant ces mêmes prix avant de se ruiner elles-mêmes en portant leurs agents à la négligence par manque de concurrence :

« Il en est des compagnies trop puissantes, constate Benjamin Constant, comme de toutes les forces trop grandes, comme des trop grands Etats, qui commencent par dévorer leurs voisins puis leurs sujets et qui ensuite se détruisent eux-mêmes. »[154]

Dans le même esprit, il dénonce les jurandes et les maîtrises « privilèges de l'espèce la plus inique et la plus absurde », de même que la fixation arbitraire du prix des journées qui, par des lois vexatoires, établit les salaires sans égard aux circonstances, à l'habileté, au zèle de l'ouvrier et installe la lutte de la misère contre l'avarice.

---

153 Ibid., p.242.
154 Ibid., p. 244.

Enfin, il refuse le protectionnisme sous tous ses aspects et dans tous les domaines, y compris dans le commerce des grains.

Les réflexions sur le commerce des grains sont très révélatrices non seulement des idées de Benjamin Constant sur le sujet mais aussi de sa méthode d'analyse d'une question qui fut d'actualité durant des siècles comme l'avait rappelé sous Louis XVI la malheureuse affaire de la *guerre des farines* quand Turgot, alors au gouvernement, avait voulu libéraliser ce commerce. S'il y avait, à l'époque, un domaine de l'économie et du commerce qui était avant tout politique – et explosivement politique – c'était bien celui des grains que les gouvernements voulaient maîtriser en totalité à grands coups de lois prohibitives.

Ces gouvernements, constate Benjamin Constant, ont édicté des lois de deux sortes. Les unes visent à éliminer les *intermédiaires* des relations entre producteurs et consommateurs. Les autres ont pour objectif d'interdire l'exportation des grains.

Notons au passage que la fameuse question des intermédiaires en économie agricole est toujours d'actualité de nos jours et refait surface périodiquement non plus dans le secteur des grains mais dans d'autres productions comme, par exemple, celui de la viande.

Les gouvernements ont donc mené la chasse d'un côté aux intermédiaires qualifiés d'accapareurs, de l'autre aux exportateurs, ces deux corporations étant accusées d'être à l'origine de la hausse des prix :

« Dans les deux cas, relève Constant, l'intention des gouvernements était louable ; mais dans les deux cas, ils ont pris de mauvais moyens, et dans les deux cas, ils ont manqué leur but. »[155]

Selon lui, tous les avantages de la division du travail résident précisément dans l'existence d'une classe intermédiaire de commerçants spécialisés dans le commerce des denrées et disposant de capitaux et de magasins susceptibles d'amortir les à-coups de la production en achetant, stockant et vendant selon l'état et les besoins du marché :

« Cette classe intermédiaire, écrit-il, qu'on proscrit comme cause de disette et de renchérissement est précisément celle qui met obstacle à ce que le renchérissement ne devienne excessif [...] Elle produit, en un mot, l'effet qu'on espère de magasins publics, formés par l'Etat, avec cette différence que des magasins dirigés et surveillés par des particuliers, qui n'ont aucune autre affaire, ne sont point une source d'abus et de dilapidations, comme tout ce qui est d'administration publique. Elle fait tout ce bien par intérêt personnel sans doute, mais c'est que sous le régime de la liberté, l'intérêt personnel est l'allié le plus éclairé, le plus constant, le plus utile de l'intérêt général. On parle d'accaparements, de machinations, de ligue entre les accapareurs. Mais qui ne voit que la liberté à elle seule offre le remède à ces

---

155 Ibid., p.252.

maux ? Ce remède c'est la concurrence. Il n'y aura plus d'accaparements, si tout le monde a le droit d'accaparer. Ceux qui garderaient leurs denrées pour en tirer un prix excessif, seraient victimes de leur calcul, non moins absurde alors que coupable, puisque d'autres rétabliraient l'abondance, en se contentant d'un gain plus modéré. Les lois ne parent à rien, parce qu'on les élude ; la concurrence pare à tout, parce que l'intérêt personnel ne peut arrêter la concurrence, quand l'autorité la permet ».[156]

L'analyse de Benjamin Constant est donc une analyse en termes de marché, d'organisation du marché, de régulation naturelle du marché, le tout à base de liberté et de concurrence pour lisser les prix, et non à base de lois prohibitives.

Et de constater, non sans ironie, une situation que l'on pourrait toujours considérer comme d'actualité:

« Mais comme les lois font parler de leurs auteurs, on veut toujours des lois et, comme la concurrence est une chose qui va d'elle-même et dont personne ne fait honneur aux gouvernements, les gouvernements méprisent et méconnaissent les avantages de la concurrence. »[157]

« Je n'admets, précise Benjamin Constant, que très peu d'exceptions à l'entière liberté du commerce des grains, comme de tout autre commerce ; et ces exceptions sont purement de circonstance [...] Si l'on comparait le nombre des disettes qui ont été le résultat d'années véritablement mauvaises, avec celui des disettes occasionnées par les règlements, on se réjouirait du peu de mal qui nous vient de la nature et l'on frémirait du mal qui nous vient des hommes. »[158]

Quant à interdire les exportations, Benjamin Constant n'est pas favorable à une telle politique car l'exportation, selon lui, est positive dans la mesure où elle augmente les clients de l'agriculture et incite les fermiers à produire. Interdire d'exporter, c'est défendre de vendre et défendre de vendre c'est défendre de produire :

« Qui croirait, ironise-t-il, que c'est là le moyen qu'on a choisi pour que la production fût toujours abondante ? »[159]

Au demeurant il reproche à ceux, nombreux, qui ont écrit sur la question des grains d'avoir envisagé ce sujet quasi exclusivement sous l'angle de la commercialisation et presque jamais sous celui de la production. D'où sa position favorable à l'exportation car celle-ci peut être considérée comme une incitation à la production :

« Il en est des grains, quant à la production, comme de toute autre chose, écrit-il. L'erreur des apologistes des prohibitions est d'avoir considéré le grain comme objet de consommation seulement, non de production. Ils ont

---

156 Ibid., p.253.
157 Ibid.
158 Ibid., p.259 et 258.
159 Ibid., p.256.

dit, moins on en consommera, plus il en restera : raisonnement faux, en ce que le grain n'est pas une denrée préexistante. Ils auraient dû voir que plus la consommation serait limitée, plus la production serait restreinte, et qu'en conséquence celle-ci ne tarderait pas à devenir insuffisante pour l'autre. »[160]

Là encore Benjamin Constant raisonne en termes de marché, et d'approvisionnement du marché, et non en termes de lois.

Toutefois, c'est dans ce domaine extrêmement sensible des grains qu'il admet certaines exceptions au règne de la liberté. Ce qui explique pourquoi il a voulu établir une différence de niveau entre les libertés économiques et les libertés politiques.

Se souvenant de la malheureuse expérience de Turgot, il considère que dans un pays où le commerce des grains n'a jamais été libre « la liberté subite produit une commotion funeste. L'opinion se soulève et par son action aveugle et violente, elle crée les maux qu'elle craint ».[161]

D'où la nécessité de certains ménagements. D'où le rejet de mesures précipitées pour installer la liberté en vue de ramener ainsi les peuples aux principes les plus conformes à la vérité et à la justice.

Au rang des interventions néfastes de l'Etat dans la vie économique, Benjamin Constant range aussi la création de monopoles en général mais surtout l'établissement de monopoles dont le gouvernement entend devenir le gestionnaire.

C'est le cas du monopole sur les tabacs.

Dans un discours à la Chambre des députés du 18 mars 1829, il combat un projet du comte Roy, ministre des finances du gouvernement Martignac, visant à prolonger le monopole de l'Etat sur la fabrication et la vente du tabac.

Il parle en véritable économiste, se plaçant d'emblée sur le plan des principes :

« Tout monopole, proclame-t-il, est contraire aux saines doctrines de l'économie politique sous plus d'un point de vue ; d'abord il transforme une autorité qui doit protéger l'industrie et la laisser libre, en une rivale plus maladroite, plus chère, et qui ne compense ces désavantages que par l'oppression ; car il est suffisamment reconnu que le gouvernement fabrique toujours plus mal et vend plus chèrement que le particulier, parce que l'intérêt particulier est le seul guide habile, le seul stimulant actif pour le perfectionnement, pour l'économie, pour la surveillance. Tout système de fabrication par le gouvernement est un héritage déplorable de ces temps d'ignorance où l'on croyait utile et précieuse l'action du gouvernement sur toute chose, où l'on pensait qu'il devait se montrer envieux de tous les gains

---

[160] *Commentaire sur l'ouvrage de Filangieri*, op.cit., p.170.

[161] *Principes de politique*, op.cit., 259.

des individus et se mettre à leur place pour s'en emparer, où l'on séparait la richesse de l'Etat de celle des particuliers, où l'on ruinait les uns pour grossir les coffres de l'autre. De plus, le monopole tue la production. »[162]

Benjamin Constant veut dire par là que le gouvernement ne résiste pas à la tentation, pour maintenir de hauts prix qui lui sont profitables, de restreindre la production relativement à la consommation :

« Cette hostilité contre la production, continue-t-il, contient un principe menaçant pour toutes les industries. Si le gouvernement a le droit de prohiber ou de restreindre une culture quelconque, pour s'arroger le bénéfice de la fabrication et de la vente, il a le droit de prohiber ou de restreindre toute culture, pour se procurer ce bénéfice. Si le monopole du tabac est juste, celui de toutes les matières produites ou fabriquées l'est également. »[163]

Conclusion : interdire le développement de la production par le moyen du monopole « c'est attenter à la propriété ».

La propriété, explique Benjamin Constant, n'est précieuse que par l'usage qu'on peut en faire. Interdire au propriétaire l'usage qu'il croit le meilleur, c'est recourir à l'arbitraire en frappant de stérilité ce qu'il possède. Et si le gouvernement s'arroge ce droit dans un cas, on peut craindre qu'il étende cet arbitraire à tous les cas.

Ici, en bon écrivain, Benjamin Constant trouve l'image frappante pour résumer sa pensée : le monopole « est une épée suspendue sur la propriété, si elle ne l'anéantit pas de fait, elle l'anéantit de droit ».[164]

Et de rappeler avec force que dans la situation sociale marquée par la révolution industrielle « l'industrie est peut-être la plus sacrée des propriétés ». En effet, elle résulte du travail et non plus du hasard de la naissance :

« Pour l'obtenir, souligne-t-il, il faut la mériter ». Et de rappeler ce qui pour lui est devenu une sorte de leitmotiv, à savoir que la propriété foncière est la valeur de la chose, la propriété industrielle la valeur de l'homme. « En violant les droits de la propriété et de l'industrie, on viole la Charte. »[165]

Plus grave encore, le monopole porte atteinte à une vertu qui se trouve au centre de la philosophie sociale et de l'économie politique de Benjamin Constant : l'égalité, car le monopole « ouvre la porte aux faveurs discrétionnaires ».

Les excès des prohibitions, des interventions, des interdictions, des réglementations, des monopoles portent certains gouvernements à être tellement injustes, tellement arbitraires, que le résultat désastreux d'une telle

---

[162] *Archives parlementaires de 1787 à 1860* par Madival et Laurent, deuxième série, tome LVII, seconde Restauration, p.470 (sur Internet/Gallica).
[163] Ibid.
[164] Ibid.
[165] Ibid.

attitude réside en ceci que chacun travaille en secret à se dérober à leur joug. La situation extrême, c'est ce que nous appelons aujourd'hui *la fuite des capitaux* et que Constant nomme, selon une expression de l'époque : *« l'exportation du numéraire »*.

« Il s'exporte à tout prix, constate-t-il, il s'exporte à perte, parce que chacun agit comme dans un incendie, jetant au hasard loin de l'embrasement les meubles qu'il veut sauver, sans s'embarrasser du dommage qu'ils reçoivent de leur chute, certain qu'il ne conservera que ce qu'il aura pu soustraire à l'élément dévastateur. »[166]

C'est alors que les gouvernements qui ont déclenché de tels comportements sont réduits à s'avilir en multipliant les mesures despotiques. Et comme tout dans la nature tend à s'affranchir du despotisme, le despotisme ne peut rien permettre, il ne peut rien laisser de libre dans la nature :

« Il est sans exemple, assure Benjamin Constant, qu'une nation qui n'était pas industrieuse ait été porté de force à l'industrie par l'autorité. Il y a une fort bonne raison pour cela. L'autorité qui porte les hommes de force n'importe vers quel but est une autorité arbitraire et vicieuse et ne peut faire aucun bien. Quant aux nations industrieuses, il suffit de laisser chaque individu parfaitement libre, dans l'usage de ses capitaux et de son travail. Il distinguera mieux qu'aucun gouvernement le meilleur emploi qu'il en peut faire. Si telle industrie est avantageuse, il ne laissera pas les étrangers en recueillir le bénéfice. S'il leur abandonne telle autre industrie, c'est qu'il en a découvert une troisième plus profitable […] Que le gouvernement n'intervienne que pour maintenir et les associations et les individus dans leurs droits respectifs et dans les bornes de la justice ; la liberté se charge du reste et s'en charge avec succès […] La liberté finira toujours par produire sans mélange d'aucun mal le même bien qu'on s'efforce d'arracher par les privilèges au prix de beaucoup de maux. »[167]

Par ailleurs, Benjamin Constant observe que beaucoup d'hommes éclairés du XVIIIe siècle, s'ils avaient perçu les maux causés par les interventions gouvernementales dans les affaires économiques avaient pensé – à tort – que la solution résidait dans une réorientation d'une telle politique. En d'autres termes, ils prétendaient qu'un usage différent de l'action des pouvoirs publics ferait autant de bien que son usage vicieux avait fait de mal. Grave erreur ! note Constant : le vice était dans l'intervention même de l'Autorité. Loin de la solliciter d'agir autrement « il fallait la supplier de ne point agir ».[168]

« Le siècle dernier compte très peu d'écrivains qui ne soient pas tombés dans cette méprise, conclut-il. Turgot, Mirabeau et Condorcet en France,

---

166 *Principes de politique*, p.251.

167 Ibid., pp.248,243,244.

168 *Commentaire sur l'ouvrage de Filangieri*, op.cit., p.30.

Dohm et Mauvillon en Allemagne, Thomas Paine et Bentham en Angleterre, Franklin en Amérique, telle est à peu près la liste de ceux qui ont senti que, pour tous les progrès comme pour tous les besoins, pour la prospérité de tous les Etats comme pour le succès de toutes les spéculations, pour la quotité des productions comme pour leur équilibre, il fallait s'en remettre à la liberté, à l'intérêt individuel, à l'activité qu'inspirent à l'homme l'exercice de ses propres facultés et l'absence de toute entrave. »[169]

Les encouragements que l'Etat entend prodiguer à l'agriculture et à l'industrie subissent de sa part la même condamnation que les prohibitions et autres interventions. Alors que Filangieri et d'autres s'adressent au pouvoir pour obtenir à la fois la liberté et des encouragements à la production, Constant repousse une telle démarche :

« Ce que Filangieri veut obtenir du pouvoir en faveur de la liberté, je veux qu'une Constitution l'impose au pouvoir. Les avantages qu'il sollicite de lui en faveur de l'industrie, l'industrie, à mon avis, doit le conquérir par sa seule indépendance. Il en est de même de la morale, de même des lumières. Là où Filangieri voit une grâce, j'aperçois un droit ; et partout où il implore la protection, c'est la liberté que je réclame. »[170]

De surcroît, il craint que les encouragements ne détournent les capitaux de leur destination naturelle « qui est toujours la plus profitable » :

« Les capitaux, explique-t-il, se portent d'eux-mêmes vers l'emploi qui offre le plus à gagner. Pour les y attirer, il n'y a pas besoin d'encouragements ; pour ceux où il y aurait à perdre, les encouragements seraient funestes. Toute industrie qui ne peut se maintenir indépendamment des secours de l'autorité finit par être ruineuse. Le gouvernement paye alors les individus pour que ceux-ci travaillent à perte ; en les payant de la sorte, il paraît les indemniser. Mais comme l'indemnité ne se peut tirer que du produit des impôts, ce sont en définitif les individus qui en supportent le poids. »[171]

Finalement la liberté économique sera hissée au même rang que les autres grandes libertés et à ce titre devra être inscrite dans la Constitution d'une nation libre comme les autres libertés. Et de même que nul ne devra être arrêté arbitrairement ni empêché de manifester son opinion, de même nul ne devra être empêché « d'exercer son industrie ».[172]

La solution au développement économique dans tous les domaines réside donc dans les garanties constitutionnelles qui doivent protéger les libertés, les droits et les initiatives des individus :

« Avec ces garanties, poursuit Benjamin Constant, l'agriculture aussi bien que tout autre genre d'industrie, se passera facilement de la protection

---

169 Ibid., p.31.

170 Ibid., p.23.

171 *Principes de politique* ; op.cit., p.268.

172 Ibid., p.107.

du pouvoir. Il est fort inutile que l'autorité se mêle d'encourager ce qui est nécessaire. Il lui suffit de ne pas l'entraver. La nécessité sera obéie. Lorsqu'il n'y a point de la part du gouvernement une action vicieuse, les productions sont toujours dans une proportion parfaite avec les demandes [...] Dans l'ordre habituel des choses, ce n'est pas d'encouragement, c'est de sécurité que l'agriculture a besoin. Or la sécurité ne se trouve que dans de bonnes institutions constitutionnelles. »[173]

Dans les régimes totalitaires, que le pouvoir soit exercé par un seul homme, par une faction ou bien au nom de tous, les interventions despotiques de l'Etat ont, là aussi, de graves effets économiques. Ainsi, les arrestations arbitraires sont-elles suivies de conséquences en chaîne :

« On parle de crédit, de commerce, d'industrie, relève Benjamin Constant, mais celui qu'on arrête a des créanciers dont la fortune s'appuie sur la sienne, des associés intéressés à ses entreprises. L'effet de sa détention n'est pas seulement la perte momentanée de sa liberté, mais l'interruption de ses spéculations, peut-être sa ruine. Cette ruine s'étend à tous les copartageants de ses intérêts. Elle s'étend plus loin encore ; elle frappe toutes les opinions, elle ébranle toutes les sécurités. Lorsqu'un individu souffre sans avoir été reconnu coupable, tout ce qui n'est pas dépourvu d'intelligence se croit menacé, et avec raison, car la garantie est détruite. L'on se tait parce qu'on a peur ; mais toutes les transactions s'en ressentent. La terre tremble, et l'on ne marche qu'avec effroi. »[174]

En dénonçant les interventions de l'Etat dans l'économie à partir de cas concrets qui étaient ceux de son époque, Benjamin Constant a fait œuvre prémonitoire en fustigeant ce que nous appelons aujourd'hui l'économie de la rente.

En effet, il avait mis en relief, dès le début des années 1800, alors que la révolution industrielle n'était qu'à ses débuts, le rôle capital de la concurrence, soulignant avec force que l'attitude de l'Etat consistant à créer des privilèges au profit de certains producteurs, donc en les préservant de la concurrence, entraînait pour ceux-ci une situation de faveur que l'on nomme aujourd'hui *rente*. Evidemment, il n'emploie pas ce mot qui n'avait pas cours en ce sens-là de son temps, mais l'idée y est. Quand il écrit, en introduction à son chapitre sur les privilèges et les prohibitions, qu'un privilège c'est l'emploi de la force du corps social au profit exclusif de quelques uns, le mot « profit » est très exactement synonyme de « rente ».

Le thème de la concurrence comme facteur d'élimination de la rente sera, au fil des siècles, un sujet central du libéralisme économique, certaines écoles contemporaines comme l'ordolibéralisme allemand souhaitant même

---

[173] *Commentaire sur l'ouvrage de Filangieri,* op.cit., p.34.
[174] *Ecrits politiques*, op.cit., p.231.

ouvertement l'intervention de l'Etat pour imposer la concurrence dans l'ensemble de l'économie.

Ainsi, la concurrence peut-elle être considérée comme étant d'abord et avant tout une condition impérative de l'efficacité économique avant même d'être un thème premier dans la doctrine libérale.

La concurrence présente donc cet immense intérêt de valoriser la liberté et d'assurer l'égalité.

Elle a donc une double fonction : économique, comme condition nécessaire du dynamisme productif et politique, comme puissant facteur d'égalité.

11

L'impôt doit porter sur les revenus jamais sur le capital

Proclamer que l'Etat doit être « tout puissant » dans la sphère de ses attributions, c'est reconnaître la nécessité de lui donner par l'impôt tous les moyens pour remplir sa mission régalienne.

C'est ce que fait Benjamin Constant :

« L'autorité, constate-t-il, ayant à pourvoir à la défense intérieure et à la sûreté extérieure de l'Etat, a le droit de demander aux individus le sacrifice d'une portion de leur propriété, pour subvenir aux dépenses que l'accomplissement de ces devoirs nécessite. »[175]

Benjamin Constant a consacré un livre entier – le livre XI – de ses *Principes de politique* (version de 1806-1810) à l'impôt, livre repris tel, sans changement, dans son *Commentaire sur l'ouvrage de Filangieri*.[176]

Soulignons que, d'entrée, Benjamin Constant, comme il sera d'ailleurs de tradition constante dans le libéralisme, considère l'impôt comme une atteinte - qu'il nomme « sacrifice » - au droit de propriété.

Conséquence immédiate : les contribuables auront le droit d'exiger du gouvernement que la somme des impôts qu'il réclame « n'excède pas ce qui est nécessaire » à l'accomplissement de sa tâche. Toujours la volonté de maintenir le gouvernement à l'intérieur de la sphère qui lui est propre.

---

[175] *Principes de politique*, op.cit., p.217.

[176] Le livre XI sur l'impôt figure de la page 217 à la page 238 de l'édition Hachette/Pluriel des *Principes de politique*. Ce même livre constitue le chapitre XV, avec le même titre, du *Commentaire de l'ouvrage de Filangieri* (pages 204 à 224) de l'édition Les Belles Lettres, collection *Bibliothèque classique de la liberté*. Le transport d'un chapitre entier, sans aucune modification, d'un ouvrage dans un autre montre de façon éclatante à quel point les *Principes* rédigés entre 1806 et 1810 ont servi à Benjamin Constant de véritable mine dans laquelle il a puisé pour rédiger certains de ses ouvrages ultérieurs. Soulignons d'ailleurs que ce chapitre *De l'impôt*, si important pour ce qui concerne les idées économiques de Benjamin Constant, ne figure pas dans l'édition de 1815 des *Principes de politique applicables à tous les gouvernements représentatifs et particulièrement à la Constitution actuelle de la France* (c'est le titre exact et complet), une édition qui visait principalement, il est vrai, un but politique et exclusivement politique, puisqu'elle entendait expliquer et justifier son ralliement à Napoléon durant les Cent-Jours. La *Constitution actuelle de la France* dont il est question est précisément l'Acte additionnel aux Constitutions de l'Empire, autrement dit la Constitution des Cent-Jours, encore appelée *La Benjamine* puisque Benjamin Constant en était pour partie le rédacteur. Précisons au passage que plusieurs ouvrages de Benjamin Constant sont subdivisés en *livres*, selon une méthode en cours à l'époque, lesquels livres sont subdivisés à leur tour en chapitres. Dans ce cas, un livre est donc un regroupement de chapitres sous un thème commun à l'intérieur d'un même ouvrage.

Autre conséquence : l'organisation politique devra « mettre des bornes aux demandes, et, de la sorte, à la prodigalité et à l'avidité des gouvernants ».[177]

Dernière conséquence : les représentants du peuple devront être munis « du droit de consentir les impôts », d'une part pour limiter les empiétements de l'Etat sur le domaine privé, d'autre part pour le contraindre à pratiquer des économies dans sa gestion.

Par ailleurs les contribuables, que Constant appelle les *gouvernés,* doivent aussi pouvoir, par une bonne organisation politique, exiger que la collecte de l'impôt « soit la moins onéreuse qu'il est possible » pour ne pas entraîner, par des frais inutiles, la création de nouveaux impôts.

Voilà ce que l'on pourrait appeler les grandes lignes de la philosophie fiscale de Benjamin Constant. Une philosophie qui vise, comme dans d'autres domaines, à bien déterminer « les droits respectifs des gouvernants et des gouvernés ».[178]

Impératif d'autant plus nécessaire que la fiscalité est le terrain conflictuel par excellence où vont s'affronter l'Etat, toujours porté à accroître ses moyens d'action, et l'individu, qui analyse l'impôt comme un « sacrifice » et comme une atteinte à son droit de propriété.

Donc, pour Benjamin Constant, doter une Assemblée parlementaire élue du pouvoir de consentir l'impôt ne suffit pas :

« Pour que la liberté de voter les impôts soit autre chose qu'une frivole cérémonie, souligne-t-il, il faut que la liberté politique existe dans son entier, comme il faut dans le corps humain, que toutes les parties soient saines et bien constituées pour que les fonctions d'une seule se fassent régulièrement et complètement. »[179]

Bien qu'il se défende de vouloir écrire un traité complet de fiscalité, Benjamin Constant ne va pas s'en tenir aux généralités. Il s'avance suffisamment dans les détails pour exposer ses propres idées sur les diverses espèces d'impôts, sur la façon de les collecter, sur les liens entre l'impôt et les revenus, sur les relations entre l'impôt et les capitaux, enfin sur les inconvénients des impôts excessifs. Toutes réflexions qui gardent encore aujourd'hui une grande actualité.

Dans cette perspective, il va énumérer et développer les impératifs qui doivent, selon lui, caractériser le système fiscal dans une société de droit.

En préambule, il expose ce qui pourrait être considéré comme la doctrine du libéralisme en matière fiscale. Il le fait en quelques lignes simples qui ont valeur générale, intemporelle et universelle :

« Les gouvernés, proclame-t-il, ont le droit d'exiger que les impôts pèsent également sur tous, proportionnellement à leur fortune, qu'ils ne laissent rien

---

177 *Principes de politique*, op.cit., p.218.
178 Ibid., p.217.
179 Ibid., p.219.

d'incertain ni d'arbitraire dans la quotité et dans le mode de la perception, qu'ils ne frappent de stérilité aucune propriété, aucune industrie, qu'ils n'occasionnent que les frais de levée indispensables, enfin qu'il y ait dans leur assiette une certaine stabilité [...] C'est en appliquant ces règles aux diverses espèces de contributions, qu'on pourra juger de celles qui sont admissibles et de celles qui ne le sont pas. »[180]

Ce texte court mais capital, où se révèlent les qualités de synthèse du grand écrivain – preuve que l'on peut traiter d'économie technique et complexe dans un français limpide – ce texte est à la fois de philosophie et de méthode : il pose les bases d'une bonne fiscalité et constitue une grille d'analyse des diverses contributions pour juger si elles rentrent ou non dans le domaine de l'admissible.

C'est donc à la lumière de cette grille que Benjamin Constant parcourt le spectre des diverses sortes d'impôts :

L'impôt sur la terre : c'était la grande idée des Physiocrates. Ils avaient voulu, dans leur théorie, en faire l'impôt le plus naturel, le plus simple et le plus juste. Benjamin Constant le rejette car il n'est pas conforme à la règle qu'il a établie. En effet, il ne pèse pas équitablement sur tous mais principalement sur une classe : celle des propriétaires fonciers. Il n'est donc pas admissible de faire de l'impôt foncier l'impôt unique ni même l'impôt principal.

Les impôts indirects : en portant sur les consommations, ils se confondent avec les jouissances :

« Ces impôts, constate Benjamin Constant, s'accommodent aux temps, aux circonstances, aux facultés, aux goûts de chacun. Ils se divisent de manière à disparaître. Le même poids que nous supportons sans peine, lorsqu'il est réparti sur la totalité de notre corps, deviendrait intolérable, s'il portait sur une seule partie. La répartition des impôts indirects se fait, pour ainsi dire, d'elle-même ; car elle se fait par la consommation qui est volontaire. Considérés sous ce point de vue, les impôts indirects ne contrarient en rien les règles que nous avons établies. »[181]

Cependant ces impôts présentent plusieurs défauts : le premier, d'être susceptibles d'être multipliés « jusqu'à l'infini » et d'une manière « presque imperceptible », le deuxième d'avoir une collecte qui permet la fraude, (c'est ce que nous appellerions aujourd'hui la fraude à la TVA), le troisième d'être utilisés par les gouvernements pour établir insidieusement une politique protectionniste en frappant de droits excessifs les marchandises dont ils veulent empêcher l'entrée, le quatrième de permettre aux gouvernements de faire reposer un tel impôt sur « des consommations forcées » : c'était le cas de l'ancienne gabelle.

---

180 Ibid., p.220.

181 Ibid., p.225.

Recommandation impérative de Benjamin Constant : « Les impôts indirects doivent porter le moins possible sur les denrées de première nécessité, sans quoi tous leurs avantages disparaissent. La consommation de ces denrées n'est pas volontaire. Elle ne se plie plus à la situation et ne se proportionne plus à l'aisance du consommateur. »[182]

Enfin, il y a des impôts faciles à recouvrer mais qui doivent être rejetés car ils corrompent et pervertissent les hommes. C'est le cas des loteries. Aucune considération fiscale ne peut justifier des institutions qui entraînent de pareilles conséquences.

L'impôt sur les revenus et l'impôt sur le capital : Benjamin Constant affirme que les impôts devraient toujours porter sur les revenus et jamais sur le capital :

«De quelque nature que soient les impôts adoptés dans un pays, écrit-il, ils doivent peser sur les revenus et ne jamais entamer les capitaux. C'est-à-dire ils doivent n'enlever qu'une partie de la production annuelle et ne toucher jamais aux valeurs accumulées antérieurement. Ces valeurs sont les seuls moyens de reproduction, les seuls aliments du travail, les seules sources de fécondité. Ce principe méconnu par tous les gouvernements et par un grand nombre d'écrivains peut se prouver avec évidence. Si les impôts portent sur les capitaux au lieu de porter uniquement sur les revenus, il en résulte que les capitaux sont diminués chaque année de la somme égale à ce qu'on lève d'impôt. Par là même, la reproduction annuelle est frappée d'une diminution proportionnée à la diminution annuelle des capitaux. Cette diminution de la reproduction, diminuant les revenus et l'impôt restant le même, il y a chaque année une plus grande somme de capitaux enlevée et chaque année par conséquent une moindre somme de revenus reproduite. Cette double progression est toujours croissante. »[183]

Ici encore, en matière économique, Benjamin Constant se place dans la mouvance de Jean-Baptiste Say en affirmant que les consommations se divisent en deux classes : les consommations productives (reproductives dira plus précisément Jean-Baptiste Say) et les consommations improductives. Les premières créent des produits dont la vente rembourse les frais de production et, de plus, font naître un profit. Les secondes ne créent rien :

« Ce qui est consommé improductivement est toujours une perte excusable et légitime quand le besoin l'exige, insensée et sans excuse, quand le besoin ne l'exige pas. »[184]

Le seul moyen de prospérité pour une nation réside donc dans l'emploi de ses capitaux en consommations productives. Si l'Etat, pour faire face à ses dépenses, n'utilise qu'une partie des revenus qu'il a prélevés par l'impôt, les capitaux restant intacts aux mains des particuliers, alors la reproduction n'est

---

182 Ibid., p.228.
183 Ibid., p.229.
184 Ibid., p.233.

pas entamée. « Mais, continue Benjamin Constant, si l'Etat détourne les capitaux de leur destination, la reproduction diminue et comme il faut alors chaque année enlever une portion de capitaux plus considérable, la reproduction finirait par cesser entièrement et l'Etat, aussi bien que les particuliers, se trouverait ruiné. »[185]

On constate donc que Benjamin Constant, quoique non économiste de vocation, s'est quand même livré à l'énonciation, comme il le dit lui-même, « de quelques-unes des règles relatives à l'impôt ». Nous serons moins modeste que lui et nous soulignerons pour notre part qu'il a esquissé une véritable philosophie de l'impôt, l'un des sujets les plus techniques de la discipline. Il est vrai que s'il existe un domaine ou politique et économie se confondent, c'est bien celui de l'impôt, à travers lequel on peut lire sans risque de se tromper qu'elle est la nature de l'Etat. L'observateur ou le commentateur de la vie politique, et surtout l'élu ou le gouvernant, n'ont donc pas le loisir d'ignorer comment s'établit, s'organise, se collecte l'impôt ni comment et sur qui il pèse.

C'est pourquoi Benjamin Constant lie à ce point fiscalité et équité, soumet à ce point le droit fiscal au droit constitutionnel, plaide pour la protection des contribuables contre « l'Etat avide » par des garanties politiques inscrites dans une Constitution.

Ainsi pourrait-on analyser comme un lointain héritage de Benjamin Constant le projet, de nos jours, d'inscrire solennellement dans la Constitution, sous le nom de « règle d'or » budgétaire, la limitation des prélèvements fiscaux à un certain pourcentage de la richesse produite.

« Partout, proclame Benjamin Constant, où la constitution de l'Etat ne met pas obstacle à la multiplication arbitraire des impôts, partout où le gouvernement n'est pas arrêté par des barrières insurmontables dans ses demandes toujours croissantes quand on ne les conteste jamais, ni la justice, ni la morale, ni la liberté individuelle ne peuvent être respectées. Ni l'autorité qui enlève aux classes laborieuses leur subsistance chèrement acquise, ni ces classes opprimées qui voient cette subsistance arrachée de leurs mains pour enrichir des maîtres avides, ne peuvent rester fidèles aux lois de l'équité dans cette lutte scandaleuse de la faiblesse contre la violence, de la pauvreté contre l'avarice, du besoin contre la spoliation. Tout impôt inutile est un vol que la force qui l'accompagne ne rend pas plus légitime que tout autre attentat de cette nature. C'est un vol d'autant plus odieux qu'il s'exécute avec toutes les solennités de la loi. C'est un vol d'autant plus coupable que c'est le riche qui l'exerce contre l'indigent. C'est un vol d'autant plus lâche, qu'il est commis par l'autorité en armes contre l'individu désarmé. L'autorité elle-même ne tarde pas à en être punie [...] En

185 Ibid., p.234.

fait d'impôt comme en toute autre chose, les lois de l'équité sont les meilleures à suivre, dût-on ne les considérer que sous le rapport de l'utilité. »[186]

Et comme il n'y a pas de philosophie sans axiomes, Benjamin Constant termine ses considérations sur la fiscalité par ce qu'il nomme « un axiome incontestable », lequel vaut d'être cité car il garde là encore valeur d'actualité surtout pour l'école libérale :

« Un axiome incontestable, écrit-il, et qu'aucun sophisme ne peut obscurcir, c'est que tout impôt, de quelque nature qu'il soit, a toujours une influence plus ou moins fâcheuse. Si l'impôt produit quelquefois un bien par son emploi, il produit toujours un mal par sa levée. Il peut être un mal nécessaire. Mais comme tous les maux nécessaires, il faut le rendre le moins grand possible. Plus on laisse de moyens à la disposition de l'industrie des particuliers, plus un Etat prospère. L'impôt, par cela seul qu'il enlève une portion quelconque de ces moyens à cette industrie est infailliblement nuisible. Plus on tire d'argent des peuples, dit M. de Vauban, dans la *Dime royale,* plus on ôte d'argent au commerce. L'argent du royaume le mieux employé est celui qui demeure entre les mains des particuliers, où il n'est jamais inutile ni oisif. »[187]

Les capitaux sont donc le moteur de la production.

Accumuler les capitaux, c'est augmenter la puissance de l'économie, les imposer c'est restreindre cette puissance.

---

[186] Ibid., pp.236 et 235.

[187] Ibid., p.235.

12

L'excès des lois mène au despotisme

De même que l'autorité sociale, pour parler comme Benjamin Constant, dispose de l'impôt pour financer les interventions gouvernementales, de même elle dispose de la loi pour organiser la vie de la société.

Et si elle peut abuser de l'impôt avec toutes les perturbations qui s'ensuivent, de même elle peut abuser de la législation et semer des troubles irréparables, notamment dans le fonctionnement de l'économie.

De ce point de vue, il est révélateur d'observer que Benjamin Constant, qui a consacré un livre entier à l'impôt dans ses *Principes de politique* (version de 1806-1810) a réservé également un livre entier aux effets de la multiplicité des lois dans ces mêmes *Principes*. Avec, comme pour les impôts, de larges reprises du même texte dans son *Commentaire sur l'ouvrage de Filangieri.*

De tous les écrits à caractère économique de Benjamin Constant, ceux où il dénonce le développement intempestif des lois et où il ironise sur le comportement des législateurs, lesquels sont toujours convaincus d'avoir réglé les questions les plus ardues parce qu'ils ont voté des lois, restent d'une permanente et surprenante actualité. La preuve : de nos jours nous appelons cette attitude « l'intempérance législative ».

Et ces lignes, qui datent du début des années 1800, auraient très bien pu être rédigées aujourd'hui :

« La multiplicité des lois flatte dans le législateur deux penchants naturels à l'homme, le besoin d'agir et le plaisir qu'il trouve à se croire nécessaire. Toutes les fois que vous donnez à un homme une vocation spéciale, il fait plutôt plus que moins [...] Les gouvernants veulent toujours gouverner ; et lorsque, par la division des pouvoirs, une classe de gouvernants est chargée de faire des lois, elle s'imagine n'en pouvoir trop faire. Les législateurs se partagent l'existence humaine, par droit de conquête, comme les généraux d'Alexandre se partageaient le monde. »[188]

Après avoir critiqué Rousseau pour sa conception despotique d'une Volonté générale qui ne respecte pas les droits essentiels des individus, Benjamin Constant repousse avec la même vigueur les thèses de cet autre Rousseau en soutane qui s'appelle l'abbé de Mably, lequel « livre l'homme tout entier » à la loi comme si cette dernière était à la fois un protecteur, un tuteur et un guide.

---

[188] *Principes de Politique*, op.cit., p.79.

Chez Mably, la loi est élevée à un tel niveau d'abstraction et parée de tellement de vertus qu'on oublierait presque qu'elle est faite par des gouvernements :

« La loi, constate avec inquiétude Benjamin Constant, doit régler nos moindres mouvements, présider à la diffusion des lumières, au développement de l'industrie, au perfectionnement des arts, conduire comme par la main la foule aveugle qu'il faut instruire et la foule corrompue qu'il faut corriger. Qui ne croirait, en lisant tout ce que la loi doit faire, qu'elle descend du ciel, pure et infaillible, sans avoir besoin de recourir à des intermédiaires, dont les erreurs la faussent, dont les calculs personnels la défigurent, dont les vices la souillent et la pervertissent. Mais s'il n'en est pas ainsi, si la loi est l'ouvrage des hommes, si elle est empreinte de leurs imperfections, de leurs faiblesses et de leur perversité, qui ne sent que l'ouvrage ne mérite pas plus de confiance que ses auteurs, et qu'eux-mêmes n'ont pas droit à nous en inspirer davantage sous un titre que sous un autre […] Il me semble que voilà d'assez fortes raisons pour nous défier d'eux, lors même qu'ils trouvent convenable de s'intituler législateurs. »[189]

Excellente opportunité pour Benjamin Constant de réaffirmer son principe fondamental en matière d'organisation de la société, à savoir que la législation, qui est le bras armé de l'Etat, n'a que deux finalités : l'ordre à l'intérieur, la défense à l'extérieur :

« Etendre sur tous les objets la compétence de la loi, dénonce-t-il, c'est organiser la tyrannie, et revenir, après beaucoup de déclamations oiseuses, à l'état d'esclavage dont on espérait se délivrer, c'est soumettre de nouveau les hommes à une force illimitée, également dangereuse, soit qu'on l'appelle de son vrai nom, qui est despotisme, soit qu'on la pare d'une appellation plus douce, celle de législation. »[190]

Dès qu'elle dépasse ses bornes naturelles, la législation devient donc l'autre nom du despotisme.

Benjamin Constant refuse qu'une classe de la société, celle des législateurs, se considère comme « douée miraculeusement d'une sagacité surnaturelle ».[191]

Le titre de législateur ne conférant pas de privilège intellectuel, les législateurs ne doivent donc pas chercher à fixer les richesses dans l'Etat ni à les distribuer avec équité :

« Les richesses, affirme Benjamin Constant, se distribuent et se répartissent d'elles-mêmes dans un parfait équilibre, quand la division des propriétés n'est pas gênée et que l'exercice de l'industrie ne rencontre point

---

[189] *Commentaire sur l'ouvrage de Filangieri*, op.cit., p.50.
[190] Ibid., p.51.
[191] Ibid., p.52.

d'entraves. Or ce qui peut arriver de plus favorable à l'une et à l'autre, c'est la neutralité, le silence de la loi. » [192]

Et de revenir une fois encore – une fois de plus – sur la place et le rôle de la loi en économie :

« La législation, écrit-il, n'a point à *protéger l'agriculture*. L'agriculture est efficacement protégée, quand toutes les classes ont leurs garanties et sont à l'abri des vexations. La loi n'a point à *prévenir l'excès de l'opulence*, parce que cet excès ne s'introduit chez les peuples que lorsque la loi le sollicite et en quelque sorte l'appelle. C'est d'ordinaire à l'aide des lois, des institutions, des privilèges héréditaires, que les fortunes colossales se forment et se maintiennent. Ensuite on fait des lois pour s'opposer à leur accroissement immodéré, et c'est encore un mal. Abrogez les lois qui les favorisent, vous n'aurez pas besoin de lois qui les répriment. »[193]

Même chose pour ce qui concerne l'éducation, les talents et les passions :

« *L'éducation,* ajoute Benjamin Constant, appartient aux parents, auxquels par la nature les enfants sont confiés. Si ces parents préfèrent l'éducation domestique, la loi ne peut s'y opposer sans être usurpatrice. Enfin les *talents* n'ont pas besoin que la loi leur donne une *direction*. Les *passions* doivent être réprimées quand elles entraînent des actions contraires à l'ordre public : mais la loi ne doit se mêler ni de les faire naître ni d'en tirer parti : et la *force productrice des vertus*, ce n'est point la loi, mais la liberté. »[194]

Benjamin Constant n'accepte donc pas la thèse de certains philosophes selon laquelle les lois « sont l'expression de la volonté générale ». Selon lui, c'est là une définition très fausse :

« Les lois, explique-t-il longuement, sont la déclaration des relations des hommes entre eux. Au moment où la société existe, il s'établit entre les hommes de certaines relations. Ces relations sont conformes à leur nature, car si elles n'étaient pas conformes à leur nature elles ne s'établiraient pas. Ces lois ne sont autre chose que ces relations observées et exprimées : elles ne sont pas la cause de ces relations qui au contraire leur sont antérieures. Elles déclarent que ces relations existent. Elles sont la déclaration d'un fait. Elles ne créent, n'instituent, ne déterminent rien, sinon des formes pour garantir ce qui existait avant leur institution. Il s'ensuit qu'aucun homme, aucune fraction de la société, ni même la société entière ne peut, à proprement parler et dans un sens absolu, s'attribuer le droit de faire des lois : les lois n'étant que l'expression des relations qui existent entre les hommes, et ces relations précédant les lois, une loi nouvelle n'est autre chose qu'une déclaration qui n'avait pas encore été faite de ce qui existait antérieurement.

---

[192] Ibid., p.53.
[193] Ibid.
[194] Ibid.

« La loi n'est donc point à la disposition du législateur. Elle n'est point une œuvre spontanée. Le législateur est pour l'univers moral ce qu'est le physicien pour l'univers matériel. Newton lui-même n'a pu que l'observer et nous déclarer les lois qu'il reconnaissait ou croyait reconnaître. Il ne s'imaginait pas sans doute qu'il fût le créateur de ces lois. »[195]

Par ailleurs, Benjamin Constant reprend à son compte une distinction entre les lois *positives* et les lois *spéculatives*, distinction qui avait été faite par le marquis de Mirabeau, adepte de l'école physiocratique, auteur de *L'Ami des hommes* et père du grand orateur de la Révolution.

Les lois positives sont celles qui punissent une action nuisible et répriment la violence faite à un engagement contracté.

Les lois spéculatives sont celles qui sévissent contre une action qui n'est pas nuisible au prétexte qu'elle pourrait le devenir.

D'un côté on se contente de réagir contre des *faits*.

De l'autre côté on entend agir sur des *intentions*.

« Les fonctions positives du législateur, affirme Benjamin Constant, sont d'une nature infiniment simple ; et dans leur exercice, l'action du pouvoir n'est ni équivoque ni compliquée. Ses fonctions spéculatives sont d'une autre nature ; elles n'ont point de bases fixes, de limites certaines ; elles ne s'exercent point sur des faits ; elles se fondent sur des espérances ou des craintes, sur des probabilités, des hypothèses, des spéculations, en un mot. Par-là même elles peuvent varier, s'étendre, se compliquer à l'infini. Les fonctions positives permettent souvent à l'autorité de demeurer immobile. Les fonctions spéculatives ne lui permettent jamais l'immobilité. Sa main qui, tantôt contient, tantôt dirige, tantôt crée et tantôt répare, peut quelquefois être invisible ; elle ne peut jamais rester inactive. »[196]

Et c'est ici que le problème surgit, que l'envahissement de la vie de l'individu par les lois commence, que les bornes disparaissent, que les limites s'effacent, bref que l'Etat se met à sortir de la sphère de ses attributions spécifiques par le moyen d'une intempérance législative. Recours à des mesures prohibitives contre des actes indifférents, accumulation de lois coercitives, interventions dans l'économie, extension de l'autorité sur l'opinion : voilà le législateur en marche vers l'arbitraire.

« D'autres fois encore, ajoute Benjamin Constant, il modifie ou limite la jouissance de la propriété, en règle arbitrairement les formes, en détermine, en ordonne ou en prohibe la transmission. Il assujettit à des entraves nombreuses l'exercice de l'industrie, l'encourage d'un côté, la restreint de l'autre : actions, discours, écrits, erreurs, vérités, idées religieuses, systèmes philosophiques, affections morales, sentiments intimes, usages, habitudes,

---

[195] Ibid., p.59.
[196] Ibid., p.63.

mœurs, institutions, ce qu'il y a de plus vague dans l'imagination de l'homme, de plus indépendant dans sa nature, tout devient ainsi du domaine du législateur ; son autorité enlace notre existence de toutes parts, consacre ou combat nos conjectures les plus incertaines, modifie ou dirige nos impressions les plus fugitives. Il y a donc cette différence entre les fonctions spéculatives et les fonctions positives, que ces dernières ont des bornes fixes ; au lieu que les premières, dès qu'elles sont admises, n'ont aucune borne. »[197]

Il existe aussi cette différence entre lois positives et lois spéculatives que le législateur, en édictant les premières, ne peut guère se tromper. Une loi contre le crime et le vol, donc punissant des actes déterminés, ne saurait aller en sens opposé à son but. Ce n'est pas le cas avec les lois spéculatives, surtout quand elles interviennent dans le domaine de l'économie :

« Une loi pour empêcher la décadence du commerce ou remédier à la stagnation de l'industrie, constate Benjamin Constant, court le risque de prendre pour des moyens d'encouragement ce qui n'en est pas. En croyant encourager le commerce, elle peut détruire le commerce ; en croyant favoriser l'industrie, elle peut la contrarier [...] Tout ce qui tient aux fonctions spéculatives doit être exclu du domaine de la législation. Nous arrivons ainsi, par cette route, comme par toutes les autres, à ce résultat unique, éternel, seul raisonnable et seul salutaire : répression, défense, tel est le but légitime, c'est-à-dire nécessaire de la loi. Le reste est du luxe et du luxe funeste. »[198]

Au passage, Benjamin Constant dénonce les lois de circonstance. Par exemple celles que l'on édicte en cas de calamités naturelles, comme les disettes. Il estime que dans de telles circonstances ce sont des mesures particulières adaptées à la situation exceptionnelle du moment qui s'imposent, et non des lois :

« Faire une législation habituelle pour une calamité qui n'a pas lieu naturellement une fois dans deux siècles, c'est faire de la législation une calamité habituelle. »[199]

De façon générale, estime Benjamin Constant – et cette remarque vaut pour toutes les époques – « ce ne sont pas des lois qu'il faut faire, ce sont des lois qu'il faut abroger ».[200]

Les lois, éminemment respectables quand elles se renferment dans leur sphère deviennent des forces aveugles quand elles en sortent. C'est alors qu'elles peuvent aller à l'encontre du but qu'elles se proposent, tarir toutes les sources de prospérité, pervertir la morale des citoyens, introduire la

---

[197] Ibid.
[198] Ibid., p.64.
[199] Ibid., p.172.
[200] Ibid., p.52.

corruption parmi les agents du pouvoir. D'autant que la multiplicité des lois entraîne aussi la multiplication de ces agents.

Et cette multiplication multiplie les sources d'arbitraire.

Benjamin Constant profite de l'occasion pour se livrer à une critique serrée de cette excuse appelée *utilité* employée souvent par les législateurs pour expliquer leurs actions. Ces derniers en effet, qui ne manquent jamais de se prendre pour des Lycurgue, des Solon, des Numa, comme il le note avec humour, se font toujours précéder de l'étendard de l'utilité pour justifier la multiplication des lois :

« Le prétexte de l'utilité ne manque pas aux mesures arbitraires », souligne-t-il.[201]

Notons que le terme utilité est une sorte de mot-valise, comme on dirait aujourd'hui, qui, déjà à l'époque de Benjamin Constant, transportait de multiples significations, de la plus opérationnelle à la plus philosophique.

Signification opérationnelle cette « valeur-utilité » qui, dans l'économie politique de Jean-Baptiste Say, remplace la « valeur-travail » de Smith et Ricardo, l'utilité étant chez Say la qualité fondamentale d'un bien qui répond au besoin ou au désir du consommateur.

Signification philosophique cette « théorie de l'utilité » que Jeremy Bentham, sous le nom *d'utilitarisme*, élèvera au rang de grande doctrine sociale opposée à celle du droit naturel. On verra plus loin que Benjamin Constant se livrera, là aussi, à une critique implacable de cet aspect de la philosophie de Bentham.

La traque du « prétexte de l'utilité » à laquelle se livre Benjamin Constant sera d'autant plus intense que ce sera l'argument principal des despotes de toute nature pour blanchir leurs mesures contre les libertés, de même que ce sera aussi l'argument préféré des gouvernements non despotiques pour justifier leurs interventions intempestives dans les différents secteurs de l'activité économique.

« Toutes les fois donc, termine Benjamin Constant, qu'il n'y a pas nécessité absolue, toutes les fois que la législation peut ne pas intervenir, sans que la société soit bouleversée, toutes les fois enfin qu'il n'est question que d'un mieux hypothétique, il faut que la loi s'abstienne, laisse faire, et se taise. »[202]

---

201 *Principes de politique*, op.cit., p.88.
202 *Commentaire sur l'ouvrage de Filangieri*, op. cit., p.72.

13

« Le budget est l'arme du peuple contre les abus »

Avec l'impôt et la loi, le budget se présente aussi comme un instrument d'action aux mains de l'Etat.

Rien de surprenant si Benjamin Constant lui porte une attention extrême.

Impôt, loi, budget forment la zone d'intersection des deux sphères : celle du gouvernement et de ses attributions d'un côté, celle de l'individu et de ses libertés de l'autre. Le budget est l'un des moyens de clarifier la position des divers pouvoirs et de marquer leur place. En conséquence, Benjamin Constant est beaucoup intervenu dans les discussions budgétaires durant les périodes où il fut parlementaire, et cela sous deux aspects. Le premier, très technique et très économique, touchait aux détails des recettes et des dépenses des différents ministères. Le second, plus procédural et plus politique – mais tout aussi important – concernait les conditions de présentation, de discussion, d'amendement et d'agrément du budget.

Benjamin Constant a toujours été très vigilant sur le respect des procédures, surtout celles qui organisent les débats parlementaires, dès lors qu'elles contraignent les ministres à s'inscrire dans certaines formes favorables à l'expression de la libre parole des élus, en l'occurrence : respect scrupuleux de la date de dépôt du budget, présentation précise des lignes budgétaires, temps suffisant pour l'examen des comptes, présence des ministres lors des débats. Pour lui, il n'est pas suffisant que les gouvernements affichent et proclament de bonnes intentions quant aux droits de contrôle et de critique du Parlement, encore faut-il qu'ils les manifestent en respectant les procédures.

Le respect des procédures est la première marche des garanties constitutionnelles.

Avant d'aller plus loin il est donc indispensable de rappeler brièvement les deux grandes séquences de l'activité parlementaire de Benjamin Constant.

La première se déroule sous le Consulat de Bonaparte.

En effet, entre 1800 et 1802 il est un parlementaire membre du Tribunat, l'une des Assemblées du Consulat résultant de la nouvelle Constitution issue du coup d'Etat du 18 brumaire.

Quelques jours après sa nomination, il intervient précisément sur une question de procédure : il reproche au Premier consul son impatience « inquiète et démesurée » à faire voter ses projets de loi qui sont présentés par son gouvernement pour ainsi dire « au vol », dans l'espérance que les parlementaires ne puissent s'en saisir, ce qui revient à considérer le Tribunat comme « une armée ennemie ».

Colère de Bonaparte : Benjamin Constant est exclu du Tribunat en 1802.

La deuxième séquence, la plus importante, se place sous la Restauration.

Benjamin Constant sera successivement député de la Sarthe de mars 1819 à novembre 1822 ; député de Paris de février 1824 à novembre 1827 ; enfin député de Strasbourg de novembre 1827 jusqu'à sa mort en décembre 1830. Soit neuf années durant lesquelles ses très nombreuses interventions à la tribune de la Chambre des députés concerneront principalement la liberté de la presse, le droit électoral et le budget.

Durant la même époque, sa vie parlementaire va se doubler d'une intense activité journalistique dans *Le Mercure de France, La Minerve, La Renommée, le Courrier français,* entre autres. Souvent, ses articles seront le prolongement et l'amplification de ses discours de député.

A la Chambre comme dans la presse, Benjamin Constant, qui avait été républicain au début de sa carrière politique à l'époque du Directoire et du Consulat, se déclare désormais partisan de la Monarchie constitutionnelle. Il accepte et défend la Charte de 1814, dans le respect de laquelle il va inscrire toutes ses interventions.

Dès 1817, avant même d'être élu député, il avait précisé sa position politique : « La Charte est notre règle » avait-il écrit dans *Le Mercure de France* du 18 janvier.

Et dans une brochure intitulée : *Des élections prochaines* parue la même année il avait précisé : « La Révolution a été faite pour la liberté. La Charte a consacré ce que la Révolution avait conquis de bon, en écartant ce qu'elle avait eu de déplorable. Affermissons la Charte, terminons la Révolution, en donnant à la nation ce qu'elle a voulu, et faisons lui chérir sa Constitution, en lui en accordant les avantages »[203]

En 1818 il revient sur le même sujet : « Notre Constitution contient tout ce qui est nécessaire pour la jouissance de la liberté [...] Mon opinion relativement à la Charte ne peut être douteuse ; je n'ai fait, depuis près de trois ans, qu'en recommander la scrupuleuse exécution. »[204]

Enfin, en 1819, dans l'un de ses premiers discours de député, il proclame :

« Le repos est, avec la liberté, ce que nous désirons le plus vivement. Nous évitons, avec un scrupule excessif, de faire de nos prérogatives un usage qui leur donne quelque ressemblance avec ce qui s'est fait dans le temps d'orage [...] Nous ne dévierons pas de notre route. La Charte,

---

203 *Cours de politique constitutionnelle par Benjamin Constant,* présentation d'Edouard Laboulaye, Paris, 1872, Guillaumin, tome II, p.315.

204 *Collection complète des ouvrages publiés sur le gouvernement représentatif formant une espèce de Cours de politique constitutionnelle*, par M. Benjamin Constant, Paris, 1818, Plancher, premier volume, introduction.

l'affermissement du gouvernement du roi constitutionnel, l'établissement de toutes les libertés, y compris celle de la mesure la plus sévère contre les ministres qui nous sembleraient blâmables, tel est notre but, tel est le fond de notre pensée ; et si quelques hommes nous méconnaissent, ou feignent de se tromper sur nos vues, la France rend justice à nos intentions, et nous sait gré de notre mesure et de notre zèle. »[205]

Et, comme souvent, il résume sa pensée dans une métaphore :

« Plus l'attachement est sincère pour celui qui guide le char de l'Etat, plus nous devons aimer qu'on mette des barrières autour des précipices. La nuit peut venir, l'orage peut s'élever ; la route en sera plus sûre et mieux tracée. »[206]

Qu'est-ce donc que le budget, dans l'esprit et dans la philosophie de Benjamin Constant, et pourquoi va-t-il y consacrer une telle attention ?

La réponse est simple : le budget est le domaine par excellence où se dévoilent et s'exposent à l'examen et à la critique les dépenses, donc la politique, de tous les ministères sans exception et où, sous la protection de la Charte, peut se déployer de manière constitutionnelle le contrôle par les élus des actes du gouvernement.

Et cela chaque année.

Les députés peuvent donc, du haut de la tribune, traiter de tous les sujets, même les plus sensibles, depuis l'économie et la finance jusqu'à l'éducation, depuis l'exercice des cultes jusqu'aux affaires étrangères, depuis les crédits affectés à la police secrète jusqu'à ceux de la marine.

Le budget étant à la fois de l'économie et de la politique, cela suffirait à expliquer l'intérêt que lui porte Benjamin Constant.

Mais c'est aussi un excellent instrument de pédagogie libérale.

Nous voulons dire par là que les débats budgétaires peuvent servir pour initier l'opinion publique à la vie parlementaire.

C'est comme cela que l'entend Benjamin Constant.

Selon lui budget, parlementarisme et opinion publique sont des notions étroitement liées. En prenant la parole à la tribune de la Chambre des députés il parlera aussi, pourrait-on dire, « par la fenêtre », c'est-à-dire qu'il s'adressera non seulement aux ministres, non seulement à ses collègues parlementaires mais encore, mais surtout, à l'opinion publique.

Et quand on aura rappelé l'importance que tient l'opinion publique dans le système libéral de Benjamin Constant, on comprendra mieux l'utilisation du budget comme élément non seulement d'information mais aussi de formation civique de cette opinion.

---

[205] *Discours de M. Benjamin Constant à la Chambre des députés*, Paris, 1828, Ambroise Dupont, tome premier, p. 101.

[206] *Réflexions sur les constitutions et les garanties*, dans *Collection complète des ouvrages publiés sur le gouvernement représentatif*, op.cit., tome premier, page VIII.

C'est également dans la même perspective d'information et de formation de l'opinion qu'il souligne que la mauvaise gestion des finances publiques retombe en définitive, par l'intermédiaire de la fiscalité, sur les classes les moins favorisées.

Ainsi, intervenant en mai et juin 1819 sur les dépenses appelées accidentelles ou encore fortuites, imprévues, diverses, « toutes désignations qui ne désignent rien », dépenses dont certaines, sans doute, sont nécessaires mais dont d'autres, inutiles, se dissimulent sous ces diverses appellations, il dénonce l'abus d'une pratique qui consiste à multiplier dans le budget ce type de dépenses. Et de même que, selon une expression devenue célèbre de nos jours qui affirme que « le diable se cache dans les détails », de même il n'est pas loin de penser que certaines turpitudes de l'Etat peuvent se cacher dans les détails budgétaires. C'est pourquoi il repousse l'intention de certains ministres de faire voter les différents budgets « en masse » pour interdire toute discussion sur les détails. « Cela, ajoute-t-il, tendrait à nous ramener aux budgets impériaux, qui, vers la fin, se composaient d'un seul article rédigé le plus laconiquement qu'il était possible, et voté en silence, ce qui établissait assurément dans ces budgets une grande économie de paroles. »[207]

Autres dépenses dénoncées par Benjamin Constant : celles qui concernent la collecte des impôts, surtout les frais de perception et de régie des impôts indirects : ce qui coûte en Angleterre 2,5% de frais, coûte 20% en France. Et pour la totalité des contributions, les frais de perception s'établissaient à 10% avant la Révolution contre 14% sous la Restauration.

S'adressant alors à ses collègues, Benjamin Constant déclare :

« Daignez, Messieurs, porter vos regards hors de Paris ; songez à vos commettants dans les départements, aux cultivateurs qui ne savent où prendre de quoi payer leurs contributions ; aux commerçants qui se voient enlever les capitaux nécessaires à leur industrie ; aux marins privés dans nos ports du nécessaire le plus exigu par des réformes qui, chose étrange, sans rien diminuer aux dépenses, réduisent au dénuement les plus dignes objets de la reconnaissance publique. Notre devoir, c'est de proclamer la détresse de tant de classes recommandables, parce que la publication de cette détresse est le seul moyen de les soulager. Nous touchons au port. La Charte s'affermit, la liberté est comprise de tous ceux qui en jouissent ; mais, pour profiter de ces améliorations morales, il faut nous délivrer d'un mal qui rendrait toutes ces améliorations illusoires. Ce mal, c'est la prodigalité de nos dépenses ; ce mal, ce sont les modes de perception dispendieux, les salaires excessifs qui produisent une misère excessive. »[208]

Benjamin Constant profite aussi des discussions budgétaires pour rappeler les principes d'économie politique qui sont les siens et qu'il tient

---

207 *Discours à la Chambre des députés*, op.cit. Tome premier, p.105.
208 Ibid., p.126.

pour l'essentiel de ses lectures d'Adam Smith, de Jean-Baptiste Say, de Sismondi, ainsi que de sa fréquentation, à Coppet, de Necker.

Ainsi dénonce-t-il, lors d'un débat sur un projet de loi relatif aux grains, l'attitude des grands propriétaires fonciers favorables à l'interdiction d'importer des céréales au prétexte de favoriser une hausse des prix intérieurs des grains qui, selon eux, serait favorable aux petits propriétaires :

« J'ai voulu, se justifie Benjamin Constant, embrasser les intérêts de la totalité des consommateurs et des producteurs en France ; je n'ai pas voulu sacrifier l'intérêt des uns à celui des autres. Je crois, en général, que toutes les fois qu'on est venu par des mesures prohibitives au secours d'une classe souffrante, souvent avec de bonnes intentions, quelquefois avec de mauvaises, cette classe n'a été secourue que momentanément, et que ces mesures prohibitives ont fini par tourner contre elle [...] L'effet d'une loi prohibitive est passager, et finit toujours par être fâcheux [...] Car il est évident que ceux qui gagnent le plus à la hausse des denrées sont les grands propriétaires, et qu'ils ont le plus intérêt à faire hausser le prix des grains. »[209]

Et comme la hausse du prix des denrées a tendance à susciter derrière elle une demande de hausse des salaires, Benjamin Constant soupçonne les grands propriétaires fonciers d'êtres favorables à la hausse du prix de la main-d'œuvre pour gêner la liberté de l'industrie, donc son développement. D'autant que, selon lui, ces mêmes propriétaires voudraient rétablir les corporations et les jurandes, bref revenir à une politique restrictive en matière de liberté du travail.

Et d'avertir :

« Si vous prenez la route qu'a suivie l'Angleterre qui, par le haut prix de ses grains, par ses élections aristocratiques et par ses corporations, est arrivée à la taxe des pauvres, vous serez obligés d'avoir une taxe des pauvres, parce que vous allez en augmenter le nombre. »[210]

Après avoir rappelé au passage que déjà, il y a bien longtemps, la même question s'agitait à Rome à la fin de la République « entre ceux qui travaillaient sans recueillir et ceux qui recueillaient sans travailler », il pose cette question :

« Ne sont-ce pas les propriétaires qui, par l'élévation du prix des denrées, ont perdu la République romaine ? C'est à cette cause qu'il faut attribuer la perte de presque tous les Etats. »

On remarquera une fois de plus que cette discussion annonce déjà, comme en filigrane, la vaste question débattue de nos jours concernant la constitution de rentes indues à partir de politiques prohibitionnistes et malthusiennes.

---

[209] Ibid., p.491.
[210] Ibid., p.492.

Autre thème abordé par Benjamin Constant où se croisent cette fois économie, morale, politique et vie constitutionnelle : le statut de la Chambre des pairs.

A propos de l'examen des crédits alloués à cette Chambre haute, il dénonce l'attribution arbitraire des pensions.

Cette Chambre, élément capital du gouvernement représentatif, « qui devrait être la grande aristocratie française », se trouve réduite « à être salariée par le pouvoir », ce qui est véritablement « un contre-sens politique ».

Il demande donc à ses collègues députés de mettre un terme « à ces pensions occultes, à ces récompenses arbitraires qui déconsidèrent ceux qui les reçoivent, et humilient ceux qui s'en trouvent exclus ».

Plaidant pour une pairie indépendante « qui ne fût pas avilie par des salaires dispensés selon le bon plaisir des ministres », il conclut :

« Il faut prendre un parti décisif, parce que sans cela l'année prochaine, comme cette année et comme les années précédentes, nous aurons une Chambre des pairs composée en partie des salariés du pouvoir. »[211]

Après l'assassinat du duc de Berry, fils aîné du futur Charles X et à ce titre héritier de la couronne de France, survenu en février 1820, un nouveau gouvernement dirigé par le duc de Richelieu, rappelé à la Présidence du conseil, met en place une politique antilibérale. Plusieurs lois d'exception restreignent les libertés individuelles ainsi que la liberté de la presse. Elles seront suivies d'une nouvelle loi électorale qualifiée de « loi du double vote » car elle visera à favoriser les amis du pouvoir. Du coup, les interventions de Benjamin Constant vont prendre un ton plus politique, voire polémique.

Le 5 avril 1820, moins de trois mois après cet assassinat, dans un débat sur un projet relatif au règlement définitif des comptes de l'année 1818, il profite de l'occasion pour annoncer sa position et celle de ses amis libéraux face à ce tournant autoritaire du pouvoir, qu'il juge contraire à la Charte.

De larges extraits de ce discours capital valent d'être cités car ils montrent à la fois l'attachement de Benjamin Constant aux libertés constitutionnelles, son talent d'orateur dans une situation exceptionnelle qui le place dans la position de chef de l'opposition, et, enfin, le lien que les libéraux maintiennent, malgré tout, entre liberté et questions économiques et financières :

« Quand toutes les libertés d'une nation sont attaquées à la fois sur tous les points, constate-t-il, quand tous ses droits sont envahis, toutes ses garanties menacées ; quand le repos dont elle espérait jouir et qu'elle avait mérité par tant de sacrifices est troublé tout à coup et gratuitement par

[211] Ibid., tome second, p.182.

l'imprudence ou la perfidie ; il est assez naturel que ses défenseurs, surpris par ces agressions inattendues, et pour ainsi dire désarmés par l'étonnement qu'ils éprouvent de voir toutes les promesses violées, tous les engagements foulés aux pieds, ne sachent où porter la force qui leur reste, et quels coups parer les premiers. Quelque importants que soient les objets de finance, il est des intérêts d'une nature et plus pressante et plus relevée. L'autorité s'emparant d'un pouvoir discrétionnaire, tous les cachots ouverts, la pensée étouffée, la publicité devenant un monopole de faits dénaturés et d'allégations injurieuses, des élections factices préparant à un peuple des représentants qui ne le représenteront pas ; ces choses, Messieurs, sont d'une gravité assez désastreuse pour qu'on ait quelque peine à s'en distraire, à fixer son attention sur des chiffres, et à se livrer à d'arides calculs. D'ailleurs, il ne faut pas s'y tromper : quelque effort que l'on fasse pour séparer les finances de la liberté, la liberté et la bonne administration des finances sont essentiellement liées. C'est vainement que, dans un pays d'où l'on bannit la liberté constitutionnelle, des ministres viennent apporter en pompe des comptes que nul ne saurait vérifier. Quand la publicité est proscrite, qu'importent les faits qu'on allègue ? Le pouvoir les arrange comme il veut [...] Aussi, je le confesse, je n'espère rien de nos tentatives pour rétablir ou maintenir l'ordre dans nos finances, pour mettre un terme à des dépenses énormes, pour arrêter ou modérer des transactions dont le moindre vice est d'être onéreuses. Les ministres nous échapperont toujours à la faveur des ténèbres dont ils sont parvenus à s'entourer ; vous aurez beau faire des lois, elles seront éludées ; demander des communications, on vous les refusera [...] Si, comme l'a dit un de nos honorables collègues, M. Laffitte, une bonne Constitution est le meilleur des systèmes de finance, une Constitution violée est le plus mauvais. »[212]

Quand Villèle, après la démission de Richelieu, accédera à son tour au pouvoir fin 1821 et accentuera une politique attentatoire aux libertés, Benjamin Constant, face à ceux qu'il appellera « les Jacobins de la royauté », proclamera que les députés sont encore « les légitimes et indépendants mandataires de la France » et que la tribune de la Chambre « est donc le seul asile de la vérité ».

Et d'ajouter :

« Cette Chambre est la seule autorité capable de la faire connaître. Il est, en conséquence, de notre devoir de faire pénétrer le jour partout où nous le pouvons [...] Vous devez procurer à la France tous les éclaircissements qu'il est en votre pouvoir d'obtenir pour elle. Vous le devez d'autant plus que vous êtes maintenant le seul moyen de publicité que la France conserve ; le ministère a tué tous les autres. »[213]

---

[212] *Discours à la Chambre des députés*, op.cit., tome premier, p.280.

[213] Ibid., pp. 303-304.

Durant cette période d'autoritarisme où Villèle sera au pouvoir durant sept ans, Benjamin Constant refusera de tomber dans les moyens extrêmes pour combattre ses ministres.

Ainsi repousse-t-il l'idée que proposent certains de mettre en accusation de tels ministres. D'abord parce qu'une loi sur la responsabilité ministérielle n'existe pas, ensuite parce que les articles de la Charte sur le sujet peuvent être interprétés différemment, enfin parce qu'une accusation n'aurait aucun résultat et aboutirait à anéantir l'indépendance de la Chambre et l'influence la plus constitutionnelle qu'elle puisse exercer.

Et d'expliquer :

« La manière la plus douce d'avertir le gouvernement que la Chambre croit que les ministres s'égarent, c'est de refuser ou au moins de restreindre le consentement qu'ils vous demandent pour les impôts. Cette marche est beaucoup plus douce qu'une accusation ; elle est aussi très constitutionnelle [...] En accordant une partie ou en refusant tout ce qu'ils demandent, les ministres peuvent être changés sans que l'Etat éprouve de secousse ; et alors vous sauvez la chose publique sans ces moyens violents qui répugnent toujours aux hommes modérés. »[214]

Une fois encore Benjamin Constant se révèle comme le maître d'école du parlementarisme le plus pur dès lors que l'un des attributs essentiels de ce parlementarisme réside précisément dans la faculté qu'ont les élus de la nation de « consentir » ou non l'impôt.

Cette modération ne l'empêche nullement de se servir de son statut de député pour dénoncer, toujours à l'intention de l'opinion publique, les atteintes aux libertés et aux droits dont ce gouvernement se rend coupable.

Ainsi le 13 mars 1822 intervient-il longuement, et une fois de plus, sur le budget.

Il utilise la tribune comme substitut à une presse libérale réduite au silence par la censure :

« J'étais, reconnaît-il, fort tenté de me dispenser d'examiner le budget. Mais j'ai des devoirs à remplir ; plus ils sont pénibles, plus je tiens à m'en acquitter ; et comme les ministres ne m'empêcheront jamais de dire que leur administration est vicieuse, leur justice injuste, leur manière de gouverner violente, leur police oppressive, aucun murmure ne me fera renoncer à dire aussi qu'en échange des charges énormes que le budget impose à la France, nous n'avons, ni à l'extérieur la considération et la puissance que nous devrions avoir, ni à l'intérieur la prospérité à laquelle nous pourrions atteindre, et qui se compose d'éléments moraux autant pour le moins que d'éléments matériels. »[215]

A un ministre qui, précisément, avait parlé d'ordre moral il réplique :

---

[214] Ibid., p.411.

[215] *Discours à la Chambre*, op.cit., tome second, p.110.

« La liberté n'existe plus, ses garanties sont détruites : l'ordre moral ne peut se rétablir [...] Cet ordre moral ne se retrouvera, chez les nations modernes éclairées, laborieuses, qui veulent, dans ce qui touche leur existence privée, être indépendantes de toute intervention du pouvoir ; cet ordre moral ne se retrouvera, dis-je, que dans la liberté et ses garanties. »[216]

Et à une question qui lui sera posée un jour de savoir ce que pourrait être un budget conforme à la Constitution il répondra :

« Le budget du parti vraiment constitutionnel aura pour tendance l'économie ; mais avec l'économie l'adoption de toutes les dépenses dont le but sera d'éclairer et d'anoblir la masse nationale, et la suppression surtout des allocations qui donneraient au pouvoir les moyens de corrompre ou d'opprimer. »[217]

Au reste, Benjamin Constant avait, dès le 28 mai 1819, soit deux mois seulement après sa première élection au siège de député de la Sarthe, précisé sa conception économique, politique, sociale, morale du budget dans un gouvernement représentatif.

Déclaration capitale car elle résume toute sa philosophie politique et explique ses interventions longuement préparées, précises, documentées, méthodiques dans les débats budgétaires, même les plus techniques, avec, toujours en arrière plan, la question des libertés et des garanties et la volonté d'initier l'opinion publique au régime parlementaire :

« Messieurs, le budget est l'arme du peuple contre tous les abus, contre les abus politiques aussi bien que financiers. C'est une arme légale, paisible, constitutionnelle : vous devez vous en servir pour toutes les réformes que votre amour du bien public vous fait désirer ; et, en votant le budget, vous devez, quoi qu'on puisse vous dire, examiner toutes les questions qui touchent à la dépense, non seulement dans leurs rapports avec les finances, mais dans leurs rapports avec la liberté. »[218]

---

216 Ibid., p.129.
217 Ibid., p.276.
218 *Discours à la Chambre*, op.cit., tome premier, p.107.

14

Les dettes publiques : un mal inévitable

Quand on lit les réflexions de Benjamin Constant sur les dettes publiques et les déficits budgétaires, réflexions qui se rencontrent aussi bien dans ses livres que dans ses articles ou ses discours de député, on éprouve l'étrange sensation de se retrouver comme de plain-pied dans nos débats contemporains. Comme si les deux siècles qui nous séparent de son époque étaient réduits à l'épaisseur d'une feuille de papier.

Cela ne doit pas surprendre.

L'Etat des Modernes qui se met en place au début de la révolution industrielle, et qui va reposer sur la propriété mobilière, l'échange et le commerce, est déjà un Etat qui a besoin d'emprunter pour agir. Il va, en conséquence, créer de la dette publique.

D'où cette constatation qui résume la position de Constant sur le sujet :

« Quels que soient les effets fâcheux des dettes publiques, c'est un mal devenu inévitable pour les grands Etats [...] Recommander aux Etats modernes de renoncer aux ressources que le crédit leur offre serait une vaine tentative. »[219]

On se souvient que pour Benjamin Constant le double mouvement du développement de la propriété mobilière et de la croissance industrielle avait placé les gouvernements dans la dépendance des particuliers par l'intermédiaire du crédit. Avec la multiplication des échanges et l'expansion du commerce national et international, lequel avait remplacé la guerre, l'argent n'était plus dans les mains des grands comme sous l'Ancien Régime mais dans celles de la population. C'est là que les gouvernements devaient maintenant l'aller chercher sous forme d'emprunts.

Evolution considérable qui donnait désormais au mot *crédit* un triple aspect :

- Technique, comme instrument de financement ;
- Economique, comme moteur de l'expansion ;
- Moral, comme obligation catégorique pour les pouvoirs publics de rembourser leurs dettes rubis sur l'ongle, faute de quoi, comme l'écrit Benjamin Constant, « l'argent se cache ou s'enfuit » et toutes les opérations de l'Etat s'en trouvent suspendues.

Durant son existence, Benjamin Constant a traversé des époques où l'argent s'est caché, s'est enfui et même a fondu comme neige au soleil entre les mains de ses propriétaires en raison de certaines décisions des

---

[219] Benjamin Constant, *Ecrits politiques*, op.cit., p.447.

gouvernements. C'est dire que l'actualité de son temps lui a fourni maints sujets de méditation, depuis la création des assignats de triste mémoire jusqu'aux spoliations insidieuses des particuliers par manipulations monétaires, en passant par la fameuse banqueroute de septembre 1797 quand le Directoire décida de ne consolider qu'un tiers de la dette publique, opération qui fut qualifiée de « banqueroute des Deux Tiers ».

Il est vrai que la période qui s'étend de 1789 à 1830 a été marquée par de multiples crises financières. Après l'immense secousse de la Révolution la France a cherché longtemps une double stabilité – de ses institutions et de ses finances – et a expérimenté autant de Constitutions qu'elle a connu de traumatismes financiers. Si elle a encouragé sous le Directoire le pillage des nations voisines conquises par les armées de Bonaparte pour combler ses déficits budgétaires, elle a dû payer sous la Restauration une indemnité de guerre de 700 millions pour obtenir l'évacuation des armées étrangères de son territoire après l'effondrement de l'empire napoléonien.

Et si les noms de Necker, de Cambon, de Corvetto, du Comte Roy ou du Baron Louis, de même que les termes assignats, mandats territoriaux, Grand Livre de la dette publique ou milliard des émigrés surnagent encore dans la mémoire collective c'est précisément parce qu'ils sont indissociables des crises politiques et financières de l'époque.

Rien de surprenant donc si Benjamin Constant, dans sa triple fonction de philosophe politique, de journaliste et de député, a porté une attention extrême à la question des finances publiques. D'autant que, on le sait, toute son œuvre prend racine dans les événements de son temps. La vérité oblige même à ajouter que sa passion dévorante du jeu lui a permis quelques spéculations heureuses, voire juteuses, sur les biens nationaux.

Cela dit, le fond de l'attitude de Benjamin Constant face à l'émergence des dettes publiques est plutôt de résignation que d'approbation.

D'où l'expression, sous sa plume, de « mal inévitable ».

Sous la Restauration, dans l'un de ses premiers discours de député, il avait dénoncé à la tribune ce qui, pour lui, était aussi un mal, à savoir, selon le vocabulaire de l'époque, « la prodigalité » des gouvernements, autrement dit l'excès des dépenses publiques. Et de souligner que, selon lui, il existait un lien très fort entre la liberté et la bonne administration des finances car une dépense publique non maîtrisée, qui oblige à emprunter massivement, peut conduire à terme un Etat à hypothéquer son indépendance donc à perdre sa liberté d'action.

Toutefois, ses réticences devant le développement des dettes publiques a aussi une autre raison, plus profonde. Pour lui, les créances sur l'Etat sont génératrices d'une nouvelle espèce de propriété et d'un nouveau type de propriétaires. Deux nouveautés dont il se méfie.

Et d'expliquer :

« Quelques écrivains ont considéré l'établissement des dettes publiques comme une cause de prospérité ; je suis d'une toute autre opinion. Les dettes publiques ont créé une propriété d'espèce nouvelle qui n'attache point son possesseur au sol, comme la propriété foncière, qui n'exige ni travail assidu, ni spéculations difficiles, comme la propriété industrielle, enfin qui ne suppose point des talents distingués, comme la propriété intellectuelle. Le créancier de l'Etat n'est intéressé à la prospérité de son pays, que comme tout créancier l'est à la richesse de son débiteur. Pourvu que ce dernier le paie, il est satisfait ; et les négociations qui ont pour but d'assurer son paiement, lui semblent toujours suffisamment bonnes, quelque dispendieuses qu'elles puissent être. La faculté qu'il a d'aliéner sa créance, le rend indifférent à la chance probable, mais éloignée, de la ruine nationale. Il n'y a pas un coin de terre, pas une manufacture, pas une source de productions, dont il ne contemple l'appauvrissement avec insouciance, aussi longtemps qu'il y a d'autres ressources qui subviennent à l'acquittement de ses revenus. La propriété dans les fonds publics est d'une nature essentiellement égoïste et solitaire, et qui devient facilement hostile, parce qu'elle n'existe qu'aux dépens des autres. »[220]

Voilà pour le nouveau genre de propriété.

Quant aux possesseurs de créances sur l'Etat, ils constituent un type nouveau de propriétaires car ils peuvent créer dans la société une classe favorable à l'accroissement des impôts - gage du remboursement de leurs créances - alors qu'au contraire avec le développement économique l'intérêt naturel des nations modernes « est que les impôts soient réduits à la somme la moins élevée qu'il est possible ».

Des dettes publiques qui peuvent conduire les Etats à perdre leur liberté ; un nouveau genre de propriété qui porte à l'égoïsme ; de nouveaux propriétaires favorables à l'accroissement des impôts comme garantie de leurs créances : voilà les caractéristiques de ce que Benjamin Constant a qualifié de « mal inévitable ».

Constatons au passage que cette finance hors-sol dont il décrit les premières manifestions est déjà annonciatrice de la finance internationale de notre époque qui sera qualifiée d'apatride. En effet, dans les propos de Benjamin Constant on discerne déjà les contours de ces deux mondes caractéristiques qui sont ceux de l'économie réelle et de l'économie virtuelle, le premier reposant sur les propriétés agricoles, industrielles et intellectuelles et le second sur la finance. Aujourd'hui aussi on pourrait peut-être qualifier ce dernier monde de « mal inévitable ».

Puisque les Etats ne pourront pas renoncer aux ressources que va leur offrir le crédit, il importe donc que ces Etats s'imposent une discipline rigoureuse dans le remboursement de leurs créanciers.

---

[220] Ibid. p.446.

Si la possession d'une créance sur l'Etat est une propriété de nature différente que les propriétés foncières, industrielles et intellectuelles, cette possession n'en reste pas moins une propriété au plein sens du terme. Elle ne saurait être soumise à l'arbitraire du pouvoir car « l'arbitraire sur la propriété est bientôt suivi de l'arbitraire sur les personnes » et « le mépris pour la fortune des hommes suit de près le mépris pour leur sûreté et pour leur vie ».[221]

Bref, l'Etat se doit d'être exemplaire pour ce qui est du remboursement de ses dettes. Et Benjamin Constant d'affirmer :

« L'exécution littérale et stricte de tout engagement financier est, à mon avis, un grand avantage. Il y a dans cette fidélité scrupuleuse une simplicité, une rectitude, qu'il est toujours fâcheux de voir obscurcie par des combinaisons compliquées et des propositions incidentes [...] Le crédit doit se former sur des bases solides, sur la confiance, sur la régularité, sur la loyauté, et non sur une complication de petits artifices, de petits déguisements. »[222]

Il est très remarquable que ce soit dans le chapitre intitulé *De l'inviolabilité des propriétés* de ses *Principes de politique* (édition de 1815) que Benjamin Constant traite des devoirs de l'Etat à l'égard de ses créanciers. Cela s'explique. Comme tous les autres propriétaires, les créanciers de l'Etat peuvent être victimes, eux aussi, de « spoliations ». Des spoliations qui seront d'une espèce spéciale :

« Les gouvernements se les permettent, explique Benjamin Constant, pour diminuer leurs dettes ou accroître leurs ressources, tantôt sous le prétexte de la nécessité, quelquefois sous celui de la justice, toujours en alléguant l'intérêt de l'Etat : car de même que les apôtres zélés de la souveraineté du peuple pensent que la liberté publique gagne aux entraves mises à la liberté individuelle, beaucoup de financiers de nos jours semblent croire que l'Etat s'enrichit de la ruine des individus. »[223]

Et d'énumérer les actions de l'Etat qui peuvent être qualifiées de spoliations quand elles s'appliquent à ce nouveau type de propriété :

- Les banqueroutes partielles ou totales ;
- La réduction des dettes nationales, soit en capitaux, soit en intérêts ;
- Le paiement de ces dettes en effets d'une valeur inférieure à leur valeur nominale ;
- L'altération des monnaies ;
- Les actes d'autorité contre les hommes qui ont traité avec les gouvernements pour leur fournir des objets nécessaires à leurs entreprises militaires ou civiles ;
- Les lois ou mesures rétroactives contre les enrichis ;

[221] Ibid., p.444.
[222] *Discours à la Chambre des députés*, op.cit., tome premier, pp.430 et 441.
[223] *Ecrits politiques*, op.cit., p.445.

- L'annulation des contrats, des concessions, des ventes faites par l'Etat à des particuliers.

Comme la propriété n'est rien d'autre, pour Benjamin Constant, qu'une *convention légale* toute rupture unilatérale par l'Etat d'une telle convention constitue une spoliation.

« Convention » - plus exactement « convention formelle » -, telle est précisément l'expression employée par Benjamin Constant lors d'un débat sur l'indemnisation des émigrés.

Rappelons brièvement les faits : en 1825, Villèle présente un projet de loi dont l'objet est d'indemniser les émigrés rentrés en France dont les biens ont été confisqués et vendus par la Révolution en leur absence. Pour financer en partie cette indemnité son gouvernement décide de recourir à une vaste opération financière dite de « conversion des rentes ». Cela consiste à réduire l'intérêt de la dette publique - donc à faire des économies - par transformation, sous certaines garanties pour les créanciers, d'un emprunt ancien en emprunt nouveau moins onéreux pour l'Etat.

Benjamin Constant va intervenir à trois reprises dans la discussion : les 26 janvier, 23 février et 24 mars 1825.

D'abord, il aborde la question sous l'angle de la justice. Selon lui, atténuer les malheurs causés par la Révolution sous la forme d'une indemnité est une politique qui doit s'appliquer à toutes les victimes et pas seulement aux émigrés. Ainsi plaide-t-il la cause de ces créanciers de l'Etat qui ont perdu une partie de leurs avoirs en 1797 lors de la banqueroute des Deux Tiers :

« Sans doute la confiscation est odieuse, proclame-t-il, mais la banqueroute ne l'est pas moins : la confiscation et la banqueroute ont été constamment deux plaies de la révolution. Par conséquent, si on veut fermer les plaies de la révolution, certes les plaies des rentiers sont encore ouvertes ; elles n'ont pas même reçu le baume qui a été versé sur les autres par divers gouvernements successifs. Les rentiers ont souffert autant et plus que les hommes honorables qu'on veut secourir aujourd'hui. Les rentiers n'ont pas seulement éprouvé une réduction inique, ils ont encore supporté le régime de la terreur, les réquisitions et toutes les calamités qui ont frappé les citoyens restés sur le sol de la France. »[224]

Après avoir traité la question sous l'angle de la *justice,* il l'aborde ensuite sous celui de la *propriété* :

« En m'exprimant de la sorte sur les confiscations de tout genre, sans nulle exception, continue-t-il, je dirais que toutes les propriétés sont également sacrées, que tout enlèvement de propriété par le pouvoir, qu'elle soit mobilière ou immobilière, est une confiscation, et que si l'on veut

[224] *Discours à la Chambre des députés*, op.cit., tome 2, p. 306.

réparer les unes, il faut aussi réparer les autres : que si les traces de la confiscation immobilière restent sur le sol, les traces de la confiscation mobilière restent dans les cœurs aigris par la misère, déchirés par les souffrances des êtres les plus chers, révoltés par la fraude ; et que rompre par une préférence exclusive l'égalité du malheur qui les fait se résigner, parce qu'ils le jugent irréparable, c'est doubler l'injustice, qui double l'irritation [...] Ainsi, justice pour tous ou impossibilité de réparation pour personne ; songez qu'en créant une classe de privilégiés pécuniaires, vous ajouterez aux inquiétudes de la France, qui craint de voir renaître toutes les espèces de privilèges.»[225]

Enfin, analysant ce projet de loi dans son aspect de technique purement financière, Benjamin Constant juge que le gouvernement viole ses engagements en remettant en cause la « convention formelle » qui le liait à ses créanciers et qui avait été conclue entre eux et l'Etat au moment de la souscription de l'emprunt que l'on projette de modifier aujourd'hui. Si bien qu'il préfère employer l'expression de « réduction des rentes » plutôt que celle de « conversion des rentes » pour qualifier cette opération. Il ajoute que ce projet va ressusciter et favoriser l'agiotage, lequel va trouver là « un champ nouveau », un champ « large et fécond », qui ne manquera pas d'être labouré par les agioteurs et spéculateurs « cosmopolites ».[226]

Et de conclure :

« Quoi qu'il en soit, intentionnellement ou non, les ministres ont fermé les yeux sur l'imprudence, l'immoralité, l'injustice, le danger politique de ce funeste projet de loi. Il est plein d'imprudence par l'accroissement du capital de la dette [...] On vous peint aujourd'hui cet accroissement du capital de la dette comme une chose sans importance ; mais dans des circonstances critiques, quand il s'agira d'emprunter, vous verrez si cet accroissement est indifférent [...] Ce projet est plein d'immoralité, car c'est une grande immoralité de favoriser gratuitement, sans nécessité, sans motifs, sans excuse, la fièvre de l'agiotage. Enfin le projet est essentiellement impolitique en ce qu'il associe aux yeux de la France la loi d'indemnité à la mesure odieuse de la réduction de la rente »[227]

Les interventions de Benjamin Constant dans le débat sur la conversion des rentes, outre les connaissances financières approfondies qu'il a manifestées sur ce dossier extrêmement technique, soulignent avec éclat sa démarche intellectuelle, autrement dit sa *méthode*, dans l'examen des

---

[225] Ibid., pp.312 et 309.

[226] Il est impossible, ici, de rentrer dans les détails techniques de cette opération financière complexe qui a nom conversion des rentes. Si l'on veut une explication précise et un jugement autorisé sur ce type d'opération on peut se reporter à une étude publiée Par Charles Coquelin dans la *Revue des Deux Mondes*, tome dixième, 1845, p.132. Sur Internet/Gallica.

[227] *Discours à la Chambre des députés*, op.cit., p.341.

questions économiques. Cette méthode consiste a toujours relier l'économie aux notions qu'il juge fondamentales de justice, d'égalité et de respect des propriétés.

Et en conséquence de respect scrupuleux, par l'Etat, de ses engagements vis-à-vis de ses créanciers.

Pour Benjamin Constant, le remboursement des dettes publiques est un impératif catégorique de la vie économique.

En 1815, éphémère Président du Conseil d'Etat durant les Cent-Jours, et à ce titre inspirateur et rédacteur de *l'Acte additionnel aux Constitutions de l'Empire,* il fera inscrire dans ce texte un article 63 qui stipule : « Toutes les créances sur l'Etat sont inviolables ».

Sous la Restauration, député de l'opposition libérale, il refusera souvent de voter le budget annuel des différents ministères « sauf, dira-t-il, ce qui a rapport à la dette publique ». Position qu'il explicitera en soulignant qu'il n'adopte dans la loi des comptes « que les articles nécessaires pour observer la foi jurée ».[228]

Foi jurée étant, évidemment, synonyme d'*engagements gouvernementaux irrévocables* pour ce qui est du remboursement des dettes.

C'est aussi pour contraindre les gouvernements à préserver leur notoriété dans le domaine de la finance et les forcer à respecter leurs engagements qu'il plaide en faveur de la publicité des comptes de l'Etat.

Ce en quoi il suivra l'exemple de Necker qui, en diffusant en 1781 l'état des finances de la France dans un retentissant *compte rendu au Roi*, avait prouvé et même théorisé l'impérieuse nécessité de la publicité des comptes gouvernementaux.

228 Ibid., tome 2, p. 129.

15

Transparence des comptes publics : dans le sillage de Necker

Cette exigence démocratique que nous nommons aujourd'hui *transparence* de la vie publique existe déjà chez Benjamin Constant sous le nom de *publicité* des comptes de l'Etat. Mieux : elle existe antérieurement chez Necker, que Constant a beaucoup lu et beaucoup fréquenté à Coppet au temps de sa liaison avec Madame de Staël. Mieux encore, on peut affirmer que Necker est l'un des pères de cette notion de transparence. En effet, en 1781, alors qu'il exerce les fonctions de ministre des Finances de Louis XVI, il prend l'initiative de rendre public un *Compte rendu au Roi* concernant la situation financière de la France. Ce document de plus de cent pages assorties de nombreux tableaux chiffrés connaît immédiatement un succès extraordinaire. Trente mille exemplaires sont vendus en quelques jours, véritable marée qui montera jusqu'à cent mille « chiffre jamais réalisé pour aucun livre jusqu'alors, la Bible exceptée ».[229]

Un tel succès populaire s'était déjà vu à plusieurs reprises dans le passé à propos d'austères écrits économiques.

Rappelons-nous l'accueil réservé en 1758 au *Tableau économique* de Quesnay. L'engouement avait été tel après la parution de cet ouvrage que les belles dames de la Cour de Louis XV n'avaient eu de cesse que de se faire expliquer par les économistes physiocrates les circuits complexes de la production, de la circulation et de la distribution des richesses.

Souvenons-nous aussi que quelques années plus tôt Voltaire avait ironisé sur un autre engouement touchant cette fois l'épineuse question des grains :

« Vers l'an 1750, avait-il écrit, la nation, rassasiée de vers, de tragédies, de comédies, d'opéras, de romans, d'histoires romanesques, de réflexions morales plus romanesques encore, et de disputes théologiques sur la grâce et sur les convulsions, se mit enfin à raisonner sur les blés [...] On écrivit des choses utiles sur l'agriculture ; tout le monde les lut, excepté les laboureurs. »[230]

Et cela devait se répéter par la suite, dans le domaine plus politique cette fois avec, en 1802, le coup de tonnerre du *Génie du christianisme* de Chateaubriand et, en 1847, le prodigieux succès de l'*Histoire des Girondins* de Lamartine. Dans le premier cas la France avait hâte de renouer avec son passé chrétien, dans le second elle était impatiente de retrouver sa légende révolutionnaire.

---

[229] Jean-Denis Bredin, *Une singulière famille, Jacques Necker, Suzanne Necker et Germaine de Staël*, Paris, 1999, Fayard, p. 109.

[230] Œuvres complètes de Voltaire, *Dictionnaire philosophique II*, Paris, 1878, Garnier, p. 11.

A part un phénomène de mode, de tels engouements révèlent souvent ou bien des centres d'intérêt nouveaux pour le public, ou bien des raisons d'inquiétude d'une société face aux incertitudes de son avenir.

Ou les deux à la fois.

C'était le cas pour le *Compte rendu* de Necker. Paru quelques années avant la Révolution française, il portait sur ce qui allait être l'une des causes de cette Révolution : le poids écrasant des impôts, et l'injustice de leur répartition.

Ce qui demeure d'une grande actualité dans le *Compte rendu* de Necker, ce sont les quelques pages de son introduction.

A elles seules elles constituent une véritable théorie de la transparence.

Cette théorie repose sur un double fondement : d'abord une justification de la publicité des comptes de l'Etat, ensuite une énumération de ses avantages.

La démarche intellectuelle de Necker s'apparente à celle des philosophes du XVIIIe siècle - que Madame Necker reçoit dans son célèbre salon - et qui entendent porter la lumière partout où subsiste « l'obscurantisme » que ce soit en religion, en métaphysique, en philosophie, en politique ou en économie.

Necker leur emprunte leur vocabulaire.

Ainsi dénonce-t-il « les ténèbres et l'obscurité » qui enveloppent la gestion de l'Etat et qui entretiennent la nonchalance des ministres en exercice.

Ainsi souligne-t-il que la publicité est de nature à « éclairer » l'opinion publique et à combattre « ces écrits obscurs » avec lesquels on essaie de troubler et d'ébranler la société « par des mensonges ».

Ainsi demande-t-il instamment au roi d'élever la publicité des comptes publics au rang « d'institution » permanente car la permanence d'une telle institution « sera la source des plus grands avantages ». D'abord pour le ministre des finances lui-même, « obligé de mettre au grand jour toute son administration », ensuite pour les autres ministres, mis en demeure de régler leur politique sur une connaissance exacte de l'état des finances, enfin pour une opinion publique composée de contribuables, lesquels pourront juger de l'utilisation de leurs impôts.

Necker en appelle à « l'immense crédit » dont jouit l'Angleterre et qui, précisément, repose sur la notoriété publique à laquelle est soumis l'état de ses finances :

« Chaque année, explique-t-il, cet état est présenté au Parlement, on l'imprime ensuite ; et tous les prêteurs connaissent ainsi régulièrement la proportion qu'on maintient entre les revenus et les dépenses, ils ne sont point troublés par ces soupçons et ces craintes chimériques, compagnes inséparables de l'obscurité. »

En France à l'inverse on a fait constamment un mystère de l'état des finances. Si bien qu'il a fallu s'en remettre « au caractère moral du ministre des finances », base instable et fragile. Il est important, selon Necker, d'asseoir la confiance sur des fondations plus solides :

« Dans tout ce qui tient au crédit et à la confiance, écrit-il, le génie de l'administration consiste principalement dans la sagesse, l'ordre et la bonne foi [...] Economiser, réformer les abus, perfectionner les revenus, et assurer de cette manière le gage des emprunts, sans violence et sans nouvelles charges pour les peuples ; voilà ce qui fait à la fois la sûreté des prêteurs et leur confiance. »[231]

Crédit, emprunts, sûreté des prêteurs, confiance : les grands mots sont lâchés pour justifier la publicité des comptes de l'Etat et aussi pour combattre, par cette même publicité, les grands maux issus de « l'obscurantisme » dans un tel domaine.

L'attitude de Benjamin Constant en tant que député intervenant dans les questions financières et budgétaires sera sur tous les points conforme aux idées de Necker : même volonté de porter la lumière dans les recoins les plus obscurs de la politique gouvernementale, même détermination à fonder la confiance nécessaire aux prêteurs sur la publicité des comptes de l'Etat à l'instant où le crédit et les emprunts s'installent comme moteurs de l'activité économique, même désir d'informer et de former une opinion publique, même souci de mettre dans les débats budgétaires la clarté et la franchise pour parler à la raison des élus et du peuple et non à leur imagination.

En témoigne cette allocution qu'il prononce le 30 juin 1820 sur l'importante question de la *spécialité* en matière d'examen du budget.

Depuis plus de trois ans la *spécialité* était une sorte de serpent de mer qui refaisait surface à chaque débat budgétaire. Ce terme générique et abstrait désignait une revendication de l'opposition libérale consistant à pouvoir voter le budget non plus par grandes masses de crédits affectés à chaque ministère mais en entrant dans le détail de leur affectation.

Les députés sont économes de la bourse du peuple, disaient en substance les députés libéraux. Comme tels, ils doivent être en droit de descendre le plus profond possible dans les détails des dépenses budgétaires de chaque ministre pour les approuver - ou les rejeter - par chapitres, services et articles. Voilà ce que l'on entendait par la méthode de la *spécialité.*

Une fois encore, derrière ce point de procédure, se cachaient d'importants problèmes politiques.

Pour Villèle, cette méthode était inconstitutionnelle car elle plaçait les ministres sous la dépendance de la Chambre, donc du pouvoir législatif, alors que selon la Charte ils étaient sous la dépendance du Roi, donc du

---

231 Toutes les citations entre guillemets sont extraites des trente premières pages du *Compte rendu au Roi*, dans *Œuvres complètes de M. Necker publiées par M. le baron de Staël son petit-fils*, Paris, 1820, Treuttel et Würtz, tome second, p.1 à 26.

pouvoir exécutif. De surcroît, descendre à ce point de détail dans l'affectation des crédits c'était lier les mains aux ministres et leur ôter toute possibilité d'adapter leurs dépenses aux surgissements d'événements inattendus, fréquents en politique. De leur côté, les libéraux soupçonnaient les ministres de vouloir étendre leur pouvoir en maintenant une certaine opacité autour de leur gestion.

C'est donc en faveur de la spécialité et, de nouveau, au nom de la transparence des comptes publics, que Benjamin Constant intervient dans le débat. Il le fait comme à son habitude, en mettant de la clarté et de la simplicité dans son propos :

« Nos adversaires, dit-il, prétendent que nous voulons l'absurde, et par conséquent ils ont un grand avantage à raisonner contre nous. Ils prétendent que nous voulons pousser la spécialité hors des bornes raisonnables, entraver le gouvernement ; mais nul de nous n'a cette intention. Nous voulons une spécialité légale, d'une exécution raisonnable et possible. Sans elle vous ne connaîtrez jamais l'emploi des deniers publics ; sans elle, des dépenses que vous aurez créées et que vous aurez unanimement votées, ne seront pas faites, et d'autres que vous aurez crues inutiles, que vous aurez rejetées, seront continuées ; sans la spécialité, vous aurez voté des fonds pour une armée, et l'on vous donnera un immense état-major ; sans elle, vous aurez voté des fonds pour des curés et vous aurez des évêques ; sans elle, quand vous aurez voté des fonds pour les employés, on augmentera les traitements des chefs et des directeurs généraux ; quand vous aurez enfin voté le nécessaire, on l'emploiera pour le superflu. »[232]

Dans le même débat, le général Foy, autre député libéral ami de Benjamin Constant, avait souligné lui aussi que la spécialité « c'est la véritable doctrine du gouvernement représentatif, et de tous ceux qui veulent l'ordre, la publicité et l'économie dans les finances ».[233]

Toujours en 1820, et toujours à la tribune de la Chambre des députés, Benjamin Constant va encore plaider en faveur de la transparence mais cette fois sous un aspect différent, celui des relations entre l'élu et ses commettants, autrement dit sous l'angle de l'obligation pour le député de rendre des comptes réguliers de son activité à ses électeurs.

---

[232] *Discours à la Chambre des députés*, op.cit., tome premier, p.108.

[233] Si l'on veut une vue complète de cette discussion sur la *spécialité* avec les interventions des divers orateurs, voir : *Archives parlementaires de 1787 à 1860*, sous la direction de Mavidal et Laurent, deuxième série (1800 à 1860), tome 29, pages 120 et suivantes. Sur Internet.

Signalons pour la petite histoire que la méthode de la *spécialité* dans les débats budgétaires ne sera instituée qu'après la Révolution de juillet 1830, par une loi de 1831. Aujourd'hui, les grands principes qui régissent l'activité budgétaire sont au nombre de cinq : annualité, unité, universalité, spécialité, sincérité.

On se souvient que Benjamin Constant avait proclamé que le budget « est l'arme du peuple contre les abus ». Toutefois, pour lui, le budget est, de surcroît, une façon d'instruire le peuple.

C'est le propos qu'il développe, toujours en profitant d'un débat budgétaire :

« Le vote du budget, explique-t-il, n'est pas seulement un avantage du gouvernement représentatif, sous ce rapport que les députés de la nation empêchent que les dépenses ne soient excessives. C'est encore un avantage sous ce point de vue, que les députés, en discutant contradictoirement les dépenses avec les ministres, se convainquent eux-mêmes de la nécessité de celles qu'ils allouent, et par leurs relations naturelles avec leurs commettants font pénétrer cette conviction dans la masse du peuple. Elle rend plus légères des charges d'ailleurs très pesantes, et c'est pour cela que l'on a remarqué que les pays qui jouissaient du gouvernement représentatif acquittaient sans se plaindre des contributions qui, imposées sans discussion par un pouvoir absolu, sembleraient intolérables.

« Cet avantage d'une Constitution représentative ne se borne point au budget seul. Il s'étend à toutes les parties de la législation. Chaque député, ne fût-ce que dans son intérêt personnel, explique à ses commettants pourquoi il a voté telle mesure ou tel impôt, et en supposant, ce qui peut arriver, l'impôt mal choisi ou la mesure défectueuse, l'explication indiquant les motifs et donnant l'espoir d'une rectification plus ou moins prochaine, réconcilie les contribuables et les gouvernés mêmes avec un mal présent, dont on leur laisse entrevoir le terme. Mais ce bien que produit le gouvernement représentatif, cette réconciliation salutaire qu'opèrent les communications naturelles entre les mandataires et les commettants, dépendent de la faculté qui doit être assurée aux premiers, de communiquer avec leurs départements, et de pouvoir leur faire connaître les raisons de leur conduite. »[234]

Ce qui signifie que cette « communication naturelle » doit exclure toute censure.

L'interprétation de Benjamin Constant des relations entre élus et électeurs dans le système représentatif, relations reposant sur la transparence des comptes publics pour une bonne information du peuple, sera combattue par Villèle. A l'époque, n'étant pas encore Président du Conseil, il s'exprimera comme chef de la majorité royaliste.

Selon lui, expliquer aux électeurs pourquoi les députés votent des impôts, pourquoi ils adoptent telle ou telle loi « ce serait le principe le plus dangereux à établir, principe prescrit par la Constitution ». Pourquoi ? parce que, selon Villèle, dès que les élus entrent dans la Chambre qui doit les recevoir après leur élection « ils ne sont plus députés de telle ou telle partie

---

[234] *Archives parlementaires*, op.cit., p.51.

de la France mais de toute la France. Si ce principe était méconnu, nous ne pourrions pas profiter longtemps du bénéfice de la Charte ».[235]

Ce qui n'empêche pas Benjamin Constant de continuer à penser que lorsqu'un ministre suit une mauvaise route « il n'y a d'autre moyen de l'en tirer que de donner à ses actes la plus grande publicité ».

Et l'un des moyens pour cette publicité, c'est la tribune parlementaire.[236]

Ce vaste débat qui a duré pendant toute la Restauration en faveur de la publicité, à la fois des comptes de l'Etat et de l'activité des ministres, révèle les liens étroits que Benjamin Constant établit entre, d'un côté, crédit public, dettes publiques, comptes publics et de l'autre côté information et formation du peuple, autant dire instruction publique au sens large.

Ami et proche des Idéologues, il partage leurs idées sur la nécessaire émergence, dans la société des Modernes, d'une opinion publique éclairée à partir d'une pédagogie utilisant tous les supports de l'époque : école, livres, conférences, journaux, tribune...

Au début de la décennie 1820 et au seuil d'une vaste révolution industrielle qui va faire de plus en plus appel à l'emprunt et à l'impôt pour son développement, il faut installer une révolution dans la révolution, à savoir la publicité la plus large possible des actions de l'Etat et en premier lieu la publication et la discussion de ses comptes lors de ce rendez-vous annuel qui s'appelle le budget.

Ici, Benjamin Constant, une fois de plus, rejoint Jean-Baptiste Say.

Car c'est Jean-Baptiste Say qui emploie le mot de *révolution* dans l'édition de 1817 de son *Traité d'économie politique* quand il écrit :

« Des contributions énormes levées sur des peuples sous des prétextes plus ou moins spécieux, n'ayant pas été suffisantes, il a fallu avoir recours au crédit ; pour obtenir du crédit, il a fallu montrer ses besoins comme ses ressources ; et la publicité des comptes de l'Etat, la nécessité de justifier aux yeux du public les actes de l'administration, a produit dans la politique une révolution morale dont la marche ne peut plus s'arrêter. »[237]

Et dont la marche, initiée par Necker, confirmée par Say, poursuivie par Constant, en effet, ne s'arrêtera pas.

---

235 Ibid., p.52.

236 Ibid., p.53.

237 Cité par Philippe Steiner dans son étude sur *Say, les Idéologues et le .groupe de Coppet*, Revue française d'histoire des idées politiques, 2003/2, N°18, p.348.

16

Population : Constant contre Malthus

Dans l'histoire de l'économie politique, l'époque de Jean-Baptiste Say et de Benjamin Constant est aussi celle de Malthus, leur contemporain, né un an avant eux, en 1766. Malthus, avec sa thèse sur la croissance de la population, inaugure, incarne et installe au cœur de la modernité un immense doute sur l'idée même de croissance et de progrès en multipliant, dans une version très pessimiste, les interrogations sur les rapports de la population avec les subsistances.

On se souvient que la question des subsistances, sous l'aspect principal du commerce des grains, avait agité la dernière partie de XVIIIe siècle. Au début du XIXe, cette question s'élargit pour devenir non plus seulement celle des grains mais celle de l'alimentation en général.

Avec Malthus et son *Essai sur le principe de population,* la production de subsistances est confrontée à la progression de la population. Cela va susciter chez les économistes d'intenses débats qui vont toucher à l'économie, à la politique, à la morale, à la vie de famille, au rôle de l'Etat et même à l'avenir de l'humanité.

Rappelons brièvement les idées principales de Malthus :

Si la population est livrée à elle-même, en clair si elle ne rencontre aucun obstacle sur sa route, elle s'accroît selon une progression géométrique (1-2-4-8-16-32, etc.). A l'opposé, la masse des subsistances ne s'accroît que selon une progression arithmétique (1-2-3-4-5-6...). L'effroyable conséquence de ce différentiel, c'est un déferlement de la population qui double tous les vingt-cinq ans face à une quasi-stagnation des ressources alimentaires.

Il s'agit là, selon Malthus, « d'une grande cause, intimement liée à la nature humaine, qui a agi constamment et puissamment dès l'origine des sociétés ».[238]

Ce déferlement de population peut être endigué soit par des obstacles naturels : guerres, épidémies, famines, catastrophes diverses ; soit par des obstacles artificiels que Malthus classe en trois catégories : la contrainte morale (contrôle des naissances par abstinence dans le mariage), le vice (prostitution) et le malheur (infanticides).

C'est en 1803 qu'il publie son *Essai sur le principe de population.* Il s'agit d'une deuxième édition, la première ayant parue anonymement en 1798.

---

[238] Malthus : *Essai sur le principe de population*, Paris, 1992, GF-Flammarion, tome 1, p.67.

De 1803 à 1826 six éditions vont se succéder, avec traduction en français, partielle d'abord en 1805 et 1809, puis intégrale lors de la cinquième édition.

C'est dire que les débats sur l'équation de la population et des subsistances, pour reprendre une expression de Joseph Garnier, irrigue l'époque.[239]

Sismondi viendra s'y mêler directement et Ricardo abordera la question de manière indirecte avec sa théorie de la rente et des rendements décroissants.

Dans un premier temps, l'ouvrage de Malthus aura le statut de livre incompris voire maudit. Il surgira dans le paysage intellectuel comme une sorte de spectre envoyé des enfers pour briser les rêves de perfectibilité et de progrès continus de l'espèce humaine. La nature n'est plus une mère aimante et bienfaisante comme chez Rousseau mais une marâtre qui exclut et tue ses propres enfants.

On accusera Malthus d'être le messager d'une « science sinistre ».

Cette chronologie, qui scande les différentes dates des diverses éditions de l'*Essai* et de sa traduction en français, est de nature à expliquer pourquoi, aussi bien chez Say que chez Constant, il y aura un *avant* Malthus et un *après* Malthus.

Si Jean-Baptiste Say ira au-delà du concept étroit de subsistances pour approfondir le problème global de la production des richesses dans une perspective optimiste de productivité, Benjamin Constant s'interrogera dans un premier temps sur les interventions de l'Etat dans un tel domaine avant de critiquer les moyens que propose Malthus pour adapter la population au volume des subsistances.

L'avant Malthus, chez Jean-Baptiste Say, c'est le *Traité d'économie politique* qui, précisément, date lui aussi de 1803 et aura, lui également, plusieurs éditions. Sans avoir lu encore Malthus, Say partage néanmoins cette constatation première et, selon lui, évidente, à savoir que « le nombre des hommes se proportionne à la quantité des produits ». Pour Say, il s'agit là « d'une vérité reconnue par la plupart des auteurs qui ont écrit sur l'économie politique, quelque variées que soient leurs opinions sur presque tout le reste ».[240]

En revanche et à l'opposé de Malthus, Say emploie, comme on vient de le voir, le terme de *produits* et non de *subsistances*. Cela s'explique quand on aura rappelé que pour Say « les produits s'achètent avec des produits ». Cela signifie qu'une industrie puissante fournissant beaucoup de produits manufacturés peut permettre, par l'échange, d'obtenir les subsistances

---

[239] *Du principe de population*, par Joseph Garnier, introduction de Gustave de Molinari, Paris, 1885, Guillaumin, p.9.

[240] Jean-Baptiste Say, *Traité d'économie politique, ou simple exposition de la manière dont se forment, se distribuent, et se consomment les richesses*, Paris, 1803, Crapelet, tome 1, p.391.

nécessaires à la vie, soit à l'intérieur des frontières, soit à l'étranger par le développement du commerce maritime :

« La Hollande, écrit-il, se procure du blé avec ses toiles. »[241]

Dans cette différence d'avec Malthus, Say dépasse donc le concept de subsistance au sens étroit de ressources alimentaires pour intégrer dans sa réflexion en plus de ce qu'il nomme des « denrées nourrissantes » les denrées *vêtissantes*, *logeantes* et *meublantes*. Ces dernières, produites par l'industrie pour satisfaire des besoins indispensables hors nourriture, peuvent être échangées contre des denrées « nourrissantes ». Si bien qu'il distingue plusieurs sources d'approvisionnement pour ce qui concerne les subsistances : l'agriculture elle-même dont c'est la finalité première, l'industrie par échange de ses produits contre des produits agricoles et enfin le commerce extérieur par importation de denrées agricoles contre exportation de produits manufacturés. On mesure ainsi l'importance, pour Say, de ces trois libertés économiques - de produire, d'échanger, de commercer - relativement à la question des subsistances.

C'est dans la seconde édition de son *Traité*, parue en 1814, que Say évoquera Malthus pour la première fois. Après avoir réaffirmé « que la population des Etats se proportionne toujours à la somme de leurs produits », il cite nombre d'auteurs qui partagent ce point de vue et ajoute : « Voyez surtout *l'Essai sur la population* de Malthus, ouvrage rempli de recherches et de raisonnements judicieux, qui mettrait cette vérité hors de doute si elle avait été contestée ».[242]

Toutefois, c'est dans son *Cours complet d'économie politique,* qui paraît en 1828-1829 que Say, en sept chapitres, soit une centaine de pages au total, affiche ses profondes divergences non avec le principe énoncé par Malthus mais avec les conséquences pratiques qu'il en tire : alors que Malthus met l'accent sur des mesures visant à réduire la population, Say prend une attitude diamétralement opposée en insistant sur la nécessité de multiplier les produits pour multiplier les « denrées nourrissantes ».

Pour Malthus, quand la population touche la borne des subsistances il faut réduire la population. Pour Say, il faut déplacer la borne, et cela pour agrandir le champ de la production :

« Lorsque la production est insuffisante pour la population, écrit-il, ce n'est pas la population qu'il faut réduire, c'est la production qu'il faut accroître. [...] Tous les genres d'industrie sont donc des éléments de population. »[243]

---

[241] Ibid., p.386.

[242] *Traité d'économie politique*, seconde édition, Paris, 1814, Renouard, tome second, p.147et 148.

[243] Jean-Baptiste Say, *Cours complet d'économie politique pratique* Paris, 1840, Guillaumin, tome second, p.166 et 136.

De cette opposition naîtront les qualificatifs de *pessimiste* et *d'optimiste* pour caractériser les économies politiques de Malthus d'un côté et de Say, de Constant et de leurs disciples de l'autre côté.

Chez Benjamin Constant aussi, comme chez Say, il y a un *avant* et un *après* Malthus.

L'avant Malthus, c'est son ouvrage *Principes de politique* dans la première version de 1806. Il y consacre un chapitre au thème de la population mais analysé sous l'angle des interventions des gouvernements en faveur de l'accroissement de la population. Car les Etats n'ont pas pu s'empêcher d'intervenir dans un tel domaine. Ils ont longtemps considéré que leur force, ne serait-ce que militaire, était assise sur une population nombreuse :

« Ils pensaient, écrit Benjamin Constant, avoir un intérêt évident à se mêler de la population. Elle fait leur force la plus réelle. Ils ne savaient pas que par cela même qu'ils dirigeaient sur elle leur autorité, ils ne pouvaient que lui nuire. »[244]

Du coup il y a, selon lui, deux types de calamités qui pèsent sur la population : les calamités naturelles et les calamités gouvernementales :

« Les unes, explique-t-il, influent immédiatement sur la population. Telles sont les épidémies, les inondations, les tremblements de terre, les émigrations, la guerre enfin, considérée non pas sous son rapport politique, mais dans son effet instantané de moissonner une partie de la population d'un pays. Les autres influent d'une manière médiate. Tels sont les vices des institutions et les vexations des gouvernements. Les premières détruisent les hommes qui existent. Les secondes empêchent de naître les hommes qui naîtraient. »[245]

Toutefois, après avoir subi des calamités naturelles, le paysan se remet au travail. Il laboure de nouveau, bâtit, se marie sur des champs bouleversés par la guerre car la paix étant venue « il se croit sûr que l'armée dévastatrice s'est éloignée pour toujours ».

Benjamin Constant décrit là un phénomène que l'on appellerait de nos jours : la « résilience ».

Il n'en va pas de même sous un gouvernement oppresseur qui maintient sa population dans une inquiétude permanente en lui arrachant les moyens de nourrir et d'élever une famille :

« L'homme, constate Benjamin Constant, se console très vite des calamités qui lui paraissent momentanées [...] La nature a mis le remède à côté de tous les maux qui viennent d'elle. Elle a doué l'homme d'une faculté qui paraît de l'insouciance ou de l'imprévoyance et qui dans le fait est de la

244 *Principes de politique*, op.cit., p.278.
245 Ibid.

raison. Il sent que les inconvénients qui naissent de la nature, ne se renouvellent qu'à des époques éloignées l'une de l'autre, tandis que ceux qui naissent du caprice de ses semblables pèsent à chaque instant sur lui. Les vices des gouvernements donnent de la durée à quelques causes de dépopulation qui, sans ces vices, ne seraient que passagères. Il faut en conséquence considérer ces causes sous un double rapport, comme nuisant à la population d'une manière directe et comme y nuisant encore en tant que multipliées par les erreurs des gouvernements [...] Les gouvernements n'ont aucune mesure directe à prendre relativement à la population. Ils doivent respecter le cours naturel des choses. Que les individus soient heureux, c'est-à-dire que chacun soit libre de chercher son bonheur, sans nuire à celui des autres, la population sera suffisante.»[246]

En conséquence l'équation de la population et des subsistances, chez Constant, s'exprime, se résume et se résout dans un mot : liberté.

Et c'est ici qu'il rejoint Say :

« Le principe de la population, proclame-t-il, c'est l'accroissement des moyens de subsistance. Le principe de l'accroissement des moyens de subsistance, c'est la sûreté et le repos. Le principe de la sûreté et du repos, c'est la justice et la liberté. »[247]

Justice et liberté, mots auxquels il faut ajouter celui d'égalité, tels sont les impératifs que l'on retrouve chez le Benjamin Constant de l'après Malthus, celui qui se manifeste dans le *Commentaire sur l'ouvrage de Filangieri* qui paraît en 1822-1824.

Après avoir lu *l'Essai sur le principe de population*, il y explique sa position à partir d'une double considération. Il adopte lui aussi le principe de Malthus - qu'il juge incontestable - selon lequel la population est dans la dépendance des subsistances mais il rejette les mesures proposées pour contraindre la population à se régler sur le niveau des subsistances. Pour Constant comme pour Say, le curseur c'est l'accroissement des subsistances et ce curseur doit être poussé le plus loin possible dans le sens du développement de toutes les productions.

Benjamin Constant reproche à Malthus de s'attaquer à la classe la plus pauvre de la société, parce que la plus nombreuse, en voulant, d'une part lui imposer sa fameuse contrainte morale fondée sur l'abstinence et, d'autre part, la priver des aides sociales dont elle bénéficie. Ce système répressif « lui répugne ». S'il a voulu le juger « en connaissance de cause », il s'en est approché « avec un effort pénible » et a dû jeter un regard « sur un objet désagréable ». Selon lui, la contrainte morale que prêche Malthus est une utopie. Vouloir l'imposer « c'est se bercer volontairement d'illusions et de rêves ».

---

[246] Ibid., p.279 et 283.
[247] Ibid., p.284.

Et de demander :

« De bonne foi, croit-on vaincre ainsi la nature ? Et le penchant qui donne du courage aux plus timides, qui jette dans la frénésie les plus paresseux ; le penchant qui a été créé le plus invincible, parce que sur lui repose la perpétuité des espèces ; ce penchant qui brave la mort, la douleur, toutes les considérations, toutes les craintes, cédera-t-il à quelques raisonnements métaphysiques ? »

De surcroît cette utopie est inhumaine car elle exclut tout sentiment de sympathie et de pitié. En totale opposition à Malthus, Benjamin Constant proclame que c'est surtout pour les classes pauvres que le mariage est désirable :

« Les mariages des pauvres, souligne-t-il, ont beaucoup d'inconvénients matériels sans doute ; mais n'est-ce rien que d'ouvrir à ces êtres, dépouillés de tout, des trésors d'affection qui remplacent pour eux les trésors de la fortune, que nous avons tellement peur qu'ils nous enlèvent ? Malgré tous les inconvénients de la multiplication des enfants dont la subsistance est incertaine, c'est surtout pour le pauvre que le mariage est désirable et indispensable. »

Elargissant sa critique, Benjamin Constant attaque alors l'ordre social de son temps, « froid et compassé » qui, pour la plus grande commodité des classes riches, veut priver les classes pauvres de toutes les consolations qui résultent du lien conjugal et de la paternité :

« On dirait qu'aujourd'hui nous en sommes venus à ce point que la naissance d'un enfant qui n'a pas sa subsistance assurée nous alarme comme l'approche d'un voleur prêt à nous prendre ce que nous avons. C'est aussi pousser trop loin, je le pense, les privilèges de la propriété [...] Si la classe pauvre multiplie, que la classe aisée se serre et se gêne [...] En attendant, laissez aller les choses. La nature par ses rigueurs, l'intérêt personnel par ses calculs, mettront des bornes à la population, et la bienfaisance la soulagera, surtout si vous n'érigez pas aussi en délit la bienfaisance ». [248]

Avec Malthus, un autre économiste, au demeurant ami et familier de Coppet, se retrouve au centre de sa cible.

Il s'agit de Sismondi.

Dans ses *Nouveaux principes d'économie politique* publiés en 1819, Sismondi ne s'est pas contenté de souscrire aux mesures répressives de Malthus, il les a exagérées et durcies :

« C'est un devoir, écrit-il, de ne pas se marier quand on ne peut point assurer à ses enfants le moyen de vivre [...] Le magistrat est appelé à faire respecter tous les devoirs réciproques : il n'y a point d'abus d'autorité à ce qu'il empêche le mariage de ceux qui sont le plus exposés à oublier ce

---

[248] Toutes les citations sont extraites du chapitre V intitulé *Du système de M. Malthus relativement à la population* du *Commentaire sur l'ouvrage de Filangieri*, op.cit., p. 129 à 137.

devoir [...] Le mariage des mendiants ne devrait jamais être permis [...] Le mariage de tous ceux qui n'ont aucune propriété devrait être soumis à une inspection sévère. »

Faire intervenir ainsi la loi, le magistrat, l'interdiction, le devoir, l'inspection, la propriété « pour imposer le célibat à toute la classe pauvre » suscite l'indignation de Benjamin Constant. Il dénonce une prohibition qui serait « aussi oppressive qu'immorale », qui fait des ouvriers « une caste réduite à la plus déplorable dépendance », qui utilise l'économie politique pour reconstituer de fait « la plus oppressive féodalité », qui rétablit des institutions « tyranniques et absurdes » dans une Europe où l'industrie promettait d'établir « le plus haut degré de liberté individuelle ».

Et Benjamin Constant de constater, à propos de Sismondi :

« Je crois que l'enthousiasme avec lequel il a adopté le système de M. Malthus, et le désir de rendre ce système plus applicable en pratique que ne l'avait essayé l'auteur anglais, l'ont entraîné dans des erreurs graves. Il a voulu faire par la loi ce qu'il est impossible de faire par la loi ; et comme il arrive aux meilleurs esprits trop fortement préoccupés d'une idée, ne voyant point d'efficacité dans les moyens que M. Malthus avait proposés, il a cru résoudre le problème en invoquant l'intervention à laquelle on recourt toujours en désespoir de cause, et qui, lorsqu'elle sort de sa sphère, fait habituellement plus de mal que de bien, je veux dire l'intervention directe et menaçante de l'autorité. »[249]

---

[249] Citations extraites du chapitre VI du *Commentaire* intitulé : *Des écrivains qui ont exagéré le système de M.Malthus*, op.cit., p.138 à 144.

17

Benjamin Constant et la question sociale

En 1822-1824, au moment où Benjamin Constant publie les deux volumes de son *Commentaire sur l'ouvrage de Filangieri*, la question sociale - comme on dira plus tard - se pose déjà au cœur de la révolution industrielle naissante.

Et Benjamin Constant le sait.

Pour en parler, il emploie déjà les mots d'aujourd'hui : ouvriers, prolétaires, classes, conditions sociales, monopole des riches...

C'est précisément dans le *Commentaire* qu'il évoque la situation du prolétaire de son temps dont la condition l'oblige, « tantôt à descendre au fond des abîmes, tantôt à s'enterrer dans des ateliers où il respire à peine ».[250]

Ces ateliers sous terre évoquent par anticipation les caves de Lille qui seront l'occasion en 1851 d'un retentissant et émouvant discours de Victor Hugo.[251]

Ainsi, avec plus de vingt ans d'avance sur Hugo, et même avec quinze ans d'avance sur le docteur Villermé qui, en 1840, publiera son angoissant rapport sur la situation des ouvriers du textile, Benjamin Constant aura placé la question sociale au centre de ses réflexions. Il l'aura fait à partir d'une critique de Malthus et au nom de l'égalité. D'une égalité entraînant le droit au mariage, à la vie de famille, à la paternité pour les classes les plus déshéritées.

C'est l'occasion ici de redire et de souligner à nouveau à quel point l'égalité, avec la liberté et la justice, sont les foyers de la pensée de Benjamin Constant.

Liberté, égalité, justice, analysées comme vecteurs de l'évolution de l'espèce humaine dans une perspective de progrès à travers les siècles, sont en effet les mots qui peuvent caractériser Benjamin Constant dans toute sa diversité : le philosophe, le politique, le journaliste, le parlementaire, l'économiste, l'historien du sentiment religieux, l'observateur, enfin, des conséquences sociales de l'irruption d'un nouveau monde industriel en passe de renverser le vieux système féodal qui se meurt.

Que la révolution industrielle soit là et bien là ne fait aucun doute.

---

[250] *Commentaire sur l'ouvrage de Filangieri*, op.cit., p.143.

[251] Victor Hugo, *Le Droit et la Loi et autres textes citoyens,* Paris, 2002, éditions 10/18. Le texte sur les caves de Lille se trouve à la page 283 (il s'agit d'un discours écrit mais qui n'a pas été prononcé, rédigé après une visite que Hugo avait faite à Lille à la demande de l'économiste libéral Adolphe Blanqui).

En témoigne l'activité textile et plus précisément la filature du coton, fer de lance de l'innovation technique. La France se couvre de manufactures. La ville de Rouen commence d'être appelée le *Manchester français*. Les héritiers de Saint-Simon posent les bases d'une philosophie positive à orientation sectaire que Benjamin Constant fustige du nom de *papisme industriel*. Stendhal ironise sur l'arrogance de ces nouveaux riches issus de l'industrie qu'il appelle avec dérision les *marchands de calicots*.

Cette émergence d'une nouvelle économie avait été décrite quasi scientifiquement quelques années plus tôt par Chaptal dans son ouvrage *De l'industrie française* :

« La filature de coton par mécanique, avait-il écrit en 1819, n'était presque pas pratiquée en France il y a trente ans [...] Depuis cette époque, des établissements immenses se sont formés de toutes parts ; les mécaniques les plus parfaites ont été importées d'Angleterre et perfectionnées : la filature du coton par mécaniques est devenue, en peu d'années, une de nos branches d'industrie les plus importantes. »[252]

Enfin, plus près de Benjamin Constant, Jean-Baptiste Say, rappelons-le, avait fondé en 1805 dans le Pas-de-Calais une filature de coton qu'il avait revendue en 1812 et qui avait compté jusqu'à 400 ouvriers.

On ne s'étonnera donc pas de rencontrer un Benjamin Constant attentif aux problèmes sociaux que pose ce nouveau monde.

Comme pour l'économie, il ne faut pas chercher ses positions sociales dans un ouvrage qui serait spécialement dédié à cette question, ni même dans quelques chapitres spécifiques de ses livres politiques. Ses positions sociales présentent la particularité d'être présentes dans toute la diversité de ses écrits : livres, articles, discours, conférences, correspondances, quelles que soient leurs dates de rédaction. De surcroît, si elles sont élaborées en fonction d'événements d'actualité, elles sont toujours rattachées à une philosophie générale qui pourrait être résumée par le terme de *sympathie* au sens que lui donnait Adam Smith (sensibilité pour la souffrance d'autrui), autrement dit compassion, altruisme, pitié, attention aux autres. « Cette sympathie, écrit Constant, qui est la base des associations humaines et la qualité première de l'homme en société. »[253]

En témoigne ce passage où, à propos de l'organisation de la justice, il demande que l'autorité distingue bien, dans la gradation des peines, ce qui est attentat contre la vie des personnes de ce qui est attentat contre les propriétés :

« Quand on considère, explique-t-il, l'état de misère ou de privation perpétuelle auquel, dans toutes les sociétés humaines, une classe nombreuse

[252] Chaptal, *De l'industrie française*, op.cit., tome second, p.4.

[253] *Ecrits politiques*, op.cit., p.580.

et déshéritée est toujours réduite ; quand on se représente dans combien de circonstances le travail même n'offre à cette classe qu'une ressource, ou illusoire, ou insuffisante ; quand on réfléchit que d'ordinaire cette ressource lui manque alors qu'elle en a le plus besoin, et que, plus il y a d'indigents à qui le travail serait nécessaire, plus il leur est difficile d'obtenir ce travail, qui seul les préserverait de la mort ou du crime ; quand on se peint ces malheureux, environnés de leurs familles, sans abri, sans nourriture et sans vêtements ; et qu'en descendant au fond de son propre cœur, on se demande ce qu'on éprouverait à leur place, repoussé par la dureté, blessé par l'insolence, l'on devient moins impitoyable pour des délits qui ne supposent pas, comme l'homicide, l'oubli des sentiments naturels. Le meurtre est la violation des lois de la nature ; les attentats contre la propriété sont la violation d'une convention sociale. Cette convention sévère doit être observée. La loi doit s'armer pour la maintenir : mais elle ne doit pas, dédaigneuse de toutes les gradations du crime, frapper de la peine réservée à celui qui s'est montré sans pitié, le malheureux qu'a peut-être égaré la pitié même pour les souffrances qui l'entourent. »[254]

Quand il sera député sous la Restauration, Benjamin Constant prolongera ses réflexions sur les rapports entre pauvreté et délinquance.

D'abord, il se prononcera pour le développement de l'instruction publique comme moyen de prévention du crime.

Le 30 juin 1828, dans un discours à la Chambre, il proclame :

« Qui dit crime dit ignorance ; et, jusqu'à présent, les efforts pour dissiper cette ignorance, sont bien incomplets et bien insuffisants. Je n'hésite pas à le proclamer : lorsqu'un gouvernement refuse à l'indigence les moyens de s'instruire, il appelle sur lui la solidarité de tous les attentats que l'absence de lumières entraîne ou multiplie ; et le condamné qui, dans son trajet vers l'échafaud, passe devant la demeure des dépositaires du pouvoir peut, à juste titre, devant Dieu et devant les hommes, les rendre responsables et de son crime et de son supplice. Son sang est sur eux ; car ils l'ont empêché de savoir ce qu'il faisait [...] Si nous avons paralysé cette intelligence, en lui disputant les moyens de se développer, c'est nous, nous seuls, qui sommes les vrais coupables. J'attends du gouvernement si, comme je le crois, il veut l'innocence, qu'il écartera tous les obstacles opposés au mode d'instruction le plus rapide et le plus efficace. »

Dans ce même discours, il réclame une nouvelle politique pénale permettant la réinsertion dans la société des détenus ayant accompli leur peine :

« J'attends encore du gouvernement, ajoute-t-il, qu'il fera disparaître de nos codes cette peine insensée qui interdit à l'homme une fois égaré tout retour à la vertu, cette peine que la liberté avait abolie et que le despotisme a

---

[254] Ibid., p.577.

repris comme son héritage, cette peine qui lance contre la société une classe flétrie, condamnée par là même à la récidive et à l'aggravation, comme unique moyen non seulement de se venger, mais de vivre. Il y aura justice dans ces deux mesures et il y aura également économie car les crimes, et par conséquent les frais judiciaires, seront diminués. »[255]

Rien de plus éclairant, par ailleurs, de plus marqué par l'actualité de l'époque et en même temps de plus « social », que la vaste question de la nature, des fonctions et de la finalité de la propriété, que nous avons évoquée dans un précédent chapitre. Répétons que la propriété touche à la fois au juridique comme droit inscrit dans la Déclaration de 1789, à l'économique comme moteur irremplaçable de la production, à la politique comme convention sociale donnant la capacité de voter et d'être élu en régime censitaire, à la promotion individuelle enfin comme moyen d'émancipation pour la personne quand elle peut y accéder.

On se souvient de la position, plus exactement des positions successives de Constant sur cette question et comment il a reconnu avoir évolué pour passer de la prééminence de la grande propriété foncière à la reconnaissance de l'importance de la propriété industrielle, la première n'étant que *la valeur de la chose* alors que la seconde est *la valeur de l'homme*. Surtout, on se souvient avec quelle vigueur il a milité en faveur de la « division » et de la « dissémination » de la grande propriété foncière qui doit être fractionnée pour devenir mobile et circulante à l'infini, bref liquide comme de la monnaie pour être accessible à tous. Dans cette affaire, son analyse s'appuyait sur le concept de *classe* : la classe des grands féodaux qui concentraient les terres entre quelques mains et les faisaient produire par une classe de « mercenaires », devait laisser la place, en raison de la loi d'évolution, à une nouvelle classe, celle des petits propriétaires.

Soulignons qu'à l'époque où Benjamin Constant avait écrit ces pages sur l'évolution sociale de la propriété, l'analyse du passé historique en termes de *classes* était la spécialité des auteurs libéraux. Ainsi d'Augustin Thierry et de sa thèse des races conquérantes et des races conquises ou de ses études sur l'origine du tiers état se constituant progressivement comme classe à partir de la liberté des communes.

Pour Benjamin Constant, un mode ancien d'organisation de la société, composé principalement de deux acteurs - le grand propriétaire foncier plus présent à la cour du roi que sur ses terres d'une part et ses « mercenaires » dont le destin est d'être cloués au sol d'autre part - est progressivement remplacé par un mode nouveau, à dominante industrielle, où les intérêts sont liés :

---

255 *Archives parlementaires*, op.cit., deuxième série, tome 55, p.437.

« L'ouvrier, souligne-t-il, voit dans la fortune de son chef le résultat du travail et de l'industrie ; il espère par le même chemin arriver au même but : aussi, il est prêt à défendre une position sociale qui peut être la sienne un jour. Mais le mercenaire, condamné pour toujours à des travaux qui enrichissent un autre homme, sans pouvoir jamais changer sa position, aperçoit bien davantage la barrière qui le sépare du propriétaire. »

Cette rencontre, cette conjonction « du travail et de l'industrie », en clair d'un travail libre de la terre et non plus assujetti, et d'une industrie diversifiée et non plus exclusivement agricole, permet à Benjamin Constant d'entrevoir la naissance, puis la montée en puissance de ce que nous nommons aujourd'hui la classe moyenne :

« L'armée de l'industrie, observe-t-il, s'accroît chaque jour ; quelques-unes des fortunes qu'elle crée égalent celles des plus grands propriétaires. Des classes intermédiaires plus ou moins opulentes, toutes dans l'aisance, viennent prendre place entre les riches et les simples ouvriers ; une chaîne se prolonge sans interruption depuis le plus pauvre journalier jusqu'au manufacturier millionnaire, et ses chaînons inégaux se lient par l'intérêt du jour, le souvenir de la veille, l'espoir du lendemain ; corps puissant, l'industrie étend sur tout ses vastes ramifications ; corps homogène, toutes ses parties se soutiennent et s'entraident, parce que toutes, dans des classes différentes, ont quelque chose à défendre. »[256]

Pour Benjamin Constant, le premier et grand bienfait de la Révolution française c'est celui qui compense tous les maux dont elle a été la cause, à savoir « l'introduction de la classe intermédiaire dans l'administration des affaires de l'Etat ».[257]

Avant la Révolution, c'étaient soit « des hasards heureux » soit « des faveurs qui n'étaient pas toujours méritées » qui appelaient au pouvoir, parfois, des hommes de la classe intermédiaire.

Mais c'étaient là des exceptions :

« La Révolution, continue Benjamin Constant, a changé cet état de choses. Les hommes de la classe intermédiaire, la force de la nation, entrent de plein droit dans le maniement des intérêts nationaux ; ils ne sont plus l'objet d'une condescendance insolente de la part d'une caste orgueilleuse. Il n'y a plus de privilège, plus de monopole politique. »[258]

Au chapitre des idées sociales de Benjamin Constant il importe d'évoquer aussi le combat qu'il a mené contre la traite des Noirs.

Il est vrai que le groupe de Coppet, avec Madame de Staël et Sismondi, était au premier rang de cette bataille.

---

[256] *Commentaire sur l'ouvrage de Filangieri*, op.cit., p.154.
[257] *Ecrits politiques* op.cit., p.721.
[258] Ibid., p.722.

Ainsi, avant que Constant, entre 1819 et 1830, n'usât de sa fonction de parlementaire pour presser le gouvernement de mettre fin à la traite, Madame de Staël, dès 1814, lors de la première abdication de Napoléon, avait profité de la présence à Paris des chefs d'Etats étrangers pour leur lancer un appel en vue d'obtenir l'abolition de la traite à l'échelle de l'Europe lors des négociations de paix qui allaient suivre.

S'appuyant sur l'exemple de l'Angleterre, qui avait aboli la traite sept ans plus tôt, elle avait souligné que dans ce pays les partis politiques opposés « se sont réunis pour un but aussi moral que religieux ». Et de souhaiter que les souverains rassemblés à Paris ouvrent leurs discussions « par un acte de bienfaisance ».[259]

Quant à Benjamin Constant, c'est dans plusieurs discours à la Chambre des députés et surtout dans un chapitre de son *Commentaire sur l'ouvrage de Filangieri*, qu'il dénonce la traite qui est, selon lui, « la combinaison du rapt, de l'incendie, du vol et du meurtre, accompagnée de la préméditation la plus froide et la plus réfléchie ».[260]

Il demande donc un renforcement de la législation pénale face à « cet attentat le plus révoltant contre tous les principes conservateurs de la justice et de la dignité de l'espèce humaine ».[261]

A la Chambre, il interviendra à plusieurs reprises, notamment lors de la discussion annuelle du budget de la marine, pour inciter le gouvernement à lutter plus fermement contre la traite. Rappelons que lors du congrès de Vienne la France, à l'instar des autres nations européennes, avait souscrit à l'idée d'abolition. En janvier 1817 une ordonnance de Louis XVIII avait confirmé cette position. Une première loi d'abolition avait été votée en avril 1818 mais elle était restée sans effet. La décision avait été prise d'en présenter une nouvelle, plus contraignante.

Promesse reportée d'une année sur l'autre.

D'où les interventions pressantes de Benjamin Constant.

C'est ainsi que dans la séance du 27 juin 1821 - deux ans après son élection comme représentant de la Sarthe - il avait annoncé, preuves à l'appui, que la traite, malgré l'ordonnance et la loi d'interdiction, continuait de se pratiquer :

« La traite se fait, avait-il assuré. Elle se fait impunément : on sait la date des départs, des achats, des arrivées ; on publie des prospectus pour inviter à prendre des actions dans cette traite ; seulement on déguise l'achat des esclaves en supposant des achats de mulets sur la côte d'Afrique, où jamais on n'acheta de mulets. La traite se fait plus cruellement que jamais, parce

---

[259] Mme de Staël, *Appel aux souverains réunis à Paris*, dans *Œuvres complètes*, Paris, 1821, Treuttel et Würtz, tome 17, p.376.

[260] *Commentaire sur l'ouvrage de Filangieri*, op.cit., p.109.

[261] Ibid.

que les capitaines négriers, pour se dérober à la surveillance, recourent à des expédients atroces pour faire disparaître les captifs. »

Et il avait lancé un appel à l'unité de tous les parlementaires :

« Messieurs, au nom de l'humanité, dans cette cause où toutes les distinctions de parti doivent disparaître, unissez-vous à moi pour réclamer la loi que le ministère nous avait promise. Exigeons, sous peine de refuser les fonds demandés, que dans cette session même la loi soit présentée. »

Dans ce même discours il avait dénoncé l'attitude inqualifiable du gouvernement de l'époque :

« Lorsque les Anglais prennent et confisquent les vaisseaux négriers, avait-il expliqué, ils émancipent les nègres. Quand on a demandé à M. le ministre ce qu'on faisait des nègres confisqués au Sénégal, il a répondu qu'ils devenaient la propriété du gouvernement et se livraient aux travaux de la colonie. A travers cette expression si douce, une vérité perce, c'est que malgré les promesses, les traités, les ordonnances royales, la traite se fait au profit du gouvernement ; il recueille le sanglant héritage des criminels qu'il frappe, et les nègres, enlevés à leur patrie au mépris des lois, deviennent esclaves. »[262]

Rappelons pour conclure sur ce point qu'à l'époque de Benjamin Constant, et surtout à partir de 1807, s'il existe un problème urgent, concret et capital, c'est bien celui de l'esclavage sous ses deux aspects de l'abolition de la traite et de l'abolition de l'esclavage lui-même dans les colonies.

Double exigence impérative sur tous les plans : humain, géographique, géopolitique, philosophique parce que, plus que toute autre, la question de l'esclavage pose en pleine lumière la relation entre le juste et l'utile, et cette question a été très tôt au centre de la réflexion de Benjamin Constant. La volonté, chez lui, de ne jamais séparer le juste de l'utile marquera à la fois son économie politique et sa philosophie morale et sociale.

---

[262] *Discours à la Chambre des députés*, op.cit., tome 1, p.548 et suivantes.

18

Prêt à intérêt : dans la lignée de Turgot et de Bentham

Dans la longue, très longue histoire de l'humanité, s'il existe un fait économique qui vient de loin - plus de 2000 ans avant Jésus-Christ - c'est bien le prêt à intérêt.

Et s'il y a quelque chose qui a été comme jamais critiqué, contesté, vilipendé, condamné, anathématisé - et longtemps interdit - c'est encore le prêt à intérêt.

Théologiens, philosophes, moralistes se sont ligués durant des siècles pour vouer aux gémonies cet instrument de Lucifer.

En France, le prêt à intérêt fut interdit par Charlemagne en 789. Il ne sera rétabli que mille ans plus tard, en 1789, au début de la Révolution française.

Si le prêt à intérêt a soulevé de telles passions dans différents pays, différentes civilisations, différentes religions c'est qu'il touche à tous les domaines : l'économique, le juridique, le politique, le théologique, le social, le moral. Et l'on pourrait même ajouter le littéraire dès lors que l'usurier sera devenu un personnage central chez certains romanciers de renom qui s'en serviront pour explorer les tréfonds de la nature humaine. L'avidité exploitant sans scrupule la détresse a souvent pris la figure du vieil usurier.

Bref, l'histoire a montré que le prêt à intérêt fut longtemps le prétexte des délires de l'imagination plutôt que l'objet des rigueurs de l'observation.

Ce sont les hommes des Lumières et les économistes libéraux qui le remettront à sa vraie place par une étude objective et quasi scientifique de son rôle dans le mécanisme de la production des richesses.

On se souvient que l'une des grandes ambitions des philosophes et des encyclopédistes du XVIIIe siècle était, derrière Voltaire, de lutter contre les préjugés au nom de la raison. Or, l'un des domaines les plus envahis par les préjugés était bien celui du prêt à intérêt : louer un capital monétaire comme on loue une terre, en recevoir une rémunération annuelle comme on reçoit un fermage, éventuellement vivre sans travailler de ce type de revenu, voilà ce qui était vivement dénoncé par les théologiens et les moralistes.

Un économiste et un juriste, le premier en France et l'autre en Angleterre, vont contribuer puissamment au grand mouvement de réhabilitation du prêt à intérêt.

En France, c'est Turgot, dans deux écrits lumineux, *Réflexions sur la formation et la distribution des richesses* en 1766 et *Mémoire sur les prêts d'argent* en 1770, qui va lutter contre de tels préjugés non par la polémique mais par une sorte de « saut conceptuel » visant à banaliser et à dédiaboliser le prêt à intérêt pour en faire un simple outil - d'ailleurs nécessaire - dans l'art de créer des valeurs dans l'agriculture, l'industrie et le commerce. Puis, après avoir remis le prêt à intérêt à sa vraie place, celle indiquée par la raison et par l'évidence, il va argumenter en faveur de la légitimité du paiement de l'intérêt, non seulement par la théorie économique mais aussi par le droit.

La démarche de Turgot consistera donc à sortir le prêt à intérêt de la théologie, où il n'a rien à faire, pour le replacer dans la théorie économique, en le débarrassant, lors de ce transfert, de sa gangue de préjugés et en insistant sur la nécessité de laisser le niveau de l'intérêt se fixer, comme tous les autres prix, par confrontation de l'offre et de la demande d'argent :

Le prêt à intérêt, écrit-il dans ses *Réflexions,* « n'est exactement qu'un commerce dans lequel le prêteur est un homme qui vend l'*usage* de son argent, et l'emprunteur un homme qui l'achète, précisément comme le propriétaire d'une terre et son fermier vendent et achètent respectivement l'*usage* d'un fonds affermé [...] Le prix du prêt se fixe, comme le prix de toutes les marchandises, par le débat entre le vendeur et l'acheteur, par la balance de l'offre avec la demande [...] C'est une erreur de croire que l'intérêt de l'argent dans le commerce doive être fixé par les lois des princes : c'est un prix courant fixé comme celui de toutes les autres marchandises [...] et la loi ne doit pas plus fixer le taux de l'intérêt de l'argent qu'elle ne doit taxer toutes les autres marchandises qui ont cours dans le commerce. »[263]

De surcroît, l'argent que détient une personne étant une propriété, le droit qui s'applique à la propriété lui permet d'en user et même d'en abuser. Il peut garder son argent sous forme d'épargne, ou le vendre en achetant des marchandises, ou le louer en exigeant un intérêt « par la seule raison, souligne Turgot, que son argent est à lui ». Ainsi le droit vient-il renforcer l'analyse économique pour justifier l'intérêt comme loyer. Le prêt étant un contrat réciproque librement conclu entre deux parties et jugé avantageux par chacune, les moralistes qui l'ont condamné étaient « plus rigides qu'éclairés » et leurs prétextes s'apparentent à de la « frivolité ».

En Angleterre, c'est Jeremy Bentham qui publie en 1787 une série de lettres en faveur du prêt à intérêt, lesquelles seront réunies en volume sous le titre de *Défense de l'usure*. Il plaide lui aussi pour qu'on laisse à chaque individu la liberté d'emprunter aux conditions auxquelles il trouve et accepte de le faire. Il critique au passage Adam Smith qui, bien que favorable à l'intérêt, avait souhaité que l'Etat pénalise, par de hauts taux, les « prodigues » et « les hommes à projets ». Passe encore pour les prodigues mais Bentham ne manque pas de lui faire observer que ceux qu'il appelle

---

263 Turgot, *Formation et distribution des richesses*, textes choisis et présentés par Joël-Thomas Ravix et Paul-Marie Romani, Paris, 1997, GF-Flammarion, p.205 et 207.

« des hommes à projets » sont souvent des inventeurs et des créateurs et que de les pénaliser revient à entraver gravement l'innovation.

Se plaçant comme Turgot dans le cadre du droit et du respect des contrats, Bentham rappelle « la liberté pour les individus de faire leurs conditions comme ils le jugent convenables, dans leurs transactions pécuniaires ».[264]

Voilà donc quel est le fond du décor intellectuel à l'époque où Benjamin Constant va se prononcer à son tour sur cette importante question du prêt à intérêt dans la vie économique.

Il le fait dans ses *Principes de politique* (édition de 1806) au livre XII qui porte un titre très révélateur : *De la juridiction de l'autorité sur l'industrie,* autrement dit, en vocabulaire contemporain : Du rôle de l'Etat dans l'activité économique.

Il le fait avec d'autant plus d'insistance qu'après que Turgot et Bentham ont clarifié avec éclat la question et entraîné autour de leurs arguments une large majorité, on voit réapparaître dans certains cercles et certains écrits des considérations de nouveau de nature théologique :

« La question du taux de l'intérêt, explique-t-il, est peut-être celle sur laquelle, depuis quelque temps, on avait le mieux raisonné. Des hommes, fatigués probablement de voir que l'on s'entendait sur cette question, ont recommencé de nos jours à la considérer sous un rapport théologique. Je ne me sens guère disposé à l'envisager sous ce point de vue. Je dirai toutefois que, même religieusement, la prohibition de tout intérêt est un précepte absurde, parce que c'est un précepte injuste et qu'il est de plus inexécutable. La religion ne trouve point mauvais que le propriétaire d'une terre vive du revenu de sa terre. Comment défendrait-elle au propriétaire d'un capital de vivre du revenu de ce capital ? Ce serait lui commander de mourir de faim. »[265]

A ceux qui acceptent que l'argent fasse l'objet de prêts mais à condition que ce soit sans intérêt (c'est la thèse du « crédit gratuit » qui sera plus tard défendue par Proudhon dans un mémorable débat avec Frédéric Bastiat), à ceux-là Benjamin Constant répond que prêter de l'argent sans intérêt peut être un acte de bienfaisance, comme de faire l'aumône, donc « un acte particulier », mais ne saurait jamais devenir une règle de la conduite habituelle des hommes :

« Il est utile pour la société, souligne-t-il, que les capitaux soient employés. Il est donc utile que ceux qui ne les emploient pas eux-mêmes les prêtent à d'autres qui les emploient. Mais si les capitaux prêtés ne rapportent

---

[264] *Œuvres de Bentham, Défense de l'usure*, Bruxelles, 1830, Louis Hauman, p.39.
[265] *Principes de politique* (version de 1806-1810), op.cit., p.259.

aucun revenu, on aimera mieux les enfouir que les prêter, car on évitera les dangers du prêt. »[266]

Et puisque l'on invoque constamment l'autorité dans ce domaine, Benjamin Constant précise qu'en la matière l'autorité n'a que trois choses à faire :

1°/ Réprimer la fraude, autrement dit empêcher que l'on abuse de la jeunesse, de l'inexpérience ou de l'ignorance, que l'on ne prête à des enfants, à des mineurs, à tous ceux que la loi regarde comme incapables de veiller sur leurs propres intérêts. « Il suffit pour cela qu'elle ne reconnaisse pas les engagements que ces sortes de personnes pourraient contracter ».

2°/ Garantir les conventions légitimes et en assurer l'exécution. « Plus l'exécution sera facile et assurée, plus le taux de l'intérêt baissera. Car les prêteurs se font toujours payer les risques qu'ils encourent ».

3°/ Déterminer un intérêt légal, à côté des taux ordinaires libres. Mais - précision importante - cet intérêt légal fixé par l'autorité doit exister seulement pour le cas où le détenteur d'une somme ne la restituerait pas à l'échéance prévue. Dans ce cas litigieux, quand la justice exigera le remboursement de la somme prêtée, et s'il n'y a pas eu entre les parties de stipulation précise quant au taux de l'intérêt, le taux légal s'appliquera. C'est dire que l'on pourrait l'appeler aussi un taux *pénal*. C'est pourquoi Benjamin Constant demande que ce taux soit le plus haut qu'il est possible, car s'il était inférieur au taux ordinaire, le débiteur frauduleux se trouverait avantagé par rapport au débiteur de bonne foi.

Le rôle limité de l'autorité dans ce secteur entre dans le cadre de la philosophie générale de Benjamin Constant quant à la place de l'Etat dans la vie économique. On se souvient qu'il attribue à l'Etat une sphère propre pour ses interventions. Si, à l'intérieur de sa sphère, l'Etat doit être tout puissant pour agir, ses pouvoirs doivent être limités à l'essentiel, à savoir garantir la sécurité pour mieux permettre l'exercice des libertés dans tous les domaines.

Dans la question du prêt à intérêt, les trois points énumérés par Constant ressortissent précisément à la sécurité : réprimer la fraude, garantir les contrats et veiller à leur exécution, enfin protéger le prêteur contre les manquements de l'emprunteur :

« Toute intervention ultérieure de l'autorité sur cette matière est inique et manque son but, affirme-t-il. En limitant l'intérêt on excite l'usure [...] La grande majorité des prêteurs préférera toujours à des intérêts excessifs mais précaires, un intérêt plus bas mais assuré. Ils confieront donc en général leurs capitaux à la classe laborieuse et ménagère, qui,

---

[266] Ibid., p.260.

n'empruntant que pour se livrer à des spéculations profitables, peut à l'époque fixe remplir ses engagements. »[267]

Conclusion : le taux de l'intérêt ne doit pas être arrêté par l'Etat.

« Cet intérêt, comme le prix de toutes les marchandises, écrit Benjamin Constant, doit être réglé par la demande. Fixer le taux de l'intérêt, c'est introduire le maximum pour les capitaux et le maximum pour les capitaux a le même effet que pour les denrées. Il fait disparaître celles qui peuvent se placer ailleurs et rend plus chères celles qu'on vend en contravention avec la loi. Sans doute, il y a dans cette question une partie morale ; mais l'opinion seule peut prononcer sur cette partie morale et elle prononce toujours sagement. [...] Vous craignez l'excès des usures clandestines ; mais ce sont vos prohibitions qui les élèvent à ce taux. Permettez à toutes les transactions d'être publiques. La publicité les modérera. »[268]

Dans la question du prêt à intérêt comme dans toutes les autres, l'Etat doit donc avoir pour seul guide la boussole des droits dont l'aiguille aimantée lui indique le chemin des libertés. Son pouvoir, mieux son devoir principal consiste à sécuriser la route en évitant les écueils. C'est pour cette tâche de sécurité – mais pour cela seulement - qu'il doit disposer de pouvoirs étendus.

C'est là, on le sait, l'essence du contrat social selon Benjamin Constant.

---

[267] Ibid., 261.
[268] Ibid., p.262.

19

L'innovation est libératrice

Dans une conférence prononcée le 3 décembre 1825, analysant les caractères principaux de son époque, Benjamin Constant précise « qu'un nouvel ordre de choses s'annonce » et que tout ce qui sert de base à la vie physique aussi bien qu'à la vie morale se trouve « dans un mouvement accéléré, dans une fermentation toujours plus active ».

Et il range dans ce mouvement, dans cette fermentation, ce qu'il nomme « l'exploitation du monde matériel par les sciences ». Autrement dit ce que nous appelons aujourd'hui *l'innovation.*[269]

Si Benjamin Constant n'a pas développé au même degré que Jean-Baptiste Say l'importance et le rôle des découvertes techniques dans le processus de création des richesses, ni marqué avec la même insistance les places prépondérantes du chef d'entreprise et du savant dans la nouvelle économie des Modernes, il a toutefois abordé ce thème à plusieurs reprises mais sous un angle qui lui est propre et à un niveau supérieur en plaçant l'innovation au cœur de cette vaste perspective qui lui est chère de la perfectibilité de l'espèce humaine..

Selon lui, non seulement l'innovation s'inscrit dans le sens de la perfectibilité mais, mieux, ouvre la voie à cette perfectibilité.

Et l'innovation centrale, capitale, qui a permis jadis un immense pas en avant sur la route de la perfectibilité, ce fut l'invention de l'imprimerie.

Grâce à elle les acquis des générations précédentes peuvent être transmis aux générations futures :

« La découverte de l'imprimerie, souligne-t-il, a fourni aux hommes un moyen nouveau de discussion, une nouvelle cause de mouvement intellectuel. Cette découverte et la liberté de penser qui en est résultée ont été depuis trois siècles favorisées par certains gouvernements, tolérées par d'autres, étouffées par d'autres encore. Or, nous ne craignons pas d'affirmer que les nations chez lesquelles cette occupation de l'esprit a été encouragée ou permise ont seules conservé de la force et de la vie et que celles dont les chefs ont imposé silence à toute opinion libre ont perdu graduellement tout caractère et toute vigueur. »[270]

---

[269] *La tendance générale de notre siècle, considérée à la fois dans la manifestation de l'esprit d'industrie et dans l'expression du sentiment religieux* : Discours prononcé par Benjamin Constant dans la séance d'ouverture de l'Athénée royal de Paris, le 3 décembre 1825, *Revue encyclopédique*, tome 28, décembre 1825, p.661. Sur Internet/Gallica.

[270] *Principes de politique*, op.cit., p.124.

Comme Turgot, Benjamin Constant considère donc que cette innovation a marqué un tournant dans l'histoire des hommes en permettant le développement des communications sociales non seulement entre les individus mais également entre les peuples. Pour lui, imprimerie signifie publicité (au sens du XVIIIe siècle), c'est-à-dire diffusion des lumières et des idées dans tous les domaines par la liberté de penser, de parler et d'écrire et formation, à partir de là, d'une opinion publique éclairée.

D'où la place prépondérante de la liberté de la presse dans l'ensemble de son œuvre politique de même que dans ses réflexions sur l'économie :

« Restreindre aujourd'hui la liberté de la presse, écrit-il, c'est restreindre toute la liberté intellectuelle de l'espèce humaine. La presse est un instrument dont elle ne peut plus se passer. La nature et l'étendue de nos associations modernes, l'abolition de toutes les formes populaires et tumultueuses rendent l'imprimerie le seul moyen de publicité, le seul mode de communication des nations entre elles, comme des individus entre eux. La question de la liberté de la presse est donc la question générale du développement de l'esprit humain. C'est sous ce point de vue qu'il est nécessaire de l'envisager [...] Lorsqu'il n'y a dans un pays ni liberté de la presse, ni droits politiques, le peuple se détache entièrement des affaires publiques. Toute communication est rompue entre les gouvernants et les gouvernés. L'autorité pendant quelque temps, et les partisans de l'autorité peuvent regarder cela comme un avantage. Le gouvernement ne rencontre point d'obstacles. Rien ne le contrarie. Il agit librement mais c'est que lui seul est vivant et que la nation est morte. L'opinion publique est la vie des Etats. Quand l'opinion publique ne se renouvelle pas, les Etats dépérissent et tombent en dissolution. »[271]

Soulignons ces trois points :

- L'exploitation du monde matériel par les sciences ;
- La liberté de la presse comme condition du développement de l'esprit humain par la circulation et l'échange des idées ;
- L'opinion publique comme source du renouvellement de la vie des Etats.

Ils constituent les éléments fondamentaux, selon Benjamin Constant, de la société des Modernes, autrement dit de cette société industrielle qui explose et grandit à son époque et dont le moteur est déjà, et sera de plus en plus, les découvertes scientifiques donc l'innovation.

Science, liberté, opinion publique à quoi il faut ajouter lumières et morale : tout est lié chez Benjamin Constant, tout entre en mouvement, se conforte et s'épure dans le sens du progrès à la condition expresse que le gouvernement ne porte pas atteinte à la manifestation de la pensée :

---

[271] *Ibid.*, p.123.

« Toutes les facultés de l'homme se tiennent, affirme-t-il. L'industrie et l'art militaire se perfectionnent par les découvertes des sciences. Les sciences gagnent à leur tour aux perfectionnements de l'art militaire et de l'industrie. Les lumières s'appliquent à tout. Elles font faire des progrès à l'industrie, à tous les arts, à toutes les sciences, puis, en analysant ces progrès, elles étendent leur propre horizon. La morale enfin s'épure et se rectifie par les lumières. Si le gouvernement porte atteinte à la manifestation de la pensée, la morale en sera moins saine, les connaissances de fait moins exactes, les sciences moins actives dans leurs développements, l'art militaire moins avancé, l'industrie moins enrichie par des découvertes. »[272]

Tout cela se résume d'une phrase : c'est l'alliance, on pourrait même écrire la Sainte Alliance, de l'industrie et de la liberté dont la conséquence est l'affranchissement de l'individu car il peut désormais, grâce à cette alliance, trouver ses moyens d'existence en dehors de la protection et des faveurs du pouvoir. « Chacun s'est dit, constate Benjamin Constant, que la nature avait placé dans les facultés de l'homme des moyens de richesse, et qu'il était à la fois plus honorable, plus sûr et même moins pénible de les acquérir que de les mendier ».[273]

Par ailleurs, l'innovation présente cette qualité que, fruit de la pensée et de l'accroissement des lumières, son avenir sera cumulatif.

Et Benjamin d'expliquer :

« Chacune de nos découvertes en mécanique qui remplace par des instruments et des machines la force physique de l'homme, est une conquête par la pensée ; et d'après les lois de la nature, ces conquêtes devenant plus faciles à mesure qu'elles se multiplient, doivent se succéder avec une vitesse accélérée. »[274]

Certains philosophes, hostiles à la propriété, ont même envisagé une époque où la multiplication et l'accélération des innovations permettrait « une exemption totale du travail manuel ». Comme quoi le thème de *la fin du travail* n'est pas d'aujourd'hui et remonte même très loin dans le temps.

C'est cette « exemption totale » qui, selon eux, permettrait enfin d'abolir la propriété.

D'autres philosophes, allant moins loin, entendent s'appuyer sur les innovations pour répartir le travail de façon strictement égale entre tous les membres de la société.

Benjamin Constant rejette l'une et l'autre de ces utopies :

« Cette répartition, écrit-il, si elle n'était pas une rêverie absurde, irait contre son but même, enlèverait à la pensée le loisir qui doit la rendre forte et profonde, à l'industrie la persévérance qui la porte à la perfection, à toutes les classes les avantages de l'habitude, de la suite, de l'unité du but et de la

272 *Principes de politique*, op.cit., p.133.
273 *Revue encyclopédique*, op.cit., p.664-665.
274 *Principes de politique*, op.cit., p.177.

centralisation des forces. Sans propriété, l'espèce humaine existerait stationnaire et dans le degré le plus brut et le plus sauvage de son existence. Chacun, chargé de pourvoir seul à tous les besoins, partagerait ses forces pour y subvenir et courbé sous le poids de ces soins multipliés n'avancerait jamais d'un pas. L'abolition de la propriété serait destructive de la division du travail, base du perfectionnement de tous les arts et de toutes les sciences. La faculté progressive périrait faute de temps et d'indépendance ; et l'égalité grossière et forcée mettrait un obstacle invincible à l'établissement graduel de l'égalité véritable, celle du bonheur et des lumières. »[275]

Dans le cadre que lui assigne Benjamin Constant, l'innovation est donc libératrice :

« J'applaudis, proclame-t-il, à tous les moyens qu'on découvre pour dompter l'univers matériel et le faire servir à nos usages. Plus l'univers matériel sera dompté, plus nous aurons de loisir pour nous occuper de l'univers intellectuel, qui est le seul véritable. »[276]

A côté de l'innovation dans les sciences et les techniques, Benjamin Constant s'est intéressé à un autre type d'innovation : celle, plus délicate et plus subtile, qui concerne les institutions politiques.

Ce domaine, bien que sensible, se trouve soumis, comme le monde physique, à ce qu'il appelle « les changements inévitables ». Deux acteurs principaux y agissent qui vont, chacun à sa façon, ou permettre ou freiner l'innovation : l'opinion publique et l'Etat. Car s'il est vrai que les gouvernements sortent du sein des nations, il est également vrai qu'il est dans la nature des gouvernements d'être stationnaires tandis qu'il est dans celle des nations d'être progressives.

Avant d'aller plus loin, rappelons ce qu'est l'opinion publique dans la philosophie politique de Benjamin Constant.

Selon lui, l'opinion publique se résume d'une phrase : c'est une puissance au service de la liberté :

« Les citoyens, constate-t-il, ne s'intéressent à leurs institutions que lorsqu'ils sont appelés à y concourir par leurs suffrages. Or cet intérêt est indispensable pour former un esprit public, cette puissance sans laquelle nulle liberté n'est durable, cette garantie contre tous les périls que dans certains pays on invoque toujours, sans la créer jamais. C'est l'esprit public, résultat de l'élection populaire, qui a soutenu la Grande-Bretagne, au milieu de la guerre la plus dispendieuse et la plus acharnée. C'est par l'élection populaire que, sous des ministres ombrageux, la liberté de la presse a survécu à toutes les crises. Sans l'élection populaire, les citoyens d'un pays n'ont jamais ce sentiment de leur importance, qui leur présente la gloire et la

275 Ibid.

276 *Revue encyclopédique*, op.cit., p.668.

liberté de leur pays comme la portion la plus précieuse de leur patrimoine individuel. »[277]

L'opinion publique représente donc – autre expression de Benjamin Constant – « le vœu national ».

Et c'est ce vœu national qu'il faudra consulter pour innover dans le domaine des institutions :

« Une amélioration, une réforme, l'abolition d'un abus, toutes ces choses ne sont salutaires que lorsqu'elles suivent le vœu national. Elles deviennent funestes, lorsqu'elles le précèdent. Ce ne sont plus des perfectionnements, mais des actes de tyrannie. Ce n'est pas à la rapidité des améliorations, mais à l'accord des institutions avec les idées, qu'il est raisonnable d'attacher de l'importance. Si vous méprisez cette règle, vous ne saurez où vous arrêter. Tous les abus se tiennent, plusieurs sont liés intimement à des parties essentielles de l'édifice social. Si l'opinion ne les en a séparés d'avance, vous ébranlez tout l'édifice en les attaquant. »[278]

Et à ceux qui objectent qu'il est difficile de connaître le vœu national, il répond que si on laisse à l'opinion la faculté de s'exprimer en toute liberté, on connaîtra ce vœu sans peine.

Mais pour le bien connaître, que l'Etat se taise !

Et ici resurgit le rôle premier, central, essentiel de la liberté de la presse, encore plus précieux et plus nécessaire dans le secteur des innovations institutionnelles que dans celui des innovations techniques :

« Du choc des idées, observe Benjamin Constant, naîtra la lumière, et le sentiment général sera bientôt impossible à méconnaître. Vous avez donc ici, pour moyen aussi infaillible que facile, la liberté de la presse ; cette liberté à laquelle il faut toujours revenir ; cette liberté nécessaire aux gouvernements, non moins qu'aux peuples ; cette liberté, dont la violation est, sous ce rapport, un crime d'Etat.

« En second lieu, l'opinion modifie insensiblement dans la pratique les lois et les institutions qui la contrarient. Laissez-lui faire ce travail. Le temps, dit Bacon, est le grand réformateur. Ne refusez pas son assistance. Qu'il marche devant vous, il aplanira votre route. Si ce que vous instituez n'a pas été préparé par lui, vous commanderez vainement. Il ne sera pas plus difficile à vos successeurs d'abroger vos lois, qu'il ne vous l'a été d'en abroger d'autres, et il ne restera de vos lois abrogées que le mal qu'elles auront fait. »[279]

C'est donc non seulement une pratique mais aussi une véritable théorie de l'innovation en matière d'institutions qu'esquisse ainsi Benjamin Constant :

---

[277] *Principes de politique*, op.cit., p.340.

[278] *Ecrits politiques*, op.cit., p.280.

[279] Ibid., p.281.

« Toutes les institutions sociales, continue-t-il, ne sont que des formes, adoptées pour le même but, pour le plus grand bonheur, et surtout le plus grand perfectionnement de l'espèce humaine. Il y a toujours une de ces formes qui vaut mieux que toutes les autres. Si on peut l'introduire paisiblement, et obtenir pour elle un assentiment général et volontaire, nul doute que le gain ne soit réel. Mais si, pour l'introduire, il faut de la contrainte, des lois prohibitives, et leurs inséparables compagnes, des lois pénales, le mal l'emportera sur le bien [...] La marche de l'espèce humaine étant graduelle, toute innovation qui lui imprime une secousse violente est dangereuse ; mais cette marche étant en même temps progressive, tout ce qui s'oppose à cette progression est également dangereux [...] L'on a peur des bouleversements, et l'on a raison ; mais on provoque les bouleversements par un attachement aveugle et opiniâtre à des idées de stabilité exagérées, comme par des innovations imprudentes. L'unique moyen de les éviter, c'est de se prêter aux changements insensibles qui s'opèrent dans la nature morale comme dans la nature physique [...] Obéissez au temps ; faites chaque jour ce que chaque jour appelle ; ne soyez ni obstinés dans le maintien de ce qui s'écroule, ni trop pressés dans l'établissement de ce qui semble s'annoncer ; restez fidèles à la justice, qui est de toutes les époques ; respectez la liberté, qui prépare tous les biens ; consentez à ce que beaucoup de choses se développent sans vous, et confiez au passé sa propre défense, à l'avenir son propre accomplissement. »[280]

C'est aussi au nom de l'innovation considérée comme l'une des sources de la marche progressive de l'humanité que Benjamin Constant avait combattu l'école saint-simonienne.

Il craignait en effet que les saint-simoniens, en critiquant l'esprit de libre examen et en voulant faire advenir une époque positive qui serait un stade définitif de l'humanité succédant à beaucoup de stades transitoires, ne bloquent tout progrès, tout débat, toute recherche, toute ascension, bref, toute civilisation.

Pour lui, la vérité de l'humanité est dans le transitoire, non dans le définitif.

« Rien n'est définitif sur la terre, avait-il lancé aux saint-simoniens. Ce que nous prenons pour définitif n'est qu'une transition comme une autre, et il est bon que cela soit ainsi ; car ce qui serait définitif serait stationnaire, et tout ce qui est stationnaire est funeste. »

Et il les avait invités à être d'utiles collaborateurs « dans le grand travail qui se fait et qui doit se faire indéfiniment ».[281]

---

280 Ibid., pp.284, 289, 290.

281 *Revue encyclopédique*, op.cit., p.677.

Liberté de penser, de parler et d'écrire, innovation, opinion publique, lumières, progrès : ces mots forment un bloc chez Benjamin Constant.

Et ce bloc a nom : civilisation.

Mieux : civilisation industrielle.

Mieux encore : civilisation des Modernes.

Si ces notions d'innovation et de civilisation sont étroitement associées dans son esprit, il faut toutefois souligner qu'il s'est montré très prémonitoire dans la perception qu'il a eue des maux causés par cette civilisation nouvelle et surtout par son « exploitation scientifique du monde matériel ».

Ce en quoi il aura été une sorte d'écologiste avant l'heure et avant le mot.

Rappelons qu'en 1825 le développement industriel a déjà pris une telle ampleur, notamment en Angleterre et en France, que ses nuisance – ont dirait aujourd'hui ses externalités négatives – suscitent critiques et inquiétudes.

Elles portent principalement sur quatre secteurs :

- Les conditions sociales de travail dans les grandes manufactures de type manchestérien ;
- La relation, étudiée par Malthus, entre croissance de la population et production des subsistances ;
- Les crises de surproduction qui peuvent surgir dans une économie de production de masse ;
- Les conséquences sur l'emploi de l'irruption des machines dans les processus industriels.

Quatre économistes de l'époque vont dialoguer, parfois vivement, à propos de ces différentes préoccupations : Ricardo, Malthus, Jean-Baptiste Say et Sismondi.

Or il se trouve que Benjamin Constant connaît personnellement Sismondi, qu'il rencontre souvent en Suisse, à Coppet, chez Germaine de Staël, et avec qui il débat des conséquences du progrès technique à partir du développement des machines.

Il connaît aussi Jean-Baptiste Say, nous l'avons dit.

Enfin, il a argumenté et s'est prononcé sur les thèses de Malthus, comme on l'a vu dans un chapitre précédent, et l'on sait de surcroît l'intérêt qu'il porte depuis longtemps à la vie politique et économique de l'Angleterre. C'est dire que tout le porte à s'intéresser aux conséquences, dans tous les domaines, du développement industriel.

Ajoutons à cela que ses études approfondies sur l'histoire des religions, commencées alors qu'il était très jeune et poursuivies jusqu'à la fin de sa vie, de même que son implication personnelle, comme orateur, écrivain ou parlementaire dans les événements de son époque, lui ont donné à la fois le regard de l'historien sur le temps long de l'évolution de l'humanité et la curiosité du journaliste sur l'actualité. Il s'est donc forgé sa propre idée des civilisations humaines et des phases de régression qu'elles peuvent connaître :

« Chaque fois, relève-t-il, que le genre humain arrive à une civilisation excessive, il paraît dégradé durant quelques générations. Ensuite, il se relève de cette dégradation passagère, et se remettant, pour ainsi dire, en marche, avec les nouvelles découvertes dont il s'est enrichi, il parvient à un plus haut degré de perfectionnement. »[282]

Ce sont donc « de nouvelles découvertes » - donc de nouveaux progrès de la science et de l'innovation – qui aident l'humanité à trouver les remèdes à ses propres nuisances et à reprendre sa marche en avant.

En clair, ce n'est pas avec moins de civilisation mais au contraire avec plus de civilisation que l'on résout les maux du progrès.

Dans l'esprit de Benjamin Constant, pas question d'abandonner ce bénéfice capital du développement de l'industrie qui permet désormais à l'individu de trouver ses moyens d'existence « hors de la protection et des faveurs du pouvoir » ; pas question de plaider pour un retour à un stade antérieur de la société ; pas question de revenir au règne de l'agriculture et de la propriété foncière ; pas question de retomber dans ces temps obscurs de la théocratie sacerdotale où la faculté progressive est « frappée d'immobilité », où toute découverte « est interdite », où tout avancement « est un crime » et toute innovation « un sacrilège », où l'usage de cet art précieux qui répand et transmet au loin la pensée « est prohibé comme une impiété ».[283]

En langage d'aujourd'hui, on pourrait écrire que Benjamin Constant n'entend pas remédier aux maux de la croissance par la décroissance mais par une nouvelle et une meilleure croissance :

« La civilisation, conclut-il, est dans la destinée de l'espèce humaine. L'homme a été créé pour s'instruire, pour s'éclairer, et par là même pour s'adoucir et s'améliorer. Honte et malheur à ceux qui, par la force ou par la ruse, le détournent de la route qui lui est tracée ! Si la civilisation a des inconvénients, ils sont momentanés, et c'est à elle qu'il faut recourir pour y porter remède. Le mal qu'une civilisation imparfaite produit quelquefois, une civilisation plus parfaite le fait disparaître. »

Et il aura une formule frappante pour résumer sa pensée :

« La civilisation est la lance d'Achille : elle guérit les maux qu'elle cause. Ces maux sont passagers, et la guérison est éternelle. »[284]

Toutefois, il n'y a pas que la civilisation au sens général du terme qui peut subir des dégradations. C'est le cas également de la liberté de la presse en raison de certains de ses excès. Ici encore la lucidité de Benjamin

---

[282] *Revue encyclopédique*, tome 29, p.420.
[283] *Revue encyclopédique*, tome 28, op.cit., p.670.
[284] *Revue encyclopédique*, tome 29 op.cit., p.424.

Constant est remarquable. Ce qu'il dénonce dans les dérives de cette liberté conserve une grande valeur morale encore aujourd'hui - et peut-être même surtout aujourd'hui - après plus de deux siècles d'existence mouvementée de cette même liberté. Et au moment où les moyens d'information, avec l'irruption du numérique, connaissent un nouveau type de développement.

Ainsi dénonce-t-il - déjà ! - les attaques injustifiées contre les personnes quand ces attaques n'ont d'autre objet que la malveillance ou bien ne visent à éveiller dans le public qu'une « malignité curieuse ». Si de tels comportements se réclament de la liberté de la presse cela ne les empêchent pas d'être « très condamnables aux yeux de la morale ».

Et de proclamer :

« La vérité n'est pas nécessaire à dire quand elle ne fait que nuire aux personnes, sans conduire à des résultats utiles ; et quels sont les résultats utiles de ces anecdotes qui ne se rapportent qu'à la vie privée ou aux opinions fugitives de ceux qu'on traduit ainsi devant un tribunal qui n'est pas compétent pour les juger ? Les espions que l'autorité salarie me paraissent méprisables, mais je ne méprise pas moins les espions à la solde du public. »[285]

[285] Benjamin Constant, *Mémoires sur les Cent-Jours*, Paris, 1829, Pichon, p.XXIX.

20

Défense et éloge de la classe industrieuse « centre des lumières pratiques »

Si Benjamin Constant a eu une idée très précise de l'avenir d'une société moderne marchant vers la liberté et l'égalité, il a eu la même perception de la couche sociale qui incarnerait et porterait cette évolution.

Cette couche sociale, c'est la classe *industrieuse*, encore appelée indifféremment dans ses écrits classe *intermédiaire* ou classe *moyenne.*

C'est surtout dans les propos de ses dernières années – ses années parlementaires – que cette expression revient avec insistance jusqu'à former un concept nouveau, sorte de creuset où viennent se fondre économie et politique, égalité et justice, liberté d'entreprendre et liberté de la presse, droits individuels et esprit d'initiative, liberté des échanges et croissance économique.

Cette classe intermédiaire, dont il constate l'apparition, dont il décrit les contours, dont il souligne la progression, dont il annonce qu'elle est la classe de l'avenir, sort d'une double révolution : celle, politique, de 1789 et de l'abolition des privilèges, celle, industrielle, des décennies qui vont suivre.

Ces deux révolutions, en mêlant leurs eaux, accroissent leur puissance.

La révolution politique proclame des droits et, parmi eux, porte au premier rang le droit de propriété. La révolution industrielle aura besoin d'un tel droit comme moteur de son essor.

Soulignons au passage que Benjamin Constant n'est pas le seul, en son temps, a avoir décelé l'importance future de la classe intermédiaire. Plusieurs de ses contemporains avaient fait la même analyse.

Son ami Sieyès, dans un livre retentissant, avait posé une question révolutionnaire : Qu'est-ce que le tiers état ? Rien ! Que veut-il être ? Tout !

Tiers état étant ici synonyme de classe industrieuse.

Autre exemple, pris cette fois à l'autre bord de l'échiquier politique : Chateaubriand.

Après les funérailles d'Armand Carrel, journaliste directeur du *National,* tué dans un duel au pistolet par un autre journaliste, Emile de Girardin, Chateaubriand écrit :

« Beaucoup de rois, de princes, de ministres, d'hommes qui se croyaient puissants, ont défilé devant moi : je n'ai pas daigné ôter mon chapeau à leur cercueil ou consacrer un mot à leur mémoire. J'ai trouvé plus à étudier et à peindre dans les rangs intermédiaires de la société que dans ceux qui font porter leur livrée : une casaque brochée d'or ne vaut pas le morceau de flanelle que la balle avait enfoncé dans le ventre de Carrel. »[286]

C'est de la veille de la Révolution française que Benjamin Constant date la naissance de la classe intermédiaire. En effet, dans un discours qu'il prononce à la Chambre des députés en février 1827, il juge que cette classe est apparue comme telle il y a près de quarante ans, ce qui reporte son apparition vers 1787, juste avant la Révolution.

Au vrai, le terme « naissance » est inapproprié pour ce genre de phénomène historique, c'est plutôt l'expression *d'émergence dans l'espace public* qu'il faudrait employer pour caractériser les prémices d'un événement qui était en gestation depuis longtemps dans la société d'Ancien Régime.

Sur l'échelle de la sociologie, Benjamin Constant place cette classe nouvelle entre les « prolétaires » (l'expression est de lui) ou classe pauvre « que le travail mécanique absorbe », et la classe riche, qui confond ses intérêts propres avec ceux de la nation.

Pour lui, la classe intermédiaire est typiquement celle du commerce et de l'industrie quand ces deux activités succèdent à la guerre dans l'histoire de l'humanité.

Commerce et industrie requièrent des droits nouveaux, au premier rang desquels la liberté, ainsi qu'une profonde modification du statut de la propriété pour ouvrir la voie à une société des échanges pacifiés.

Si Benjamin Constant se fait le défenseur, le promoteur, le porte-parole de la classe intermédiaire c'est que, pour lui, elle incarne l'avenir et manifeste au grand jour ce mouvement historique qui porte l'humanité vers la liberté et l'égalité.

Elle incarne l'activité des lumières dans la vie économique.

D'où la fonction de « centre des lumières pratiques » qu'il attribue à cette classe. De nouveau, il convient d'évoquer ici Jean-Baptiste Say dont l'entrepreneur d'industrie, quand il fait alliance avec le savant pour mettre les découvertes scientifiques au service de la production de richesses est, par excellence, l'homme des lumières pratiques.

Les nouveaux droits, le nouveau statut de la propriété, les nouvelles garanties judiciaires, la possibilité de déléguer ses responsabilités civiques à un gouvernement représentatif, bref, l'indépendance individuelle et l'initiative personnelle protégées des emprises de l'Etat par la liberté de la presse - ce fortin avancé qui a pour vocation de défendre toutes les autres libertés - tout cela a pour ambition principale de permettre à la classe *des lumières pratiques* d'être l'accoucheuse d'un autre monde.

Au reste, il ne se contente pas d'évoquer la classe intermédiaire. Dans ses discours et ses brochures il en énumère les principales caractéristiques :

---

[286] Chateaubriand, *Mémoires d'outre-tombe*, Paris, 1973, Le Livre de Poche, tome 3, p. 681.

« Cette classe intermédiaire, affirme-t-il, repousse les appels séditieux : propriétaire, elle est attachée à l'aire qui garantit ce qu'elle possède ; industrieuse, elle veut le loisir qui favorise ce qu'elle entreprend. Mais, en dépit, ou peut-être à cause de ses qualités précieuses, de la régularité de ses travaux, de l'activité de son industrie, cette classe est de toutes la plus dangereuse pour l'autorité qui veut gouverner en sens inverse des lois. Elle est indépendante, parce que la richesse est dans son travail. Elle est éclairée, parce qu'elle lit et qu'elle raisonne. Elle aime la justice, parce qu'elle n'a point d'intérêts contraires à la justice. La tyrannie peut s'accommoder de prolétaires et de grands seigneurs. La classe intermédiaire lui est fatale. Il faut l'abrutir ou la détruire. La détruire sans l'abrutir est une entreprise difficile. Elle connaît ses droits : quarante ans de possession les lui ont rendus chers. La liberté de la presse lui sert à s'en souvenir et à les défendre. » [287]

Pour Benjamin Constant, c'est cette classe intermédiaire qui va désormais participer à la stabilité et à la prospérité du pays :

« Le repos de la France est donc assuré, écrit-il. Car la véritable force réside dans cette classe intermédiaire, qui hait les préjugés parce qu'elle est éclairée, le crime, parce qu'elle est morale, les agitations parce qu'elle est industrieuse et que les troubles civils tuent l'industrie. »[288]

Chez Benjamin Constant, l'économique, le politique, le juridique, ainsi que le rôle éminent de la liberté de la presse, ne sont en rien des domaines séparés. Au contraire, « tout se tient » :

« Les lumières sont universellement répandues, continue-t-il, dans la classe qui a des droits à exercer. Notre éducation a été chère ; mais elle est faite. Prenez dans toutes les professions les citoyens qu'une aisance médiocre met au-dessus du besoin, vous trouverez qu'ils entendent tous parfaitement ce qu'il leur faut pour être libres, protégés par les lois et garantis contre l'arbitraire. Ils savent, et c'est l'idée essentielle, base de la liberté, ils savent qu'en fait de liberté tout se tient ; qu'il est bon pour eux que d'autres exercent les facultés qu'eux-mêmes n'exercent pas ; que ce n'est point qu'aux écrivains seuls que la liberté de la presse importe ; que ce n'est point dans l'intérêt des avocats seuls que le barreau doit être indépendant ; que ce n'est point pour les seuls créanciers de l'Etat que l'Etat doit payer ses dettes, ou pour les seuls propriétaires que la propriété doit être respectée. Ils savent qu'un droit ne peut être envahi, sans que tous les autres droits n'en souffrent, comme un citoyen ne peut être traité illégalement, sans que la sécurité de tous ne soit menacée. »[289]

---

[287] Discours du 13 février 1827 à la Chambre des députés, dans *Archives parlementaires*, op.cit., deuxième série, volume 49, p.551.
[288] Benjamin Constant, *Des élections de 1818*, Paris, 1818, Béchet, p.5.
[289] Ibid. p.7

La classe industrieuse étant la classe de l'avenir, elle doit pouvoir accéder à la représentation politique.

D'où l'importance majeure qu'il accorde aux lois électorales. C'est la raison pour laquelle il se livre à un éloge appuyé de la loi électorale libérale que présente le ministre Lainé en 1817.

Cette loi ouvre enfin les portes des institutions politiques à la classe intermédiaire :

« La loi des élections, souligne-t-il, a mis notre destinée entre nos mains. La loi des élections aura fait de nous, si nous la secondons, une nation nouvelle [...] Ouvrez la liste des électeurs, vous y verrez que les droits politiques ne sont plus confiés, comme autrefois, à une classe en particulier, investie d'immenses propriétés, immobilières ou mobilières et constituée par-là en corporation aristocratique de fait, lors même qu'elle ne jouit en théorie d'aucun privilège. Les droits politiques, c'est-à-dire la faculté d'influer par ses choix sur l'administration des affaires publiques, sont remis à ceux qui forment la richesse de l'Etat. Dans notre siècle, cette richesse a changé de nature. Ce ne sont plus uniquement les propriétés foncières, ce ne sont plus uniquement les grands capitaux qui la constituent. Sa source est l'industrie. En appelant la classe industrieuse à la jouissance des droits politiques, la loi des élections a placé la puissance dans la classe qui est le centre des lumières pratiques. »[290]

C'est à la Chambre des députés, sous le gouvernement de Villèle, que Benjamin Constant va mener le plus éclatant de ses combats en faveur de la classe industrieuse.

En effet, de la fin de 1824 à la fin de 1827 se déroule la période politique la plus importante à la fois pour Charles X, pour Villèle, pour toute la Restauration et, aussi, pour Benjamin Constant lui-même. Cette période est marquée par le dépôt d'une série de projets de loi qui, tous, visent à abattre la Charte de 1814, à effacer les acquis de la Révolution, à restaurer la prééminence des classes anciennes, bref à ramener la France à l'Ancien Régime.

Rarement on aura vu une telle volonté, pour ne pas dire un tel acharnement, à vouloir remonter le cours de l'histoire, effacer la Révolution, revenir en arrière, refaire la société ancienne en essayant de la reconstruire de ses propres débris.

Les principaux projets de loi présentés aux deux Chambres dans cette perspective concernent :

- L'indemnisation des émigrés ;
- Le rétablissement des congrégations religieuses dans certains droits ;
- La répression du sacrilège ;

[290] Ibid., p.80.

- Le rétablissement du droit d'aînesse ;
- La police de la presse.

S'il fallait résumer d'une phrase les intentions avouées ou secrètes de ces différents projets on pourrait écrire qu'il s'agit de rétablir l'ancienne noblesse dans ses propriétés, de replacer le catholicisme en position dominante de religion d'Etat, de restaurer les grandes familles dans leurs avantages, de rétablir la prééminence de la propriété foncière sur la propriété industrielle, d'abattre le code civil napoléonien, enfin de favoriser une presse docile en étouffant la presse libérale.

Benjamin Constant qui, en 1822 et 1824, a résumé l'essentiel de ses idées politiques, économiques et juridiques dans les deux volumes de ce qui sera l'un de ses principaux livres, le *Commentaire sur l'ouvrage de Filangieri*, va combattre cette folle ambition du gouvernement de vouloir effacer de l'histoire cette classe industrieuse qui représente l'avenir.

Il prononce à cette occasion deux de ses plus grands discours.

Le plus important s'oppose au projet sur les successions - qualifié officiellement de *projet sur les substitutions* - qui vise à rétablir le droit d'aînesse.

C'est dans ce discours qu'il développe à nouveau l'idée qui lui est chère, de la nécessité historique d'une « classe industrieuse » issue de la dissémination et de la circulation des propriétés et appelée, pour le développement économique futur de la nation, à valoriser la dynamique de la propriété industrielle face à une propriété foncière statique et concentrée.

Il est soutenu avec éclat à la Chambre des pairs par son ami le duc de Broglie, qui se prononce lui aussi contre ce projet rétrograde et « monstrueux » qu'il qualifie de « manifeste contre l'état actuel de la société » dans sa visée de rétablir en France le droit de primogéniture, « vieux débris d'un ordre de choses qui s'est évanoui dès longtemps en France sans laisser, du moins dans les masses, ni vestige ni regret ».

Bref, pour le duc de Broglie, ce funeste projet « veut instituer l'inégalité en tout, l'inégalité partout, l'inégalité non plus à titre d'exception mais à titre de droit commun de la société ».[291]

Libéraux et doctrinaires se retrouvent donc pour combattre un tel projet qui est repoussé à la Chambre des pairs par 120 voix contre 94.

Ce long et permanent combat en faveur de la classe industrieuse prouve qu'il existe à l'évidence un Benjamin Constant économiste à côté du Benjamin Constant constitutionnaliste. Ils sont en cohérence de pensée et d'action l'un avec l'autre. Tous deux veulent participer à la naissance, à l'épanouissement, à la consolidation – et à la reconnaissance politique et juridique - d'une société des échanges et du libre marché qui tourne la page

[291] *Archives parlementaires,* op.cit., deuxième série, tome XLVI, p.620 et 621.

de la possession par violence guerrière pour instaurer la possession par consentement.

Benjamin Constant a compris très vite que l'évolution économique annonçait un nouveau monde qui serait porté par une nouvelle classe.

Le changement des conditions de production – *l'infrastructure* au sens que Marx donnera plus tard à cette expression – allait entraîner un inévitable changement de la *superstructure*, à savoir l'univers des idées, du droit et des doctrines :

Rappelons ici son affirmation capitale selon laquelle le commerce et l'industrie sont deux puissances qui ont changé la face du monde et dont la destinée « est de fonder la liberté, par leur action lente, graduelle, que rien ne peut empêcher. »[292]

A conditions de production nouvelles, droits nouveaux et idées nouvelles.

On constate donc que l'attention que porte Benjamin Constant à l'économie ajoute de la profondeur de champ à l'ensemble de ses idées. S'il reste le grand maître d'une pensée constitutionnelle à la française, visant à unir, à travers le gouvernement représentatif, liberté, égalité, autorité, progrès et justice, sa réflexion économique élargit sa vision des choses.

L'économie aura été, chez lui, une large fenêtre ouverte sur l'avenir. Elle lui aura permis d'apercevoir les traits principaux et les perspectives prometteuses d'une société nouvelle en voie d'émergence.

---

[292] Benjamin Constant, *Des élections prochaines*, Paris, 1817, Plancher, p.5.

CONCLUSION

Ne pas dissoudre l'humain dans l'économique

« J'aime bien l'économie politique ; j'applaudis aux calculs qui nous éclairent sur les résultats et sur les chances de notre triste et douloureuse destinée : mais je voudrais qu'on n'oubliât pas que l'homme n'est pas uniquement un signe arithmétique, et qu'il y a du sang dans ses veines et un besoin d'attachement dans son cœur. »[293]

S'il fallait résumer la pensée économique de Benjamin Constant, ce passage y suffirait.

Son économie politique se veut autre chose qu'une arithmétique et bien plus qu'un simple calcul d'intérêt.

C'est dire que, dès les premiers pas du capitalisme industriel, dont il a été l'un des grands témoins, il s'est posé la question de la place de l'individu producteur et consommateur dans la société des Modernes. Et cela en raison d'un risque qu'il a très vite identifié : celui de la dissolution de l'humain dans l'économique et de la morale dans les jouissances matérielles. Car les nuisances de la nouvelle civilisation, si elles frappent le monde physique, peuvent aussi dégrader l'univers moral.

D'où cette mise en garde qui date du début de 1826 :

« Il faut que les peuples et les écrivains qui peuvent influer sur l'opinion des peuples, se mettent en garde contre quelques résultats de cette civilisation, résultats passagers, mais qui, tant qu'ils subsistent, n'en sont pas moins affligeants ou dangereux. »[294]

Ces résultats dangereux résultent du conflit au sein même de l'individu entre le devoir et l'égoïsme et au sein de la société entre les exigences de la vie collective et l'appétit de consommation.

On connaît l'importance que Benjamin Constant accorde à l'individu, à ses droits et à ses libertés, dans l'ensemble de sa philosophie. On peut même écrire qu'il est au plus haut degré le philosophe de la prééminence de l'individu. C'est la nouvelle planète autour de laquelle doit désormais graviter toute l'organisation politique et sociale.

Si bien que son système global peut s'exprimer comme suit :

La liberté économique, sous ses deux aspects de liberté d'entreprendre et de liberté d'échanger, est le grand moteur de la création des richesses. Ces richesses sont la source de l'aisance. L'aisance autorise le loisir. Le loisir est

---

293 *Commentaire sur l'ouvrage de Filangieri*, op.cit., p.135.

294 *Revue encyclopédique*, tome 29, janvier 1826, op.cit., p.420.

indispensable à l'acquisition des lumières. Les lumières éclairent le chemin vers l'égalité et de la perfectibilité.

Liberté, richesses, aisance, loisir, Lumières, égalité, justice, perfectibilité : voilà bien les mots-clés de la politique et de l'économie de Benjamin Constant.

Et dans le domaine institutionnel, son *constitutionnalisme* n'a d'autre objet que de protéger l'individu face aux divers pouvoirs qui peuvent menacer son autonomie. Rappelons à ce propos sa phrase fameuse, que nous avons déjà citée :

« Il n'y a point de liberté civile, quand la liberté constitutionnelle ne l'entoure pas de son égide. »[295]

Et c'est ici que porte sa mise en garde :

« Nous ne faisons point un crime à la civilisation de procurer à l'homme beaucoup de jouissances et de lui en rendre l'acquisition plus facile : mais, comme ces jouissances et la facilité que nous trouvons à les obtenir attachent chacun de nous à la position qui les lui assure, il est évident que nous éprouvons plus de répugnance à risquer cette position, même quand le devoir nous y invite. En conséquence, cet état de civilisation tend à la stabilité, et, si l'on veut, au bon ordre, plus qu'à la vertu morale. Or, le bon ordre, chose utile, chose indispensable aux progrès et à la prospérité des sociétés, est plutôt un moyen qu'un but. Si, pour le maintenir, on sacrifie toutes les émotions généreuses, on réduit les hommes à un état peu différent de celui de certains animaux industrieux, dont les ruches bien ordonnées et les cases artistement construites ne sauraient pourtant être le beau idéal de l'espèce humaine. Il est donc important de contrebalancer cet effet de la civilisation, en réveillant et en entretenant, le plus qu'il est possible, les sentiments nobles et désintéressés. Cela est important, afin de préserver la civilisation elle-même des dangers qui résultent pour elle de sa propre tendance. »[296]

C'est dans un tel contexte qu'il faut rappeler la position très critique de Benjamin Constant à l'égard de Jeremy Bentham dont la philosophie, selon lui, ne satisfait pas au critère « du beau idéal de l'espèce humaine ».

Constant respecte Bentham. Il le qualifie « d'écrivain très recommandable par la profondeur, la justesse et la nouveauté de ses pensées ». Cependant, il n'accepte pas que Bentham combatte la théorie des droits naturels inviolables et imprescriptibles, garante de la justice, pour la remplacer par la théorie de l'utilité.

On sait que l'essence de la philosophie de Jeremy Bentham se résume dans la formule qu'il reconnaît avoir empruntée à Joseph Priestley et qui est celle « du plus grand bonheur pour le plus grand nombre ». Toutes les

---

[295] *Commentaire sur l'ouvrage de Filangieri*, op.cit., p.45.

[296] *Revue encyclopédique*, op. cit., p.421.

actions humaines, de même que toutes les règles de conduite, seront donc jugées, pesées dans cette balance morale des peines et des plaisirs dans la perspective d'éliminer les premières et de développer les seconds, et cela pour le plus grand bonheur du plus grand nombre.

Le critère des actes moraux devient donc leur utilité et de tels actes ne seront plus appréciés selon leurs intentions, autrement dit selon leur conformité aux préceptes du droit naturel, mais selon leurs conséquences au regard de l'utilité.

Il existe donc une opposition fondamentale entre l'école des droits naturels à laquelle se rattache Benjamin Constant et l'école utilitariste de Bentham.

Et cette opposition reflète celle qui existe entre l'idée de devoir et l'idée de profit.

En effet, pour Benjamin Constant le principe de l'utilité présente ce danger qu'il éveille dans l'esprit de l'homme l'espoir d'un profit, et non le sentiment d'un devoir :

« Or, explique Benjamin Constant, l'évaluation d'un profit est arbitraire : c'est l'imagination qui en décide. Mais ni ses erreurs, ni ses caprices ne sauraient changer la notion du devoir. Les actions ne peuvent pas être plus ou moins justes ; mais elles peuvent être plus ou moins utiles. En nuisant à mes semblables, je viole leurs droits. C'est une vérité incontestable ; mais si je ne juge de cette violation que par son utilité, je puis me tromper dans ce calcul et trouver de l'utilité à cette violation. Le principe de l'utilité est par conséquent bien plus vague que celui du droit naturel. »[297]

Il importe donc, selon lui, de séparer le plus possible l'idée du droit de la notion de l'utilité. Car le droit est un principe alors que l'utilité n'est qu'un résultat :

« En parlant du droit, ajoute-t-il, vous présentez une idée indépendante de tout calcul. En parlant de l'utilité, vous semblez inviter à remettre la chose en question, en la soumettant à une vérification nouvelle. »[298]

Soulignons le mot *calcul*. On le trouve souvent dans les écrits de Benjamin Constant comme synonyme d'*égoïsme*. Par exemple dans ce jugement sur Napoléon :

« Ce qui le caractérisait, c'était l'absence de tout sens moral, c'est-à-dire de toute sympathie, de toute émotion humaine. Il était le calcul personnifié. »[299]

Il importe donc, en morale, de rejeter les concepts d'utilité et de calcul et de garder celui des droits :

« Il faut conserver la notion de droits, souligne Benjamin Constant, parce qu'elle est claire, qu'elle satisfait la logique sévère, qu'elle répond aux

---

[297] *Principes de politique*, op.cit., p.62.
[298] Ibid., p.63.
[299] *Ecrits politiques*, op.cit., p.296.

sentiments intimes, encourage les opprimés dans une légitime défense, et réveille ces passions généreuses dont les temps de calme et de bonheur peuvent se passer, mais qu'il est bon de retrouver au besoin dans les temps d'avilissement et de tyrannie. »[300]

C'est donc à la lumière de ce rejet de l'utilitarisme benthamien qu'il faut analyser les différents sens que Benjamin Constant donne à l'expression *intérêt personnel* et à ses dérivés dans son économie politique et, plus largement, dans sa philosophie politique.

Au début de la révolution industrielle, et à l'instant où l'économie politique tend à se constituer en science humaine autonome, tous les penseurs du libéralisme, qu'ils soient économistes ou philosophes, mettent l'accent sur l'importance de l'intérêt personnel comme l'un des agents les plus puissants, avec la division du travail, de la production des richesses. Ainsi en va-t-il d'Adam Smith à Tocqueville en passant par Say, Constant, Bastiat, pour ne citer que les principaux.

Bastiat, le plus lyrique de tous aura cette phrase :

« Dieu a confié la réalisation de ses desseins à la plus active, à la plus intime, à la plus permanente de nos énergies, l'Intérêt personnel, sûr que celle-là ne se repose jamais. Ainsi l'Intérêt personnel est cette indomptable force individualiste qui nous fait chercher le progrès, qui nous le fait découvrir, qui nous y pousse l'aiguillon dans le flanc. »[301]

Des individus libres, dans des sociétés libres, agissant de façon rationnelle sur des marchés libres sous l'impulsion de leur seul intérêt personnel : voilà le schéma de base de l'économie des Modernes. Du coup, chaque auteur va établir sa propre grille de lecture et d'interprétation du jeu des différents intérêts les uns par rapport aux autres, avec la conviction que l'intérêt personnel converge vers l'intérêt général, y participe et le fortifie.

Rien de surprenant, en conséquence, si l'on trouve dans les écrits de Benjamin Constant une vaste réflexion sur l'intérêt personnel et sur ses rapports avec les intérêts généraux de la collectivité.

Le centre de cette réflexion peut se résumer en ceci que si l'autonomie de l'individu est éminemment souhaitable en politique pour protéger ses droits de toutes les atteintes des différents pouvoirs, une telle autonomie peut se muer – autrement dit se pervertir – en égoïsme individuel dans le domaine de l'économie.

Nécessité de l'autonomie de l'individu en politique, danger de l'égoïsme individuel en économie : toute la pensée de Benjamin Constant va évoluer entre ces deux pôles.

300 Ibid., p.668.

301 Frédéric Bastiat, *Harmonies économiques*, Genève-Paris, 1982, Slatkine, p.215 et 298.

Dans un premier temps, il y a donc, chez lui, le constat – et l'acceptation – de la puissance et des bienfaits de l'intérêt personnel, surtout face aux empiétements de l'Etat.

Ainsi, quand les gouvernements affirment leur prétention à se mêler de l'industrie, il les en dissuade :

« Ce n'est, écrit-il, que l'intérêt particulier qui donne de l'activité à l'industrie [...] Les gouvernements doivent veiller à ce que rien n'entrave le développement de nos facultés diverses, mais non se permettre d'y porter la main [...] L'intérêt particulier est toujours plus éclairé sur ce qui le concerne que le pouvoir collectif [...] Sous le régime de la liberté, l'intérêt personnel est l'allié le plus éclairé, le plus constant, le plus utile de l'intérêt général. »[302]

De nouveau, ici, s'impose le parallèle avec Jean-Baptiste Say.

Ce dernier aussi refuse au gouvernement toute ingérence dans l'activité économique. Si l'Etat, par une telle ingérence, a quelquefois reculé « le désastre » des entreprises industrielles, rarement il a décidé « leur succès ».

« On est toujours obligé d'en venir à cette conclusion, affirme Say, que les particuliers seuls peuvent produire ; que l'unique rôle qui convienne au gouvernement, est de les laisser débattre en liberté leurs intérêts, et de les préserver de tous maux. »[303]

C'est bien *l'Etat Sentinelle*, expression employée par Benjamin Constant dans une page de ses *Principes de politique.*

Il doit se limiter à garantir la sécurité intérieure et extérieure mais laisser toute liberté à la puissance d'initiative de l'intérêt personnel.

Benjamin Constant et Jean-Baptiste Say se trouvent donc à l'origine d'une véritable « théorie de l'action sociale fondée sur l'intérêt » (l'expression est de Philippe Steiner).[304]

Les deux éléments fondamentaux d'une telle théorie sont, aussi bien chez l'un que chez l'autre, d'une part un *Etat Sentinelle* (ou *Veilleur de nuit*, comme on dirait aujourd'hui) ramené à son rôle de protecteur des propriétés et de dispensateur de sécurité, et, d'autre part, un développement économique reposant en quasi totalité sur l'intérêt particulier d'individus devenus, depuis la Révolution, libres et autonomes.

Toutefois il faut aller plus loin pour souligner que Say comme Constant vont, tous deux, dénoncer certaines déviances de cet intérêt particulier.

Say nommera de telles déviances des « intérêts sinistres ».

---

[302] *Principes de politique*, op.cit., p.328 et 253.

[303] Jean-Baptiste Say, *Cours complet d'économie politique*, Paris, 1840, Guillaumin, tome 2, p.328.

[304] Voir Philippe Steiner, *Intérêts, intérêts sinistres et intérêts éclairés : problème du libéralisme chez J.B. Say*, Cahiers d'économie, numéro spécial sur le libéralisme économique, Paris, 1989, l'Harmattan, p.21.

Pour lui les intérêts sinistres sont ceux qui s'interposent « entre l'homme et la vérité », par exemple les préjugés, les superstitions, les privilèges.

Ainsi, quand un chef d'entreprise demande à l'Etat des protections pour écarter la concurrence et se constituer ainsi une situation de rentes au détriment des consommateurs, il quitte la terre ferme de ses intérêts éclairés pour s'enfoncer dans les sables mouvants des intérêts sinistres :

« J'entends par intérêts sinistres, résume Say, ceux qui portent préjudice à un droit, au bien public. »[305]

Dans l'exemple que nous venons d'évoquer, le droit c'est celui de la concurrence. Et le bien public c'est celui du consommateur mais aussi celui du chef d'entreprise lui-même dans sa fonction de consommateur.

Si Benjamin Constant n'emploie pas l'expression d'intérêts sinistres, ses mises en garde contre de telles déviances sont nombreuses dans ses écrits.

Sa crainte, c'est d'assister à la disparition des émotions généreuses et des sentiments nobles et désintéressés - bref du sens moral et de la préoccupation de la justice - sous l'effet de la séduction des intérêts matériels et de leur recherche exclusive.

Ce danger, il l'identifie dans le versant économique de la philosophie de Bentham, versant qui est résumé par les utilitaristes dans l'expression de « l'intérêt bien entendu ». Cette expression étant en quelque sorte le complément économique de la théorie du « plus grand bonheur pour le plus grand nombre ».

Selon Benjamin Constant, l'utilitarisme plonge ses racines intellectuelles principalement dans deux philosophies : l'épicurisme de l'Antiquité et le matérialisme du XVIIIe siècle incarné par Helvétius, dont Bentham se présente ouvertement comme le disciple. Dans un tel contexte et avec un tel héritage conceptuel, la formule de l'intérêt bien entendu risque fort de n'être que l'appellation pudique et la façade présentable d'une recherche exclusive des biens matériels.

C'est dans la préface de son grand travail sur l'histoire des religions que Benjamin Constant se livre à une longue et implacable critique de la notion de l'intérêt bien entendu.

Sur les quarante pages que compte cette préface, vingt sont consacrées à cette critique.

Si nombre de commentateurs ou de biographes de Benjamin Constant ont ignoré ou négligé ses écrits sur la religion, c'est à tort. Une telle attitude revient à mutiler à la fois le personnage et sa pensée. Nous avons relevé au début de cet ouvrage que son œuvre avait été découverte par morceaux – ce qui complique une saisie globale – et que sa personnalité présentait de multiples facettes au gré des événements traversés – ce qui est de nature à susciter des doutes sur sa sincérité. Ses recherches sur l'histoire des religions

---

305 *Cours complet d'économie politique*, op.cit., tome 2, p.338.

sont donc tombées dans une sorte de dédain alors que c'est là qu'il se présente sous son visage le plus achevé.

C'est là surtout, en mettant en relief la persistance à travers les âges du sentiment religieux, qu'il entend trouver la preuve de l'existence au cœur de l'homme de quelque chose de plus haut, de plus noble, de plus désintéressé, de plus généreux que le seul critère de l'utilité et que le seul ressort de l'intérêt bien entendu.

Conscient de la force et de l'efficacité de l'intérêt personnel dans le développement économique de la société des Modernes il veut articuler, donc concilier, les intérêts et les sentiments dans une époque où l'économie politique tend à les dissocier. Car en se constituant en science humaine autonome, l'économie politique proclame sa prétention de devenir le lieu des raisonnements et des comportements rationnels à travers l'image de *l'homo œconomicus* face – et en opposition – au monde instable et surtout plus passionnel des sentiments et des émotions.

La hantise de Benjamin Constant est que le monde rationnel de l'économie, fondé sur la poursuite exclusive des intérêts bien entendus, et obéissant à ses lois propres, n'absorbe, n'engloutisse, n'écrase en totalité cet autre monde qui est celui des sentiments de sympathie, de compassion et de justice.

Selon lui, en se conduisant selon la règle unique de son intérêt bien entendu, l'espèce humaine « se dépouille de tout ce qui constitue sa suprématie, abdique ses titres les plus beaux, s'écarte de sa destination véritable, se renferme dans une sphère qui n'est pas la sienne, se condamne à un abaissement qui est contre sa nature ».[306]

Bref, l'intérêt bien entendu est dramatiquement réducteur.

Il « foudroie de ses calculs exacts et de ses équations victorieuses » la partie noble et élevée de l'homme :

« Non, proclame Benjamin Constant, la nature n'a point placé notre guide dans notre intérêt bien entendu, mais dans notre sentiment intime. Ce sentiment nous avertit de ce qui est mal ou de ce qui est bien. L'intérêt bien entendu ne nous fait connaître que ce qui est avantageux ou ce qui est nuisible [...] Tout ce qui se passe au fond de notre âme est inexplicable ; et si vous exigez toujours des démonstrations mathématiques, vous n'obtiendrez jamais que des négations. »[307]

Pour lui, l'intérêt bien entendu va même jusqu'à rabaisser les vertus domestiques :

« L'on a eu de l'égoïsme pour sa famille, constate-t-il, comme auparavant pour soi. On a repoussé son ami menacé, de peur d'alarmer une épouse inquiète. On a déserté la cause de la patrie, parce que l'intérêt bien entendu

---

306 Benjamin Constant, *De la religion, considérée dans sa source, ses formes et ses développements*, Paris, 1824, Bossange père, tome premier, p. XXIII.

307 Ibid., p. XXVI.

voulait qu'on ne compromît pas la dot d'une fille. On a servi le pouvoir injuste, parce que l'intérêt bien entendu ne voulait pas qu'on entravât la carrière d'un fils. Il n'y avait point de vices dans tout cela ; il y avait prudence, arithmétique morale ; il y avait la partie logique et raisonnable de l'homme, séparée de sa partie noble et élevée ; il y avait, en un mot, l'intérêt bien entendu. »[308]

L'intérêt bien entendu n'est donc en rien le beau idéal de la nature humaine. Une société si méthodiquement arrangée par le calcul s'apparente plutôt « aux rassemblements industrieux des castors ou aux réunions bien ordonnées des abeilles ».

L'effet naturel de l'intérêt bien entendu est donc de faire que chaque individu soit son propre centre.

Et Benjamin Constant d'avertir :

« Or, quand chacun est son propre centre, tous sont isolés. Quand tous sont isolés, il n'y a que de la poussière. Quand l'orage arrive, la poussière est de la fange. »[309]

Les débats qui ont eu lieu à l'époque de Benjamin Constant autour de la philosophie, de la morale et de l'économie politique de Jeremy Bentham laisseront apparaître, à l'intérieur du mouvement libéral, comme une sorte de ligne de séparation des eaux. On pourra alors identifier très nettement deux courants : l'école libérale utilitariste issue de Bentham et l'école libérale du droit naturel illustrée par Benjamin Constant et, aussi, par Germaine de Staël. En effet cette dernière, dans plusieurs de ses ouvrages, entre autres *Corinne* et *De l'Allemagne*, critiquera « cet aride principe de l'utilité » qui, selon elle, « frappe de stérilité le vaste domaine du sentiment et de la pensée ».

Au reste, Benjamin Constant avait repris à son compte, pour le féconder et l'amplifier, ce courant du droit naturel précédemment illustré par Turgot et Condorcet et il avait d'ailleurs, dans sa préface à *De la religion*, parfaitement situé les deux écoles quand il avait écrit :

« Tous les systèmes se réduisent à deux. L'un nous assigne l'intérêt pour guide, et le bien-être pour but. L'autre nous propose pour but le perfectionnement, et pour guide le sentiment intime, l'abnégation de nous-mêmes et la faculté du sacrifie. »[310]

Perfectionnement, autrement dit perfectibilité de l'espèce humaine, c'était bien là la grande ambition morale commune à Turgot, Condorcet, Benjamin Constant et Germaine de Staël.

Certains libéraux proches de Benjamin Constant évolueront, pour leur part, vers l'utilitarisme.

---

308 Ibid., p. XXXV.
309 Ibid., p. XXXVII.
310 Ibid., p. XXXVIII.

C'est le cas de Jean-Baptiste Say. A la fin de sa vie, il s'éloigne de Constant et, après avoir admiré Germaine de Staël pour son esprit de résistance au despotisme de Napoléon, s'impatiente contre elle en raison de ses critiques de l'utilitarisme. Say envisageait d'écrire un traité de morale valorisant l'utilitarisme. Il fera appel, dans cette perspective, au concours d'Etienne Dumont, celui qu'on appelait Dumont de Genève, qui était à la fois disciple, secrétaire, traducteur et interprète sur le Continent de Bentham.

Evoluera aussi vers l'utilitarisme La Fayette, collègue de Constant à la Chambre des députés de la Restauration. Bien que l'un des pères de la Déclaration des Droits de 1789, il se rapprochera de Bentham qui sera pourtant l'implacable adversaire de cette Déclaration.

Enfin, cinq ans après la mort de Benjamin Constant, un autre grand écrivain qui devait marquer de sa forte empreinte l'histoire du libéralisme, Alexis de Tocqueville, dans sa *Démocratie en Amérique*, fera l'éloge de l'intérêt bien entendu tel que pratiqué par les Américains :

« Je ne craindrai pas de dire, assure-t-il, que la doctrine de l'intérêt bien entendu me semble, de toutes les théories philosophiques, la mieux appropriée aux besoins des hommes de notre temps, et que j'y vois la plus puissante garantie contre eux-mêmes. »[311]

Après Tocqueville, un autre grand libéral fera, lui, ce voyage mais en sens inverse, si l'on peut s'exprimer ainsi : Gustave de Molinari, disciple de Bentham dans sa jeunesse, ralliera l'école du droit naturel dans son âge mûr :

« Il importe par-dessus tout, écrira-t-il, de développer parmi les hommes le sentiment de la justice, le sens moral, comme aussi de les éclairer sur ce qui est juste ou injuste, moral ou immoral. »[312]

Arrêtons cette énumération et constatons ceci : plus de deux siècles après la mort de Benjamin Constant on peut aujourd'hui encore très clairement identifier, dans la vaste géographie du libéralisme économique, ces deux grands fleuves du droit naturel et de l'utilitarisme, avec, de nos jours, une forte domination de ce dernier, notamment chez les Anglo-Saxons.

C'est que, au fil du temps et à travers les siècles, l'esprit de calcul de la philosophie benthamienne l'a emporté dans l'économie politique. Non seulement l'a emporté mais a développé à un point extrême cet esprit de calcul sous forme de « mathématisation » de la science économique. Si bien que l'arithmétique des peines et des plaisirs de Bentham, de même que son objectif du plus grand bonheur pour le plus grand nombre, ont versé dans le fossé des équations et des courbes. Ce que redoutait Benjamin Constant n'a pas tardé à advenir : l'homme est devenu un signe arithmétique et le sang s'est figé dans ses veines.

---

[311] Alexis de Tocqueville, *De la démocratie en Amérique*, Paris, 1961, Folio/histoire-Gallimard, tome II, p. 176.

[312] Gustave de Molinari, *Esquisse de l'organisation politique et économique de la société future*, Paris, 1899, Guillaumin, p.VI.

Là encore Benjamin Constant avait été prémonitoire en apercevant les dangers d'une économie politique outrancièrement désincarnée et calculatrice et venant se jeter – plus exactement se perdre – dans l'esprit de calcul au détriment de l'esprit de justice.

Cette perte du sens de l'humain d'une économie politique tournant à vide sur elle-même et pour elle-même et cherchant à imposer ses méthodes et son esprit de calcul à l'ensemble des sciences morales, si bien que l'on ira jusqu'à parler d'un *impérialisme économique* pour qualifier une telle dérive, s'observera à travers toute l'histoire jusqu'à nos jours. C'est ainsi que la mise en garde de Benjamin Constant, demandant que l'on n'oubliât pas que l'homme n'est pas uniquement un signe arithmétique, trouvera son écho dans l'ordolibéralisme allemand contemporain comme le prouve ces deux affirmations, l'une de Wilhem Röpke et l'autre d'Alexander Rüstow :

« L'économie de marché, a écrit le premier, est une condition nécessaire mais non suffisante d'une société libre, juste et ordonnée. »

Et le second :

« Il y a infiniment de choses qui sont plus importantes que l'économie : la famille, la commune, l'Etat, le spirituel, l'éthique, l'esthétique, le culturel, bref l'humain. L'économie n'en est que le fondement matériel. Son objectif est de servir ces valeurs supérieures. »

Servir des valeurs supérieures à partir d'un soubassement – d'un « fondement matériel » - à la fois solide et respectueux de la liberté des hommes, tel était déjà le sens de la pensée de Benjamin Constant.

Au demeurant, le danger que Constant avait perçu dans l'utilitarisme est de même nature que celui qu'il avait discerné dans la liberté des Modernes.

En politique comme en économie ce danger a un nom : le renfermement de l'individu sur lui-même. Pas de n'importe quel individu mais de l'individu moderne issu de la Révolution, libéré des sujétions de l'Ancien Régime et muni d'une nouvelle autonomie et de nouveaux droits.

Un double naufrage le guette, s'il n'y prend garde :

Le naufrage de son sens moral – et surtout de son sens de la justice - par un excessif renfermement dans la sphère de ses jouissances matérielles et de la défense de son intérêt bien entendu.

Le naufrage de son sens civique par un excessif renfermement dans sa sphère privée.

« Le danger de la liberté antique, avait-il souligné, était qu'attentifs uniquement à s'assurer le partage du pouvoir social, les hommes ne fissent trop bon marché des droits et des jouissances individuelles.

« Le danger de la liberté moderne, c'est qu'absorbés dans la jouissance de notre indépendance privée, et dans la poursuite de nos intérêts particuliers, nous ne renoncions trop facilement à notre droit de partage dans le pouvoir politique. »

Voilà pourquoi il avait plaidé pour une synthèse entre ces deux libertés, demandant aux Modernes de sauver et d'intégrer dans leur toute jeune liberté un peu de l'esprit civique des Anciens :

« Loin donc, avait-il proclamé, de renoncer à aucune des deux espèces de libertés, il faut apprendre à les combiner l'une avec l'autre. Les institutions doivent accomplir les destinées de l'espèce humaine ; elles atteignent d'autant mieux leur but qu'elles élèvent le plus grand nombre possible de citoyens à la plus haute dignité morale. L'œuvre du législateur n'est point complète quand il a seulement rendu le peuple tranquille. Lors même que ce peuple est content, il reste encore beaucoup à faire. Il faut que les institutions achèvent l'éducation morale des citoyens. En respectant leurs droits individuels, en ménageant leur indépendance, en ne troublant point leurs occupations, elles doivent pourtant consacrer leur influence sur la chose publique, les appeler à concourir par leurs déterminations et par leurs suffrages à l'exercice du pouvoir, leur garantir un droit de contrôle et de surveillance par la manifestation de leurs opinions, et les formant de la sorte par la pratique à ces fonctions élevées, leur donner à la fois et le désir et la faculté de s'en acquitter. »[313]

Voilà pourquoi, aussi, il avait combattu en économie la doctrine de l'intérêt bien entendu car elle étouffait l'univers des sentiments et des émotions, et en premier lieu la pitié et la justice ainsi que « ce bouillonnement du sang qui nous fait voler au secours de l'opprimé ».

Et il avait lancé cet impératif à destination des gouvernements :

« Soyez justes, dirai-je toujours aux hommes investis de la puissance. Soyez justes, quoi qu'il arrive ; car si vous ne pouviez gouverner avec la justice, avec l'injustice même, vous ne gouverneriez pas longtemps. »[314]

C'est la raison pour laquelle il accordait tant d'importance au sentiment religieux, dont il soulignait la persistance à travers les siècles, les pays et les civilisations. Si les religions proprement dites – ce qu'il nommait les *formes* religieuses – étaient souvent, pour ne pas dire toujours, tombées dans le despotisme sacerdotal, le sentiment religieux, lui, était d'une nature différente :

« Le sentiment religieux, avait-il écrit, domine la forme, il exerce sur elle sa force réparatrice. La raison en est simple ; le sentiment religieux est une émotion du même genre que toutes nos émotions naturelles ; il est, en conséquence, toujours d'accord avec elles. Il est toujours d'accord avec la sympathie, la pitié, la justice, en un mot, avec toutes les vertus. »[315]

Chez Benjamin Constant le sentiment religieux a donc une double fonction : morale, en accompagnant et orientant l'homme, par l'égalité et la justice, sur le chemin de la perfectibilité, mais aussi politique, en étant son

---

313 *Ecrits politiques*, op.cit., pp. 616 et 618.
314 Ibid., p. 258.
315 *De la Religion*, op. cit., tome 1, p.65.

meilleur appui dans sa lutte contre « le misérable système » de l'intérêt bien entendu, autrement dit de l'égoïsme, émanant de la philosophie de Bentham.

Si Benjamin Constant est l'un des pères de la modernité, il en est aussi l'un des premiers critiques.

En philosophie, son cosmopolitisme lui permet d'assumer le triple héritage des Lumières françaises, des Lumières écossaises et des Lumières allemandes.

En politique, il se reconnaît dans la Révolution française - version 1789 - et jusqu'à sa mort va penser, écrire, agir en fonction d'une seule idée : la défense, la promotion, l'extension de la liberté. Mais pas de n'importe quelle liberté. Une liberté entière, totale, féconde. « La liberté en tout », comme il le proclamera lui-même. Autrement dit la liberté dans la politique, l'économie, la presse, la religion, le social, l'enseignement…

Toute la variété des activités humaines doit être fécondée par les rayons de la liberté.

C'est sur une toile de fond où se rencontrent la philosophie, la politique et l'économie qu'il dessine le premier profil de l'individu nouveau. Mais pas n'importe quel individu. Un individu indépendant et autonome grâce au développement de la propriété mobilière et à l'éclatement de la propriété foncière, un individu absorbé par la production, l'échange, le commerce, un individu enfin capable désormais de jouir d'une vaste sphère de droits, lesquels seront protégés par des garanties politiques inscrites dans une Constitution. En un mot, un individu libéré des chaînes de l'Ancien Régime et se frayant une route indépendante :

« Au lieu de l'asservissement de l'individu par la famille, fondue elle-même dans l'Etat, explique-t-il, chaque individu vit de sa propre vie et réclame sa liberté. L'unité de marche, de doctrines, de croyances, est impossible désormais. Si l'on veut en gémir, qu'on en gémisse ; mais qu'on s'y résigne, on n'y peut rien changer. Qu'on en gémisse, dis-je, si l'on veut : moi, je m'en réjouis ; je vois dans l'individualité dont on se plaint, le perfectionnement de l'espèce ; car l'espèce n'est au fond que l'agrégation des individus ; elle s'enrichit de la valeur morale à laquelle chacun d'eux parvient. L'anarchie intellectuelle qu'on déplore me semble un progrès immense de l'intelligence ; car le triomphe de l'intelligence n'est pas de découvrir la vérité absolue qu'elle ne trouvera jamais, mais de se fortifier en exerçant ses forces, d'arriver à des vérités partielles et relatives qu'elle recueille et qu'elle enregistre sur sa route, et d'avancer ainsi dans cette route où chaque pas est une conquête, bien que le terme en soit inconnu. »[316]

Benjamin Constant se tient donc au seuil de la modernité dans une double position : d'adhésion mais aussi de vigilance critique. S'il ouvre à l'individu

[316] *Mémoires sur les Cent-Jours*, op.cit., p.XXVIII.

nouveau les vastes perspectives promises par les découvertes scientifiques, la liberté de la presse, l'innovation et le développement économique, il n'ignore pas qu'à l'aube de la société industrielle, de la production de masse, de l'ère des machines, du capitalisme qui monte en puissance, du salariat qui se développe dans de vastes manufactures, se posent déjà des questions qui deviendront lancinantes : comment concilier efficacité économique et justice sociale ? Création de richesses et développement personnel ? Appétit de jouissances et égalité des conditions ?

Bref, comment maintenir un haut degré de civilisation au milieu d'un haut niveau de production ?

Questions d'hier.

Encore et toujours questions d'aujourd'hui.

DEUXIÈME PARTIE

Biographie commentée de Benjamin CONSTANT

Les pages qui suivent n'ont pas la prétention de constituer une biographie exhaustive de Benjamin Constant. Sans négliger les multiples aspects du personnage ni les dates essentielles de son existence nous porterons la focale sur les éléments de sa vie ainsi que sur ses écrits qui ont directement rapport avec ses positions sur l'économie et la politique. Ainsi insisterons-nous sur ses nombreuses interventions visant à promouvoir la liberté de la presse et sur ses études tendant à prouver la nécessité d'une Constitution dans un gouvernement représentatif. En effet, selon lui, on l'a vu dans les chapitres précédents, la liberté de la presse et les garanties constitutionnelles sont les deux remparts à l'abri desquels peuvent se déployer avec efficacité toutes les libertés, entre autres celles d'entreprendre, de produire, de posséder, d'échanger, de commercer.

C'est dire que ses contributions à l'histoire littéraire, comme auteur d'*Adolphe* et de *Cécile* notamment, de même que son intense production épistolière, sans être ignorées, ne seront citées que pour mémoire. Même chose pour ses aventures sentimentales.

Profitons de l'occasion pour rappeler qu'il existe de nombreuses biographies de Benjamin Constant, ainsi que d'importantes études sur son œuvre. L'ouvrage capital qui joint ce double aspect, à savoir une étude approfondie sur l'œuvre faisant le point du dernier état des recherches universitaires, suivie d'une chronologie très détaillée de son existence, année après année, est celui de Kurt Kloocke intitulé : *Benjamin Constant, une biographie intellectuelle* (Droz, Genève, 1984). Rappelons aussi le monumental travail de Paul Bastid, plus ancien mais non moins précieux : *Benjamin Constant et sa doctrine*, en deux volumes (Armand Colin, 1966).

Sans oublier l'érudite contribution de Stephen Holmes publiée en 1994 : *Benjamin Constant et la genèse du libéralisme moderne*, aux Presses Universitaires de France.

A l'heure du numérique, Benjamin Constant a évidemment un site qui lui est dédié à l'Université de Lausanne, animé par des chercheurs de qualité. Cet *Institut Benjamin Constant* publie, entre autres informations, la liste de ses œuvres complètes.

1 - L'enfant sans mère (1767-1779)

Benjamin Constant est né à Lausanne le 25 octobre 1767.

Sa mère, Henriette de Chandieu (née à Lausanne en 1742) meurt quinze jours après sa naissance le 10 novembre 1767.

Son père, Juste de Constant (né en 1726 à Lausanne lui aussi) est capitaine d'un régiment suisse au service de la Hollande.

Benjamin Constant sera donc un enfant sans mère :

« Il lui avait manqué la tendresse d'une mère, écrira Sainte-Beuve. L'enfance, chez lui, ce qui est toujours un malheur, fut comme supprimée »[317]

Jusqu'à l'âge de treize ans il sera ballotté entre ses grands-mères, la maîtresse de son père, Marianne Magnin, et ses nombreux précepteurs – cinq au total – plus ou moins compétents et surtout très originaux au regard de la pédagogie voire de la morale :

« Ceux qui étaient chargés de m'instruire et de me corriger étaient eux-mêmes des hommes très ignorants et très immoraux », constatera plus tard Benjamin Constant.[318]

A cette instabilité éducative et sentimentale va s'ajouter une instabilité géographique puisque l'enfant sera emmené par son père de Suisse en Hollande ou à Bruxelles au fil de ses affectations militaires.

Le résultat d'un tel système éducatif sans aucune discipline réside en ceci qu'il a lectures ouvertes dans les cabinets littéraires. Il peut lire sans contrôle aucun aussi bien des romans licencieux que « les ouvrages irréligieux alors à la mode ». Il lit huit à dix heures par jour « depuis les ouvrages de La Mettrie jusqu'aux romans de Crébillon ». Sa tête et ses yeux, de son propre aveu, s'en ressentiront durant toute sa vie.[319]

Juste, et plus tard son fils Benjamin, tiendront expressément à se faire appeler Constant de Rebecque pour rappeler l'origine française de la famille. En effet, les ancêtres paternels sont originaires de l'Artois. Il existe toujours aujourd'hui, près de Saint-Omer, un village de cinq cents habitants du nom de Rebecques.

Ces ancêtres, de confession protestante, avaient dû quitter la France au moment des guerres de religion pour se réfugier en Suisse, terre de liberté accueillante à ceux que l'on appelait à l'époque les *religionnaires*.

Arrêtons-nous tout de suite sur ce point car durant toute son existence Benjamin Constant sera accusé en permanence par ses adversaires royalistes « de n'être pas français ».

C'est sous ce prétexte que ses ennemis, avec acharnement mais sans succès, tenteront de faire invalider ses diverses élections. C'est ainsi que, dès 1796, après parution de l'un de ses premiers écrits politiques, *Le Moniteur* – le Journal Officiel de l'époque – le qualifiera « d'auteur étranger ».

Ces attaques ne cesseront pas bien que l'Assemblée nationale constituante, par une loi du 15 décembre 1790, avait déclaré être *naturels français* toutes les personnes qui, nées en pays étranger, descendaient d'un Français ou d'une Française « expatriés pour cause de religion ». Ce qui était le cas pour les ancêtres paternels et maternels de Benjamin Constant.

---

317 Sainte-Beuve : *Un dernier mot sur Benjamin Constant*, Causeries du lundi, Paris, Garnier, tome onzième, p.374.
318 Benjamin Constant, *Œuvres*, bibliothèque de la Pléiade, Paris, 1957, Gallimard, p.89.
319 Ibid., p.88.

2 - Des études « à bâtons rompus » (1780-1786)

En juin 1780 – Benjamin va avoir treize ans dans quelques mois – son père l'emmène en Angleterre, d'abord à Londres, puis à Oxford, dans l'intention, sans doute, de l'inscrire à l'université. Mais l'enfant est trop jeune. Son père se borne donc à lui faire apprendre l'anglais. Après deux mois, père et fils rentrent en Suisse accompagnés d'un nouveau précepteur, le cinquième, du nom de Nathaniel May, puis partent pour la Hollande.

En février 1782 Juste Constant décide de placer son fils, qui est dans l'année de ses quinze ans, dans une université allemande. Il l'inscrit à celle d'Erlangen en même temps qu'il le présente à la petite cour de la margrave d'Anspach :

« Elle me prit en grande estime, raconte Benjamin Constant. En effet, comme je disais tout ce qui me passait par la tête, que je me moquais de tout le monde, et que je soutenais avec assez d'esprit les opinions les plus biscornues, je devais être, pour cette cour allemande, un assez divertissant personnage. »[320]

Benjamin Constant va rester dix-huit mois dans cette université. Il y étudie beaucoup mais, en parallèle, se rend coupable de mille extravagances. Il joue, fait des dettes que son père doit éponger, prend une maîtresse « d'une assez mauvaise réputation » qui déplait à la margrave et, finalement, doit quitter le pays pour retrouver son père à Bruxelles.

Aussitôt père et fils partent pour Edimbourg où Juste a des relations. Ils y arrivent début juillet 1783. Benjamin va avoir seize ans. Ce séjour en Ecosse sera le moment le plus agréable de sa vie. Il étudie « avec une grande ferveur », fait partie d'une société de pensée, la *Speculative society*, où il rencontre Adam Smith et où il prononce une conférence qui a pour thème : *l'influence de la mythologie païenne sur les mœurs et le caractère*, preuve que dès ce moment il s'intéresse déjà à l'histoire des religions, lesquelles seront l'objet d'importantes recherches durant toute son existence. Elles aboutiront, à la fin de sa vie, à la publication de cinq volumes sous le titre *La Religion* et de deux volumes sur le polythéisme romain.

Il suit aussi des cours de littérature grecque et se lie avec quelques écrivains et philosophes héritiers des Lumières écossaises.

Bref, c'est à Edimbourg, selon Kurt Kloocke, que Benjamin Constant, entre seize et dix-sept ans, « reçoit son éducation universitaire ».[321]

A part cela il s'amuse beaucoup, joue beaucoup, perd beaucoup et quitte Edimbourg début 1785 sans payer ses dettes pour s'installer à Londres

---

[320] Ibid., p.90.

[321] Kurt Kloocke, *Benjamin Constant, une biographie intellectuelle*, Genève-Paris, 1984, Droz, p.300.

durant trois semaines. Il rejoint son père à Paris qui a réussi à le faire recevoir chez les Suard, un ménage qui tient salon et accueille les célébrités libérales de l'époque. Il y séjourne de mai à août 1785. Il y retrouve une vieille française qu'il avait connue en Suisse dont la particularité est d'être « joueuse à l'excès » : elle joue en voiture, au lit, au bain, le matin, la nuit, le soir, « toujours et partout quand elle le pouvait ».[322]

Evidemment, Benjamin Constant joue et perd. Il doit rentrer à Bruxelles où il s'éprend de Mme Johannot, son aînée de huit ans. L'année suivante il tombe amoureux de Mme Trevor, épouse le l'ambassadeur anglais à Turin mais qui tient salon à Lausanne.

C'est à ce moment – entre dix-huit et dix-neuf ans - qu'il fait la connaissance de Gibbon, qui deviendra célèbre par sa grande histoire de la décadence et de la chute de l'Empire romain.

A la mi-novembre 1786 il retourne à Paris chez les Suard mais pour une période un peu plus longue que la précédente puisqu'elle dure sept mois.

Durant ses deux séjours à Paris, Benjamin Constant a eu l'occasion de rencontrer de nombreuses personnalités qui fréquentaient le salon des Suard : Condorcet, d'Holbach, Morellet, Marmontel, etc.

Ces rencontres, ajoutées à ses nombreux séjours à l'étranger, lui permettent de constater que, jusqu'à l'âge de vingt ans, il aura étudié « à bâtons rompus ».

Toutefois, c'est pendant son deuxième séjour à Paris qu'il fait la connaissance d'une femme qui va avoir sur lui une considérable influence intellectuelle : Madame de Charrière. Entre eux va s'établir une intense amitié, mieux, une intense complicité intellectuelle. Rien de passionnel ni de charnel dans cette relation. Tous les échanges seront de culture et d'intelligence.

Et d'impertinence.

3 - Avec Madame de Charrière « hors de la route commune » (1787-1794)

Quand Benjamin Constant rencontre pour la première fois Isabelle de Charrière en 1787 il a vingt ans et elle quarante-sept.

Elle descend d'une lignée de grands aristocrates néerlandais. Elle est née au château de Zuylen près d'Utrecht et sera vite surnommée *Belle de Zuylen.* Indépendante de caractère, anticonformiste, féministe avant l'heure, très cultivée, elle partage son temps entre Paris et sa propriété du Pontet, à Colombier, en Suisse, dans le canton de Neuchâtel.

A trente ans elle avait épousé Charles-Emmanuel de Charrière qui avait été le précepteur de son frère.

---

[322] *Œuvres*, Pléiade, op. cit., p.99.

D'où son autre surnom : *Belle de Charrière.*

C'est une femme de lettres. Lors de sa rencontre avec Benjamin Constant elle a déjà publié plusieurs romans : *Le Noble* en 1762, *Lettres neuchâteloises* en 1784, *Lettres écrites de Lausanne* en 1785 et surtout *Caliste* en 1787.

« Son esprit m'enchanta, raconte Benjamin Constant. Nous passâmes des jours et des nuits à causer ensemble. Elle était très sévère dans ses jugements sur tous ceux qu'elle voyait. J'étais très moqueur de ma nature. Nous nous convînmes parfaitement. »[323]

Ce qui plait à Benjamin Constant chez Mme de Charrière c'est une manière originale et animée de considérer la vie, un mépris pour les préjugés, de la force dans les pensées, une supériorité « si vigoureuse et si dédaigneuse » sur le commun des hommes. Tout pour plaire à un jeune homme de vingt ans qui se déclare lui aussi « bizarre et dédaigneux ». Et d'ajouter : « sa conversation m'était une jouissance jusqu'alors inconnue ».[324]

C'est ce jeune homme bizarre et dédaigneux qui forme à la même époque le projet d'épouser la fille d'un banquier, Jenny Pourrat. Ambition sans lendemain.

Mme de Charrière lui servira de consolation après ses aventures sentimentales et ses pertes de jeu à Paris :

« Je passais la moitié de mes nuits à perdre mon argent. Puis j'allais causer avec Mme de Charrière qui ne se couchait qu'à six heures du matin [...] Toutes les opinions de Mme de Charrière reposaient sur le mépris de toutes les conventions et de tous les usages. Nous nous moquions à qui mieux mieux de tous ceux que nous voyions : nous nous enivrions de nos plaisanteries et de notre mépris pour l'espèce humaine [...] Elle finit par m'inspirer une soif véritable de me trouver aussi moi-même hors de la route commune. »[325]

Se placer hors de la route commune présente le risque des embardées. C'est ce qui lui arrive. Les excès de sa vie parisienne remontant jusqu'à son père, celui-ci dépêche l'un de ses lieutenants pour ramener en Suisse ce fils indiscipliné. Du coup, Benjamin s'enfuit en Angleterre « presque sans argent et absolument sans but », écrit-il le 26 juin 1787 de Douvres à Mme de Charrière.[326]

C'est la première lettre d'une longue correspondance qui durera jusqu'en 1805. Dès cette première lettre, Benjamin Constant manifeste son intention de s'installer en Amérique avec la part qui lui revient de l'héritage de sa

---

323 *Œuvres*, Pléiade, op.cit., p.101.

324 Ibid., p.102.

325 Ibid., pp.108, 107 et 109.

326 *Benjamin Constant et Isabelle de Charrière : Correspondances 1787-1805.* Paris, 1996, Desjonquères, p.29.

mère. « En cinq ans, écrit-il, je serai naturalisé. J'aurai une patrie, des intérêts, une carrière, des concitoyens. »

Et, au passage, il dresse de lui le portrait suivant - texte important car c'est l'autoportrait de ses vingt ans (moins quatre mois) :

« Accoutumé de bonne heure à l'étude et à la méditation, possédant parfaitement la langue du pays, animé par un but fixe et une ambition réglée, jeune et peut-être plus avancé qu'un autre à mon âge, riche d'ailleurs, très riche pour ce pays-là, voilà bien des avantages. »[327]

Et il projette de rencontrer à Londres John Adams, futur président des Etats-Unis, qui se trouve en mission dans la capitale britannique. Ce projet d'expatriation n'aura pas de suite.

Après trois mois passés en Angleterre et en Ecosse, où il rencontre quelques amis du temps de la *Speculative society*, il accepte de rejoindre son père en Hollande et rentre sur le Continent en passant par Calais. Il retrouve Mme de Charrière en Suisse, s'installe chez elle pour quelques mois et se soigne d'une maladie vénérienne contractée en Angleterre.

Début 1788, son père, par relations, lui ayant trouvé une situation à Brunswick, il prend la route pour s'installer dans ce lointain duché allemand où il est nommé chambellan de la cour. Il y fait la connaissance de Minna Von Cramm qu'il épouse en 1789 et dont il divorcera quelques années plus tard. Il travaille beaucoup sur la littérature grecque, sur son projet d'histoire de la religion, sur le polythéisme des Anciens et se lie avec Jacob Mauvillon, un lettré parlant plusieurs langues et ami de Mirabeau.

C'est donc de Brunswick que Benjamin Constant suit les événements de 1789 en France.

C'est à cette époque aussi que commence pour lui une longue série de difficultés relatives à la situation militaire et judiciaire de son père. En effet, le colonel Juste de Constant s'est pris de querelle avec certains de ses subordonnés. Un Conseil de guerre a eu lieu puis des procès – douze au total – ont suivi. Juste de Constant a perdu devant presque toutes les instances judiciaires et a été condamné, d'une part à payer des frais et des amendes, d'autre part à recevoir des blâmes et à présenter des excuses. De surcroît il a été suspendu de tout commandement pour une durée de six mois. Plutôt que d'attendre le prononcé officiel des jugements, Juste s'est enfui, ce qui est considéré comme un abandon de poste.

Cette affaire va durer des années. Benjamin prendra tout de suite la défense de son père. Celui-ci mettra ses propriétés immobilières et ses autres biens à l'abri de la justice en les transférant à son fils. « Dans toutes les étapes de cette affaire, écrit Paul Bastid, il s'était conduit comme un fils tendrement dévoué. »[328]

---

[327] *Correspondances,* op.cit., p.31.

[328] Paul Bastid, *Benjamin Constant et sa doctrine*, op.cit., tome 1, p.80.

Finalement, Juste Constant ne sera réhabilité qu'en 1796. Le 12 mars de cette année-là, Benjamin écrira à Mme de Charrière :

« La sentence prononcée contre mon père en Hollande vient d'être annulée, et il vient d'être replacé au service batave comme général. »[329]

De 1790 à 1794, Benjamin Constant va partager son temps entre Brunswick et la Suisse. Il traverse une période de dépression. Il éprouve « des inquiétudes morales sur presque tous les objets sans exception », il sent « plus que jamais le néant de tout ».[330]

Passé ce mauvais moment il commence de s'intéresser de très près à la politique. Il projette d'écrire un ouvrage sur la révolution du Brabant ainsi qu'une étude pour réfuter les jugements de Burke sur la Révolution française. Deux projets qui n'aboutiront pas. Surtout, il continue de travailler à son grand ouvrage sur la religion :

« Il y a trente-sept chapitres de faits, desquels je ne suis pas mécontent, écrit-il à Mme de Charrière, à qui il avoue que cette recherche sur la religion « est le seul intérêt de ma vie ».[331]

Pour le reste, c'est à Brunswick qu'a lieu sa première rencontre avec Charlotte Von Hardenberg, à l'époque mariée et dont il s'éprend. Il finira par l'épouser, mais longtemps après, en juin 1808. Elle sera la deuxième mais définitive Madame Benjamin Constant de Rebecque.

Après la mort de Mauvillon, survenue en janvier 1794, il envisage de rédiger la biographie de cet ami qui a eu sur lui une profonde influence. Là encore, projet avorté. De même qu'il ne donnera pas suite à l'idée d'écrire un dialogue sur la Révolution française entre trois personnages historiques.

4 - Débuts en politique avec Madame de Staël (1794-1802)

Le 18 septembre 1794 – un mois avant ses vingt-sept ans – Benjamin Constant rencontre Germaine de Staël à Lausanne, chez des amis de cette dernière. C'est la fille de Necker et l'épouse de l'ambassadeur de Suède en France, Eric-Magnus, baron de Staël. Elle a un an de plus que Benjamin Constant et a grandi dans le salon que sa mère tenait à Paris avant la Révolution. Elle va jouer un rôle considérable dans ses débuts, puis dans l'ascension de sa carrière politique.

Jusqu'à cette rencontre, la vie de Benjamin Constant se résume à des aventures sentimentales ou sensuelles sans lendemain et à un mariage raté (en 1795 son divorce d'avec Minna Von Cramm sera prononcé), et à des

---

329 *Correspondances*, op.cit., p.455.
330 Ibid., p.131.
331 Ibid., p. 335 et 381.

projets d'ouvrages tous inaboutis. Seul point positif : la continuité de ses études sur la religion.

Avant d'être amants, Benjamin Constant et Germaine de Staël seront fusionnels dans les domaines de la philosophie et de la politique. Ils vont embrasser avec passion la cause républicaine.

Quand ils se rencontrent pour la première fois, Robespierre a été renversé deux mois plus tôt. Madame de Staël peut donc envisager de rentrer en France, d'y tenir salon et de retrouver ses amis politiques qui ont survécu à la Terreur. Accompagnée de Benjamin Constant, qui a démissionné de ses fonctions à la cour de Brunswick, elle arrive à Paris le 25 mai 1795.

La capitale française vient de connaître les événements de Germinal et Prairial (1er avril et 20 mai 1795) causés par l'extrême-gauche jacobine qui a tenté de s'emparer du pouvoir par la force en occupant la Convention. Coup d'Etat qui a échoué. Mme se Staël rouvre donc son salon, y reçoit de nombreuses personnalités mais se trouve aussitôt sous le feu des critiques de plusieurs journaux. De son côté Benjamin Constant se lie avec plusieurs élus, publie dans *Les Nouvelles politiques* de Suard l'un de ses premiers textes politiques, *Trois lettres à un député de la Convention*, rédige pour Louvet un discours et achète plusieurs propriétés au titre de biens nationaux dont le domaine de Vaux près de Gisors et se retrouve emprisonné par erreur lors de l'insurrection royaliste du 13 vendémiaire (5 octobre 1795) rudement réprimée par un jeune général du nom de Bonaparte.

A la fin de ce même mois d'octobre 1795, il avait assisté au remplacement de la Convention thermidorienne par le Directoire, régime politique nouveau institué par une nouvelle Constitution, la Constitution de l'An III.

En quelques mois, Benjamin Constant semble être devenu un autre homme. Il a trouvé une interlocutrice à la hauteur de sa culture, de ses idées et de ses ambitions. Il respire un air nouveau. Sainte-Beuve souligne ce changement :

« Il est très certain que, dans la première partie de sa vie, Benjamin Constant était volontiers taciturne : ceux qui l'avaient vu à Lausanne et même à Colombier, et qui le revirent à Paris dans l'été de 1795, ne le trouvaient pas le même homme, tant il leur parut brillant de conversation dans le salon de Mme de Staël, tenant tête avec entrain et saillie aux personnages divers et de tous bords qui s'y pressaient. On peut dire que jusque-là l'air et le stimulant lui manquaient. »[332]

Mme de Staël ayant mécontenté par ses fréquentations le nouveau pouvoir, elle doit quitter Paris et retourne en Suisse accompagnée de Benjamin.

---

332 Sainte-Beuve, *Benjamin Constant et Madame de Charrière*, Revue des Deux Mondes, 15 avril 1844, p.252.

C'est donc en Suisse, pour manifester son attachement au Directoire, que Benjamin Constant va rédiger et publier le premier de ses grands livres politiques. C'est un soutien aux nouvelles institutions françaises. Le titre est très explicite : *De la force du gouvernement actuel de la France et de la nécessité de s'y rallier.*

Cet ouvrage, qui paraît en avril 1796, commence par cette phrase qui doit retenir l'attention : « Le moment actuel est l'un des plus importants de la Révolution ». L'expression « moment actuel » prouve avec éclat que l'auteur écrit « sous la dictée des circonstances ». La formule sera de lui. Elle constituera le fondement de sa démarche. Toute son œuvre politique – économie comprise - sera rédigée *sous la dictée des circonstances.* C'est d'ailleurs ce qui la rend si riche et si capitale.

Tous ses textes seront fondus dans le creuset de la plus brûlante actualité. C'est pourquoi, aujourd'hui, son œuvre est toujours aussi vivante : elle est née d'événements exceptionnels qui ont surgi dans la séquence historique 1789-1830 et qui se trouvent à l'origine du stock d'idées sur lequel nous vivons encore de nos jours.

Benjamin Constant n'est pas un penseur en chambre, c'est un penseur en actes.

Sonder en permanence les divers terrains de la politique immédiate pour en extraire des « principes » de gouvernement capables de répondre aux impératifs de la société des Modernes, c'est là tout Benjamin Constant dès son premier ouvrage.

Rien de surprenant si ce premier ouvrage est une matrice.

Nous voulons dire par là qu'il contient déjà, très exactement formulées, quelques unes de ses principales idées en histoire, en philosophie, en morale, en politique, en économie.

Ainsi y trouve-t-on ce thème qui sera fondamental et constamment présent dans sa pensée que l'humanité, depuis la nuit des temps et à travers les siècles, est lancée dans une marche continue et progressive vers l'égalité. C'est précisément dans ce premier ouvrage que l'on rencontre la phrase que nous avons déjà citée :

« L'égalité est une idée mère qui n'a jamais été tout à fait expulsée du cœur de l'homme [...] Au sortir du nuage impénétrable qui couvre sa naissance nous voyons le genre humain s'avancer vers l'égalité, sur les débris d'institutions de tout genre. »[333]

---

333 Benjamin Constant, *De la force du gouvernement actuel de la France et de la nécessité de s'y rallier*, Paris, 2013, Flammarion, collection Champs classiques, p.90. Il faut saluer la réédition récente, en format poche, de ce texte capital de Benjamin Constant, suivi d'ailleurs de deux autres : *Des réactions politiques*, et *Des effets de la terreur*, le tout préfacé et annoté par Philippe Raynaud, à qui revient le mérite d'avoir replacé ces écrits dans l'histoire de l'époque.

Ainsi y trouve-t-on également cet autre thème tout aussi fondamental qui est une mise en garde contre l'égoïsme :

« L'âme, écrit-il, est toujours resserrée lorsqu'elle est repoussée dans l'égoïsme : il y a toujours quelque chose de terne, de flétri, dans ce qui ne regarde que soi, dans ce qui n'émane pas de la nature et ne marche pas vers la liberté. »[334]

Enfin, on y trouve la substance de son libéralisme économique résumé dans cette phrase :

« La forme du gouvernement n'influe sur le commerce que par la liberté qu'elle lui laisse : son accroissement tient à l'exercice individuel, et illimité, de l'industrie. »[335]

Cette brochure, dont on peut donc dire qu'elle a vraiment été écrite *sous la dictée des circonstances*, semble émaner d'un Benjamin Constant nouveau et inattendu. Il va avoir vingt-neuf ans quand il la publie. Jusqu'alors il a présenté l'image d'un personnage indécis et tourmenté, hésitant entre vivre en Europe ou s'expatrier en Amérique, en proie au jeu et aux femmes, traversant des crises de dépression ou d'ennui. Bref, « revenu de tout ». Et voilà que surgit sur la scène de l'actualité un autre homme à l'esprit bien charpenté, appuyant ses idées sur des fondements solides, semblant avoir médité longuement sur l'histoire de l'humanité et l'évolution des institutions.

Après le temps des « misères obscures » - l'expression est de Sainte-Beuve – voici venu le temps des engagements.

Impression confirmée par la publication un an plus tard, fin mars 1797, d'une deuxième brochure intitulée *Des réactions politiques*, aussi importante que la précédente car il y expose un autre versant de sa pensée, ce qu'il nomme lui-même son « système des principes » et qu'il définit ainsi : s'il n'y a pas de principes, il n'y a rien de fixe. Le juste, l'injuste, le légitime, l'illégitime n'existeront plus car toutes ces notions ont pour base les principes et s'effondrent avec eux.

Et si les principes s'effondrent, c'est la voie ouverte à l'arbitraire. « L'arbitraire, ce tyran aussi redoutable pour ceux qu'il sert que pour ceux qu'il frappe, l'arbitraire régnera seul. »[336]

Benjamin Constant expose dans le détail son système des principes. Passage révélateur de sa brochure et qui vaut d'être cité un peu longuement car tout le penseur libéral est déjà présent et s'y trouve résumé :

« Des calculs politiques rapprochés des sciences exactes pour leur précision, des bases inébranlables pour les institutions générales, une garantie positive pour les droits individuels, la sûreté pour ce qu'on possède, une route certaine vers ce qu'on veut acquérir, une indépendance complète

---

[334] Ibid., p.81.
[335] Ibid., p.55.
[336] Ibid., p.157.

des hommes, une obéissance implicite aux lois, l'émulation de tous les talents, de toutes les qualités personnelles, l'abolition de ces pouvoirs abusifs, de ces distinctions chimériques, qui, n'ayant leur source ni dans la volonté, ni dans l'intérêt commun, réfléchissent sur leurs possesseurs l'odieux de l'usurpation, l'harmonie dans l'ensemble, la fixité dans les détails, une théorie lumineuse, une pratique préservatrice, tels sont les caractères du système des principes. Il est la réunion du bonheur public et particulier. Il ouvre la carrière du génie, comme il défend la propriété du pauvre. Il appartient aux siècles, et les convulsions du moment ne peuvent rien contre lui. »[337]

Parmi les « convulsions du moment » il y a eu, quelques années plus tôt, la Terreur. Dans un troisième texte qui paraît le 29 mai 1797 sous le titre : *Des effets de la Terreur*, Benjamin Constant se propose de prouver que la Terreur n'a pas été nécessaire au salut de la république, qu'au contraire la république a été sauvée malgré la Terreur. Selon lui, c'est à la Terreur qu'il faut attribuer le dépérissement de l'esprit public, le fanatisme qui s'attaque à tout principe de liberté, l'opprobre répandu sur les hommes les plus éclairés et les plus purs comme Condorcet. « C'est de la mémoire de Robespierre, souligne-t-il, que l'on se sert pour insulter aux mânes de Condorcet. »[338]

Si la Terreur a courbé les têtes « elle a dégradé les esprits et flétri les cœurs ».[339]

Pour Benjamin Constant, la Terreur a un double effet maléfique : pendant son règne et, plus tard, par son souvenir.

Pendant son règne, elle sert les amis de l'anarchie.

Par son souvenir, elle sert les amis du despotisme.[340]

Ici, Benjamin Constant inaugure ce qui sera la position des libéraux face à la Révolution française : oui à 1789, non à 1793.

Et pour ce qui le concerne il honore la mémoire des Girondins, ces premiers républicains massacrés par Robespierre et ses séides.

Avec ces trois ouvrages de la plus chaude actualité, Benjamin Constant s'installe donc dans les esprits comme un écrivain politique défenseur des libertés issues de 1789 et adversaire de tous les despotismes, aussi bien celui de l'extrême-droite royaliste que celui de l'extrême-gauche jacobine.

C'est aussi à ce moment qu'il s'installe à Paris.

Fin 1796, il achète le vaste domaine d'Hérivaux, situé sur la commune de Luzarches, au nord de Paris, où il s'installe avec Mme de Staël dont il est maintenant l'amant et où il reçoit beaucoup de personnalités politiques, entre autres Sieyès, dont il est devenu proche, et Talleyrand, ami de Mme de Staël.

---

337 Ibid., p.171.
338 Ibid., p.186.
339 Ibid., p.187.
340 Ibid.

Il noue aussi d'étroites relations avec le groupe des Idéologues : Daunou, Tracy, Cabanis, Ginguené, Jean-Baptiste Say, etc.

S'il s'est fait rapidement de nombreux amis politiques dans la capitale française grâce aux relations parisiennes de Mme de Staël, il doit aussi affronter de nombreux adversaires hostiles à ses idées et à sa personne et qui ne cessent de mettre en doute sa qualité de Français.

C'est aussi en 1797 – le 8 juin – que naît à Paris la fille de Mme de Staël, Albertine, future duchesse de Broglie, à qui Benjamin Constant portera toujours une grande attention, au point que certains observateurs le soupçonneront d'en être le père.

L'implication de Benjamin Constant dans la vie politique française s'intensifie par la création, à son initiative, d'un Cercle constitutionnel républicain, le club de Salm, qui réunira plus de 600 personnes « parmi lesquelles, souligne-t-il, se trouve tout ce qu'il y a d'estimable et de distingué dans le parti républicain. Le gouvernement encourage fort cette réunion, et déjà à présent elle sert à relever l'esprit public ».[341]

Ce club de Salm – du nom de l'hôtel où se réunissaient ses membres – visait à contrebalancer l'influence du club de Clichy fondé par les royalistes.

C'est dans le cadre de ce Cercle constitutionnel qu'il prononce un discours pour la plantation de l'arbre de la liberté.

S'il existe un texte écrit *sous la dictée des circonstances*, c'est bien celui-là. Le 4 septembre 1797 (18 fructidor) a eu lieu un événement grave : l'intervention de l'armée, aux ordres d'Augereau et avec le consentement de Bonaparte, dans la vie politique avec le soutien de trois Directeurs sur cinq. Il s'est agi de casser les élections législatives qui s'étaient tenues en mars et avril et qui avaient été favorables aux royalistes, lesquels se sont emparés de la présidence du Conseil des Anciens et de celle du Conseil des Cinq-Cents. Arrestations de députés, emprisonnements de journalistes, déportations d'opposants : le Directoire est sorti des clous de la légalité au prétexte de sauver la République. Benjamin Constant va soutenir de sa neuve autorité ce coup d'Etat militaire. Plus tard, il le regrettera. Pour l'heure il est républicain et, loin d'apercevoir l'ombre de Cromwell « cassant un Parlement rebelle à ses volontés », il juge que l'intervention d'Augereau « c'est le génie de la République repoussant du pouvoir des mandataires égarés ou infidèles ».[342]

De quoi s'attirer les bonnes grâces du Directoire. Fin 1797, il est nommé Président de la commune de Luzarches et début 1798 Lambrechts, ministre de la Justice, lui décerne un certificat lui reconnaissant la nationalité française. Il caresse alors le projet de se faire élire député. Rappelons que

---

[341] Lettre à son oncle Samuel de Constant du 11 juillet 1797, dans : *Lettres de Benjamin Constant à sa famille 1775-1830*, introduction par Jean-H Menos, Paris, 1888, Nouvelle librairie parisienne p.151.

[342] *Discours prononcé au Cercle constitutionnel pour la plantation de l'arbre de la liberté, le 30 fructidor An V*, par Benjamin Constant, p.26.

sous le Directoire des élections avaient lieu chaque année puisque la Constitution de l'An III prévoyait le renouvellement des Chambres par cinquième tous les ans.

C'est aussi à ce moment que Talleyrand le recommande à Bonaparte, général républicain membre de l'Institut, amis des intellectuels progressistes, surtout de ceux groupés autour de la revue *La Décade*, lesquels ne cachent pas leur admiration pour le jeune général qui va emmener plusieurs d'entre eux - dont le frère préféré de Jean-Baptiste Say, Horace - dans son expédition d'Egypte.

Si Benjamin Constant a les faveurs du Directoire, ce n'est pas le cas de Mme de Staël, suspectée de sympathies pour les royalistes et qualifiée dans la presse jacobine de « protectrice des émigrés ». Elle est même interdite de séjour à Paris et doit résider dans sa propriété de Saint-Ouen. Benjamin Constant passe donc l'année 1798 entre Luzarches et Saint-Ouen, travaillant à une traduction de Godwin. Il commence une liaison avec Julie Talma, l'épouse du grand comédien, par l'intermédiaire de laquelle il fait la connaissance d'Anna Linsay, avec qui il aura une aventure courte mais torride. Enfin il publie *Des suites de la contre-révolution de 1660 en Angleterre*.

Ouvrage important par la méthode qu'il annonce et par les idées qu'il contient.

La méthode consiste à aller chercher dans l'histoire passée de la France ou d'autres nations des leçons de vertu et de liberté pour le présent. C'est une méthode chère aux Idéologues et que théorisera Daunou, l'historien le plus érudit d'entre eux, quand il enseignera au Collège de France sous la Restauration.

La Décade ne s'y trompe pas qui écrit, dès la parution du livre :

« C'est considérer l'histoire sous son vrai point de vue, celui qui peut rendre l'expérience des siècles passés utiles au temps présent. »[343]

Quant aux idées, les principaux éléments de la doctrine de Benjamin Constant s'y trouvent déjà, résumés dans ce passage extrait de son ouvrage :

« Ce que le peuple désire aujourd'hui, c'est le repos ; ce qu'il veut, c'est que la République remplace enfin la révolution : ce qui est populaire, c'est ce qui est juste et moral ; ce qui rattachera tous les Français à la cause de la liberté, c'est la certitude que des institutions perfectionnées les préserveront, pour jamais, des ressources trompeuses de la violence, et que leur gouvernement n'aura plus besoin, dans sa marche paisible, du mouvement désordonné des factions. »[344]

Liberté, justice et morale garanties par « des institutions perfectionnées » pour offrir au peuple le repos hors des violences des factions : on retrouvera

---

[343] *La Décade*, N°30 du 30 messidor An VII, p.183.

[344] Benjamin Constant, *Des suites de la contre-révolution de 1660 en Angleterre*, Paris, An VII, F. Buisson, p.87.

tous ces thèmes dans ses écrits et ses engagements ultérieurs. Si, pour l'heure, il est républicain, ces mêmes thèmes fondamentaux subsisteront quand, plus tard, en raison des circonstances, il sera devenu un défenseur de la Charte de 1814 et de la monarchie constitutionnelle.

De son côté Mme de Staël rédige une brochure dont le titre annonce l'intention : « *Des circonstances actuelles qui peuvent terminer la révolution et des principes qui doivent fonder la république en France* ». Texte qui ne sera pas publié et qui restera inédit pendant plus d'un siècle mais texte éclairant - « qui porte l'estampille de l'intelligence politique » écrira de nos jours Michel Winoch - car il souligne son accord avec Benjamin Constant. En effet, elle proclame « qu'il faut être véritablement enthousiaste de la théorie du système républicain ».[345]

Selon elle, les crimes de la Révolution ne sont point une conséquence de ce système mais au contraire « c'est dans ce système qu'on peut en trouver le meilleur et le seul remède ».[346]

Enfin, elle fait l'éloge du Directoire dont les résolutions intrépides ont aplani tous les obstacles qui séparaient la France de la République. Toutefois, elle refuse que les Français imposent la République aux pays voisins par les armes :

« Quant au principe de propagande, écrit-elle, qui fait vouloir des révolutions dans les autres pays, mon esprit ne voit sur la terre aucun principe assez évident pour pouvoir l'établir au prix du sang. »[347]

Elle juge que la propagande armée ne peut être qu'une conquête et un peuple conquis n'a pas l'énergie pour être libre. De surcroit, « le sentiment de la liberté fait rejeter avant tout l'influence étrangère. Les habitudes de la soumission ne préparent point les âmes à la République ».

Conclusion : « Pour mériter votre estime, frères Français, ce n'est pas vous accueillir qu'il faut, c'est vous imiter. »[348]

Cette politique de conquête de territoires voisins par les armes au nom de la liberté, qui restait la position du Directoire, et à laquelle Mme de Staël est hostile, explique sans doute pourquoi son ouvrage n'a pas été publié.

Benjamin Constant et elle décident de passer l'hiver 1798-1799 en Suisse, à Coppet, où Benjamin envisage de terminer son travail de traduction de Godwin. Mais dès février il revient en France, fait face à ses obligations municipales dans le canton de Luzarches, continue à voir Julie Talma,

---

[345] Baronne de Staël : *Des circonstances actuelles qui peuvent terminer la révolution et des principes qui doivent fonder la république en France*, Paris, 1906, librairie Fischbacher, p. 4. La citation de Michel Winoch et extraite de son ouvrage récent : *Madame de Staël*, Paris, 2010, p.160.
[346] Ibid., p.5.
[347] Ibid.
[348] Ibid., p.6.

intensifie ses relations avec Sieyès, d'autant que ce dernier entre au Directoire et va en devenir le président.

Le 18 brumaire 1799, il assiste à Saint-Cloud au coup d'Etat de Bonaparte « en spectateur » selon ses propres termes et en informe Mme de Staël qui vient de rentrer en France.

Et le 24 décembre 1799, après rédaction et vote d'une nouvelle Constitution, dite Constitution de l'An VIII qui inaugure le Consulat, il est nommé membre du Tribunat, l'une des nouvelles Assemblées parlementaires, en même temps que plusieurs autres Idéologues dont Jean-Baptiste Say.

Alors commence la première des deux séquences parlementaires de Benjamin Constant.

Elle sera de courte durée.

Dès le 5 janvier 1800, dans son premier discours de Tribun, il critique le règlement intérieur autoritaire que le nouveau pouvoir veut imposer au Tribunat dans le domaine de l'élaboration de la loi et qui aurait pour effet, selon lui, de transformer cette Assemblée en simple chambre d'enregistrement. Il plaide donc pour la liberté et l'indépendance du Tribunat.

Et voici sa conclusion, qui claque comme un coup de fouet et qui fera rugir de colère Bonaparte :

« Sans l'indépendance du Tribunat, il n'y aurait plus ni harmonie, ni Constitution, il n'y aurait que servitude et silence ; silence que l'Europe entière entendrait. »

Finalement, Benjamin Constant ne vote pas contre le projet : il demande que le gouvernement le retire pour l'améliorer et le représenter.

Accuser Bonaparte de vouloir imposer « servitude et silence » aux représentants du peuple, voilà qui fait aussitôt dans tout Paris le bruit d'une bombe.

Informé immédiatement, le Premier consul condamne l'insolent :

« C'est une honte ! clame-t-il à l'intention de ses proches. Cet homme veut tout brouiller. Mais je saurai le contenir. J'ai le bras de la nation levé sur lui. »

Non, Benjamin Constant ne voulait pas tout brouiller. Sa perspicacité politique lui avait montré que, né d'un coup d'Etat militaire, le nouveau pouvoir, à peine installé, s'élançait dans la voie de la dictature en refusant au Tribunat le droit d'assumer pleinement son rôle d'assemblée délibérante. En clair, et pour reprendre une formule qui, plus tard, sera célèbre, il avait tout de suite compris que Napoléon, déjà, perçait sous Bonaparte.[349]

---

349 Voir notre ouvrage : *Les opposants à Napoléon 1800-1815, l'élimination des royalistes et des républicains*, Toulouse, 2003, Privat, p.48.

Tous ses autres discours, à l'image de celui-là, auront pour objet la défense des libertés :

« Il avait trouvé sa vocation, écrit Paul Bastid, dans ce rôle de Tribun défenseur des libertés naissantes. »[350]

Ainsi intervient-il sur le droit de pétition, les rentes foncières, la liberté de tester, l'ordre judiciaire, la défense des juges de paix, l'instauration de tribunaux spéciaux.

Au titre de ces interventions il faut retenir celle qui concerne un projet sur la dette publique et la situation des domaines nationaux. Dès cette époque on trouve chez lui un thème que l'on rencontrera souvent dans ses écrits et ses discours, à savoir la nécessité pour l'Etat d'être d'une fidélité scrupuleuse dans le respect de ses engagements financiers. Il reproche au gouvernement, sous couvert de mesures très techniques, de vouloir renouveler la banqueroute des Deux Tiers.

Ce « tribun défenseur des libertés naissantes », pour reprendre l'expression de Paul Bastid, de même que ses amis Idéologues qui suivent le même chemin, ne tardent pas à s'attirer les foudres du Premier consul. Bonaparte au pouvoir ne supporte pas longtemps ces intellectuels bavards et raisonneurs qu'il qualifie d'avocats, de métaphysiciens et, finalement, de « vermine ».

En 1802, lors du premier renouvellement partiel du Tribunat, Benjamin Constant est éliminé de cette institution.

Il n'est pas le seul.

Ils sont une vingtaine à subir le même sort, dont Daunou, Marie-Joseph Chénier, Ginguené, etc.

Jean-Baptiste Say suivra deux ans plus tard.

Un interlocuteur de Mme de Staël qui lui faisait observer que le Tribunat venait d'être « épuré » s'attirera cette précision cinglante : « écrémé, non pas épuré... »

Nuance.

5 - Coppet : Maison-mère du libéralisme (1803-1813)

Alors commence pour Benjamin Constant, qui vient d'avoir trente-cinq ans, une traversée du désert - en politique s'entend - qui va durer dix ans. Mais ce sera aussi pour lui ainsi que pour Germaine de Staël dix années d'une intense activité intellectuelle au sein du groupe de Coppet où ils brilleront tous deux comme les deux étoiles de la liberté dans le sombre horizon du despotisme napoléonien. Car Mme de Staël va être frappée plus durement encore que Benjamin Constant par des ordres d'exil que lance

---

[350] Paul Bastid, op.cit., tome 1, p.156.

contre elle Napoléon et qui l'oblige à quitter son cher Paris pour se réfugier en Suisse, dans ce château de Coppet que son père a acheté en 1784 au bord du lac Léman et qui, après avoir été le refuge des bannis de la Terreur, va devenir le havre des proscrits du Consulat et de l'Empire.

A partir de ce moment, le groupe de Coppet va monter en puissance et attirer au château des Necker des intellectuels de toute l'Europe.

A l'origine, Coppet était la résidence d'été des Necker.

L'épouse de Jacques Necker, qui avait ouvert un salon à Paris en 1770, puis leur fille Germaine de Staël, qui ouvrit le sien après son mariage en 1786, recevaient le tout Paris de la politique et des lettres. Certains membres de ce tout Paris se retrouvaient l'été à Coppet qui devint alors le salon des Necker à la campagne. Ainsi se constitua ce que l'on appellera par la suite *Le groupe de Coppet*, qui fut l'une des racines intellectuelles du libéralisme français, l'autre racine étant à la même époque *La société d'Auteuil,* du nom de cette commune proche du Paris d'alors où se tenait le salon de Madame Helvétius fréquenté par les Idéologues et leurs amis français et étrangers.

Rien de surprenant de voir Benjamin Constant, après son exclusion du Tribunat et Germaine de Staël, après l'ordre d'exil qui la frappe prendre tous deux le chemin de la Suisse.

Donc, au départ, le groupe de Coppet c'est d'abord quelques personnes constituant une sorte de noyau central autour duquel vont venir graviter, en cercles de plus en plus larges, des personnalités - hommes et femmes - en provenance de toute l'Europe et formant à certains moments une véritable constellation d'intellectuels où se côtoient et se croisent politiques et poètes, écrivains et scientifiques, sans omettre les émigrés, les exilés, le bannis, les exclus, tous victimes des flux et reflux de l'histoire immédiate, qui viennent chercher refuge au bord du lac Léman grâce à l'immense générosité de Germaine de Staël. Sans oublier les amants de cette dernière qui occuperont souvent - ou auront occupé - des positions de pouvoir comme le comte Louis de Narbonne ou Talleyrand.

Aux plus intenses heures de Coppet il y aura selon certains témoins jusqu'à trente personnes qui séjourneront au château ou dans les environs immédiats et vivront au rythme imposé par Germaine et dans son tourbillon, causant, écrivant, débattant, jouant comédies ou tragédies.

La conversation et le théâtre seront le deux grandes activités de ces assemblées d'intellectuels.

Passant à Coppet en 1802, Chênedollé raconte dans sa correspondance qu'il y a vu Chateaubriand « dans tout l'état de sa première gloire ». Il vient en effet de publier *Génie du christianisme*. Il y a rencontré aussi Madame Récamier « dans toute la fleur délicate de sa grâce et de sa jeunesse », ainsi que Mme Visconti, le chevalier de Boufflers, le comte Louis de Narbonne et, évidemment, Benjamin Constant « qui traitait les plus hautes questions politiques avec une logique claire et serrée ».[351]

Et quinze ans plus tard, en 1817, Stendhal, dans son journal, à la date du 6 août de cette année-là écrira que les réunions de Coppet étaient « les états généraux de l'opinion européenne » qui feraient pâlir toutes les académies du continent. Et d'ajouter :

« Je ne vois pas ce qu'elles ont à opposer à un salon où les Dumont, les Bonstetten, les Prévôt, les Pictet, les Romilly, les de Broglie, les Brougham, les de Brême, les Schlegel, les Byron discutent les plus grandes questions de la morale et des arts devant mesdames Necker-Saussure, de Broglie, de Staël. Les auteurs écriraient pour être estimés dans le salon de Coppet. Voltaire n'a jamais eu rien de pareil. »[352]

1802-1817 : voilà les deux dates extrêmes qui encadrent l'histoire du groupe de Coppet.

En 1802, le noyau central est constitué.

En 1817, la mort de Mme de Staël sonne la fin de ce qui aura été, dans l'histoire de la pensée européenne et du libéralisme naissant, une séquence exceptionnelle.

Mais c'est ici le noyau central qui nous intéresse particulièrement.

Il est composé des Necker mari et femme, de leur fille Germaine, de Charles Victor de Bonstetten qui les fréquente depuis longtemps déjà, de Benjamin Constant qui les rejoint en 1794 et de Sismondi qui s'y ajoutera dès 1801.

Soulignons ces dates : comme Jacques Necker décède en 1804, c'est donc durant dix ans - 1794-1804 - que Benjamin Constant sera en situation d'entretenir un dialogue permanent sur l'économie et les finances avec l'ancien ministre de Louis XVI qui, précisément, publie durant cette période son ouvrage sur la Révolution (1796) et surtout ses *Dernières vues de politique et de finance, offertes à la Nation française* (1802). Dans ce livre, il y a d'importantes considérations sur la nécessité de la transparence des comptes de l'Etat et sur le *crédit public* dans sa double acception : financière quand il s'agit pour le gouvernement d'emprunter de l'argent à la population et morale quand il s'agit d'honorer le remboursement de sa dette sans tromperie, toutes considérations que l'on retrouvera en des termes équivalents dans les écrits de Benjamin Constant.

Ce dialogue sur l'économie se poursuivra avec Sismondi après la mort de Necker et avec Bonstetten.

Charles Victor de Bonstetten, né en Suisse, à Berne, en 1745, était de vingt-deux ans plus âgé que Benjamin Constant et il est mort deux ans après

---

[351] Dans Sainte-Beuve : *Chateaubriand et son groupe littéraire sous l'Empire*, Paris, 1861, Garnier frères, tome premier, p.183.

[352] Stendhal : *Rome, Naples et Florence en 1817*, Paris, Le Divan, tome III, p.202.

lui, en 1832, à l'âge plus que canonique de quatre-vingt-sept ans. On peut dire de lui qu'il fut de Coppet avant même l'existence de Coppet puisque, de passage à Paris à vingt-cinq ans, il fréquenta dès 1770 le salon de Madame Necker et connut Germaine de Staël enfant.

Pour Sainte-Beuve, Bonstetten « c'était un aimable Français du dehors, un Bernois aussi peu Bernois que possible, qui avait fini par adopter Genève pour résidence et pour patrie, esprit cosmopolite, européen, qui écrivait et surtout causait agréablement en français ».[353]

A cheval sur deux siècles, selon l'expression de Sainte-Beuve, il avait été invité très souvent chez Voltaire à Ferney, avait voyagé en Angleterre dont il parlait la langue, ainsi que dans les pays scandinaves et en Italie, où il avait fréquenté ce Coppet de Florence qu'était le salon de la comtesse d'Albany. A vingt-ans il avait fait une rencontre déterminante qui allait orienter toute sa vie, celle du naturaliste et psychologue Charles Bonnet qui le prit en amitié et lui enseigna que la liberté n'est pas une pure sensation, ni une exaltation vague mais que le citoyen qui veut s'en rendre digne « a tout autant de devoirs que de droits ».[354]

A Coppet Bonstetten sera un interlocuteur privilégié pour Benjamin Constant d'autant que, comme ce dernier, il s'intéresse à l'économie. Dans un ouvrage qu'il publie en 1815 et qui s'intitule *Pensées sur divers objets de bien public* il rédige un chapitre qui démontre « qu'il faut mettre l'industrie nationale en contact avec les sciences ». C'était là une idée qu'avait abondamment développée douze ans plus tôt Jean-Baptiste Say dans son *Traité d'économie politique*. Pour Say en effet l'alliance du savant et de l'entrepreneur d'industrie - autrement dit le concours des « forces naturelles » découvertes par la recherche fondamentale avec les processus de la production industrielle - une telle alliance devait être la loi de l'économie des Modernes. Dans la même perspective, Bonstetten avait résumé sa propre pensée en soulignant qu'il était urgent de rapprocher les hommes qui *pensent* des hommes qui *font,* la théorie de la pratique, la science qui éclaire du travail qui produit. « C'est, avait-il écrit, en faisant tomber la lumière de l'homme qui pense sur le travail de l'homme qui agit, que la grande société se développe. »[355]

Ajoutons que d'autres économistes feront le déplacement de Coppet. Ainsi de Jean-Baptiste Say qui rendra visite à Mme de Staël après son éviction du Tribunat en 1804 et avant de fonder sa filature de coton dans le Pas-de-Calais, ainsi d'Etienne Dumont, introducteur en France des œuvres

---

[353] Sainte-Beuve, *Causeries du lundi*, Paris, Garnier frères, tome quatorzième, p.417. Dans ce volume de ses causeries, Sainte-Beuve consacre trois longs articles à Charles Victor Bonstetten.

[354] Sainte-Beuve, op.cit., p.426.

[355] Voir l'ouvrage de Bonstetten, *Pensées sur divers objets de bien public*, Genève, 1815, chez Manget et Cherbuliez, libraires, p.95.

de Bentham, ainsi de Pellegrino Rossi qui, plus tard, allait succéder à Jean-Baptiste Say à la chaire d'économie politique du Collège de France.

Benjamin Constant occupe donc une place centrale dans l'histoire du groupe de Coppet, et cela dès les origines. Avec Germaine de Staël, il est l'une des deux planètes de cette constellation d'intellectuels cosmopolites, de ce lieu où souffle l'esprit libéral européen ou, mieux encore, de cette « maison-mère du libéralisme » pour reprendre l'expression d'Albert Thibaudet.[356]

En 1802, après son éviction du Tribunat, Benjamin Constant n'est pas frappé d'exil comme Mme de Staël. Il peut donc aller et venir librement entre Coppet et Paris.

Il passe la fin de 1802 et le début de 1803 en Suisse, puis revient en France pour aménager sa nouvelle propriété, *Les Herbages* toujours à Luzarches. En effet, il a dû vendre *Hérivaux* sans doute pour solder des dettes de jeu. Il retrouve ses nombreux amis et tente de faire lever, par leur intermédiaire, la sanction qui frappe Mme de Staël. En vain. Cette dernière s'étant avisée de venir roder aux alentours de Paris malgré l'interdiction de Bonaparte, et s'étant installée à Maffliers, près de l'Isle-Adam et non loin de Luzarches, elle reçoit sans tarder un ordre d'exil définitif. La détermination du Premier consul est sans appel : « L'intention du gouvernement est que cette étrangère ne reste point en France. »[357]

C'est à ce moment que Benjamin Constant et Germaine de Staël décident d'entreprendre un long voyage en Allemagne. Il va durer d'octobre 1803 à avril 1804. Benjamin Constant va faire la connaissance de Goethe, de Schiller, d'Auguste-Wilhem Schlegel (que Mme de Staël ramènera à Coppet comme précepteur de ses enfants) ainsi que de nombreux autres historiens et intellectuels allemands. Durant ce séjour il travaille beaucoup à son ouvrage sur la religion.

La mort de Jacques Necker, en avril 1804, ramène tout le monde à Coppet.

Jusqu'en décembre, Benjamin Constant reste en Suisse, partage son temps entre Coppet et Genève, mène de longs entretiens avec Schlegel et Sismondi, fait la connaissance de Prosper de Barante, continue de travailler intensément à son livre sur la religion.

Le 6 décembre il rejoint Mme de Staël à Lyon. Elle part pour l'Italie mais lui revient à Luzarches en s'arrêtant à Moulins chez Julie Talma.

---

[356] Albert Thibaudet, *Les idées politiques de la France*, dans : *Albert Thibaudet, réflexions sur la politique*, édition établie par Antoine Compagnon, Paris, 2007, Robert Laffont, collection Bouquins, p.170.

[357] Voir le chapitre *Les exils de Mme de Staël*, de notre ouvrage *Les opposants à Napoléon*, op.cit., p.149.

Pour la première fois depuis dix ans, il retrouve à Paris, en cette fin de décembre 1804, Charlotte Von Hardenberg devenue Madame Dutertre.

L'année 1805 se déroule moitié à Paris, moitié à Coppet. Elle est marquée par deux décès qui touchent de près Benjamin Constant : celui de Julie Talma en mai et celui de Madame de Charrière en décembre. Par ailleurs, ses relations se dégradent avec Mme de Staël et il commence d'envisager sérieusement d'épouser Charlotte.

1806 - année de ses trente-neuf ans - est une période fructueuse dans la production intellectuelle de Benjamin Constant : il rédige son ouvrage-phare, celui qui fera sa renommée de penseur politique, ses *Principes de politique*, qu'il fera recopier et qu'il enrichira jusqu'en 1810 mais qui ne paraîtra sous ce titre que le 29 mars 1815 pour justifier son ralliement à Napoléon durant les Cent-Jours. Cette première publication sera une version incomplète du texte initial. La version complète et définitive ne sera diffusée qu'en 1980 grâce à un méticuleux travail universitaire de recherche et de mise au point.[358]

Toutefois 1806 est aussi une année sombre quant à ses relations avec Mme de Staël. Les querelles deviennent fréquentes. Son impétuosité et l'agitation permanente qu'elle entretient autour d'elle, de même que son caractère possessif, constituent, dit-il, « un trouble » qui pénètre sa vie. Il se rapproche de Charlotte dont il juge qu'elle est victime « d'un sot mariage et d'un vilain mari ».[359]

A la lecture de son *Journal* de cette époque on s'aperçoit que Charlotte, calme, douce et discrète, lui apparaît comme le contrepoint désirable à l'agitation de Mme de Staël.

A la date du 26 octobre 1806, une confidence révélatrice marque un tournant capital dans sa vie sentimentale.

Qu'on en juge :

« Journée folle. Délire d'amour. Que diable cela veut dire. Il y a 10 ans que je n'ai rien éprouvé de pareil. Mais tout est bouleversé ! Je veux Charlotte, je la veux à tout prix [...] Je crois bien que Mme de Staël y entre pour beaucoup. Le contraste entre son impétuosité, son égoïsme, son occupation constante d'elle-même, et la douceur, le calme, l'humble et modeste manière d'être de Charlotte me rend celle-ci mille fois plus chère. Je suis las de l'homme-femme dont la main de fer m'enchaîne depuis dix ans, et une femme vraiment femme m'enivre et m'enchante. »[360]

Finalement, il épousera Charlotte en juin 1808 après qu'elle aura obtenu son divorce d'avec M. Dutertre. Mariage secret, qui ne sera révélé à Mme de

---

[358] Voir Etienne Hofmann : *Les principes de politique de Benjamin Constant. La genèse d'une œuvre et l'évolution politique de leur auteur (1789-1806),* Genève, Droz, 1980, deux volumes. C'est le second volume qui comprend l'édition critique et annotée des *Principes.*

[359] *Œuvres,* Pléiade, op.cit., p.426 et 428.

[360] Ibid., p.555.

Staël et au public de Coppet qu'un an plus tard. Et c'est en avril 1811 que Benjamin Constant rompra définitivement avec Mme de Staël, avant de partir pour un long voyage en Allemagne avec Charlotte. Il ne rentrera à Paris qu'à la mi-avril 1814, après la retraite de Russie de l'armée de Napoléon et alors que les troupes étrangères occupent la capitale française. Avant cela, il avait tenté de se rapprocher de Bernadotte, nouveau prince héritier de Suède, lequel, soutenu par le tsar de Russie Alexandre 1er, avait conçu le projet de succéder à Napoléon après son abdication. Ambition sans suite. Benjamin Constant fera son grand retour dans la politique française par une autre porte : celle de l'écriture à la hâte fin 1813, puis de la publication à Paris début 1814, d'un livre issu là encore « des circonstances » : *De l'esprit de conquête et de l'usurpation.*

6 - De la république à la monarchie constitutionnelle avec haltes chez Bernadotte et chez Napoléon (1814-1815)

Preuve que *De l'esprit de conquête* a été écrit « sous la dictée des circonstances », Benjamin Constant, dans la préface, salue « les flammes de Moscou qui ont été l'aurore de la liberté du monde ». Autrement dit, il se réjouit, au nom de la liberté, de l'épouvantable défaite de l'armée française qui vient d'avoir lieu en Russie, phrase qui lui sera longtemps reprochée comme inexcusable en raison de son antipatriotisme.

Certes, comme il le dit lui-même, il a puisé dans ses principes de politique encore inédits, et qui seront sa grande œuvre théorique aux yeux de la postérité, de larges parties de son présent livre. Mais derrière « l'esprit de conquête » et « l'usurpation » c'est bien le procès de Napoléon qu'il entend instruire. Du Napoléon guerrier et conquérant qui marche à l'opposé des tendances de son siècle en préférant la possession par la violence des armes à la possession par la pratique paisible du commerce. C'est donc dans cet ouvrage que l'on trouve pour la première fois amplement développée l'opposition qui sera célèbre chez Benjamin Constant entre la guerre et le commerce, la guerre « impulsion sauvage » et le commerce « calcul civilisé ».

Et derrière cette opposition en apparaît une autre, tout aussi célèbre chez lui, entre les Anciens et les Modernes. Chez les Anciens la guerre était nécessaire, chez les Modernes elle doit être bannie car « elle coûte infailliblement plus qu'elle ne rapporte ».

Conséquence - et ici c'est toujours Napoléon qui est visé - la guerre ne procurant que privations et souffrances « l'apologie du système des conquêtes ne pourrait reposer que sur le sophisme et l'imposture ».[361]

---

[361] Benjamin Constant, *Ecrits politiques*, op.cit., pp.130-131 et 147.

L'opposition Anciens-Modernes, qui est, comme on le sait, l'un des grands versants de la pensée politique de Benjamin Constant, et qui sera le thème de sa grande conférence de 1819 à l'Athénée, cette opposition se trouve donc déjà très présente et très développée dans *L'esprit de Conquête*. Rien de surprenant à cela car on découvrira plus tard que cette opposition était l'objet d'un long développement dans ses *Principes de politique* rédigés en 1806 lors de sa traversée du désert.

C'est la confirmation que les *Principes de politique*, avant leur publication sous forme de livre, ont bien été une mine, un véritable gisement dans lequel il a puisé pour intervenir dans le débat public en fonction des « circonstances ».

Autre idée très forte, qui constitue elle aussi un versant capital de sa pensée, et que l'on rencontre déjà dans *De l'esprit de conquête* : le danger de l'égoïsme dans la société des Modernes :

« Il faut aux hommes, écrit-il, pour qu'ils s'associent réciproquement à leurs destinées, autre chose que l'intérêt. Il leur faut une opinion ; il leur faut de la morale. L'intérêt tend à les isoler, parce qu'il offre à chacun la chance d'être plus heureux ou plus habile. »[362]

On trouve encore d'autres idées très fortes dans cet ouvrage :

- Par exemple sa condamnation de l'uniformité imposée au peuple aussi bien par la tyrannie des démagogues révolutionnaires que par le despotisme napoléonien. Et Benjamin Constant d'affirmer au contraire son attachement à la diversité aussi bien des mœurs, des habitudes, des coutumes et de ce qu'il nomme « les intérêts de localité » :

« La variété, proclame-t-il, c'est de l'organisation ; l'uniformité, c'est du mécanisme. La variété, c'est la vie ; l'uniformité, c'est la mort. »[363]

Au risque de l'anachronisme, soulignons l'accent quasi-bergsonien de cette phrase qui évoque par anticipation l'opposition que fera Bergson entre le « tout-fait » (uniformité et mécanisme) et le « se-faisant » (variété et vie). Insistons sur ce fait historique : alors qu'il se trouve placé, par l'époque où il écrit, aux sources mêmes de la double centralisation française - jacobine et napoléonienne - Benjamin Constant, en plaidant pour la diversité, c'est-à-dire, en termes politiques, pour la décentralisation, élabore une certaine forme de fédéralisme adapté à la France. Cela l'avait rendu proche, au moment de la Révolution, des Girondins.

Bref, pour lui, l'Etat centralisé est un être abstrait et « on immole à l'être abstrait les êtres réels : l'on offre au peuple en masse l'holocauste du peuple en détail ».[364]

Pour Benjamin Constant le patriotisme naît des variétés locales et c'est le seul genre de patriotisme véritable.

---

[362] Ibid., p.137.
[363] Ibid., p.168.
[364] Ibid., p.169.

Et cette phrase, écrite il y a plus de deux cents ans, conserve encore aujourd'hui un caractère d'actualité :

« Les grands Etats ont de grands désavantages. Des lois partent d'un lieu tellement éloigné de ceux où elles doivent s'appliquer, que des erreurs graves et fréquentes sont l'effet inévitable de cet éloignement. »[365]

- Autre exemple encore d'une idée qu'il développera longuement dans ses écrits ultérieurs : l'importance de la propriété dans l'organisation sociale, mais d'une propriété qui résulte du travail et non de la conquête violente :

« Dans une société bien organisée, explique-t-il, le talent conduit à la propriété. Le corps des anciens propriétaires se recrute ainsi de nouveaux membres, et c'est la seule manière dont un changement progressif, imperceptible et toujours partiel, doive s'opérer. L'acquisition lente et graduelle d'une propriété légitime est autre chose que la conquête violente d'une propriété qu'on enlève. L'homme qui s'enrichit par son industrie ou ses facultés apprend à mériter ce qu'il acquiert : celui qu'enrichit la spoliation ne devient que plus indigne de ce qu'il ravit. »[366]

- Dernier exemple enfin : la place centrale dans sa doctrine de l'opinion publique, ce qu'il appelle « le vœu national », surtout pour mener à bien une politique de réformes, de changements, d'abolition des abus, d'améliorations et d'innovations. Selon lui, « toutes ces choses ne sont salutaires que lorsqu'elles suivent le vœu national ». Mais comment connaître ce vœu ? Par la liberté de la presse, car si on laisse à l'opinion la faculté de s'exprimer librement, on la connaîtra sans peine. Et d'ajouter :

« Vous avez donc ici pour moyen aussi infaillible que facile, la liberté de la presse ; cette liberté à laquelle il faut toujours revenir ; cette liberté nécessaire aux gouvernements, non moins qu'aux peuples ; cette liberté dont la violation est, sous ce rapport, un crime d'Etat. »[367]

De l'esprit de conquête et de l'usurpation est donc un jalon important dans la biographie de Benjamin Constant en raison du moment historique où ce livre paraît, des idées qu'il contient, des perspectives qu'il ouvre, de la méthode qu'il révèle, ou plutôt qu'il confirme.

Le moment, c'est le grand virage qui marque la situation politique du pays où l'on va passer de l'empire napoléonien à la monarchie constitutionnelle des Bourbons restaurés. C'est l'époque où l'on s'aperçoit que Benjamin Constant a cessé d'être républicain et s'apprête à apporter son soutien à la Charte de 1814. Sans doute, durant sa traversée du désert, a-t-il tiré les leçons d'une République qui, sous le Directoire, s'est effondrée dans l'anarchie et, sous le Consulat, s'est dissoute dans l'Empire. La tentative avortée de rapprochement avec Bernadotte avait prouvé que l'horizon qu'il se proposait n'était plus le rêve républicain.

---

365 Ibid., p.169.
366 Ibid., p.193.
367 Ibid., p.280 et 281.

Au reste *De l'esprit de conquête* contient, et ce n'est pas un hasard, un éloge appuyé de la monarchie anglaise où l'on peut voir, selon lui, « tous les droits des citoyens hors d'atteinte et l'élection populaire maintenant la vie dans le corps politique ».[368]

Par sa critique du système des conquêtes, par sa dénonciation de l'arbitraire qu'institue l'usurpation, par sa recherche d'un régime politique capable d'instituer des garanties et d'assurer l'exercice des libertés - toutes les libertés - par l'éloge de l'Angleterre qui montre l'exemple d'un peuple sage, vertueux et libre, en raison de tout cela, *De l'esprit de conquête* est un écrit qui contient tous les éléments constitutifs de ce que sera non seulement la philosophie politique de Benjamin Constant mais encore son économie politique.

Et qui révèle sa méthode, qui consiste à prendre appui sur les « circonstances », autrement dit sur les événements de l'instant, pour s'élever par degrés aux plus hautes considérations politiques et économiques.

De l'esprit de conquête, qui paraît en librairie à Paris le 22 avril 1814, constitue pour Benjamin Constant un double retour : sur la scène politique et dans la capitale, qu'il avait quittée avec Charlotte en janvier 1811.

Cet éloignement s'était divisé en trois parties : quatre mois en Suisse de janvier à mai 1811 marqués par ses adieux à Mme de Staël ; vingt-huit mois en Allemagne avec Charlotte de juin 1811 à novembre 1813, période où il avait rencontré de nombreux intellectuels ; enfin, six mois à Hanovre puis à Liège de novembre 1813 à avril 1814 auprès de Bernadotte.

C'est avec lui qu'il rentre à Paris.

Ici, un rapide retour en arrière s'impose.

Bernadotte était né à Pau en janvier 1763. Il s'était engagé dans l'armée à dix-sept ans, avait connu durant la Révolution une ascension rapide grâce à Kléber et était devenu général en 1794. Il avait participé à la campagne d'Italie. En 1798, il avait épousé Désirée Clary, la première fiancée de Bonaparte et par ce mariage était devenu le beau-frère de Joseph Bonaparte, mari de la sœur de Désirée. Ministre de la guerre durant quelques mois à la fin du Directoire, il n'avait pas participé au coup d'Etat du 18 brumaire mais, bien que de tempérament jacobin comme son ami Moreau, s'était rallié à Napoléon en 1804, année où il avait été nommé maréchal. En 1805 il est nommé gouverneur de Hanovre.

En 1806 il est fait prince et duc de Ponte-Corvo par l'Empereur.

En 1810, le vieux roi de Suède Charles XIII n'ayant pas de successeur, les Etats généraux de ce pays, fortement influencés par un parti favorable à la France, élisent Bernadotte, de surcroît soutenu par l'armée, au rang de prince héritier de Suède.

---

368 Ibid., p.183.

En 1813, quand Benjamin Constant le rejoint, il est passé avec l'armée suédoise dans le camp des ennemis de la France, a battu dans deux combats en Allemagne ses anciens camarades Oudinot et Ney et a été pour beaucoup dans la victoire des Alliés sur Napoléon lors de la bataille de Leipzig. Toutefois il refuse de rentrer dans Paris avec les armées ennemies de la France, d'où sa position d'attente à Liège et son retour dans la capitale française avec Benjamin Constant fin avril et non le 31 mars 1814.

Dès lors qu'Alexandre 1er a décidé de s'aligner sur une Angleterre favorable au retour des Bourbons sur le trône de France, il n'y a plus d'espoir pour Bernadotte de succéder à Napoléon. Benjamin Constant l'a bien compris qui, à peine installé à Paris, prend ses distances avec le prince héritier de Suède. En effet, le *Journal des débats* du 16 avril 1814 ayant, dans un court entrefilet, annoncé son arrivée à Paris en le qualifiant de « secrétaire intime » du prince royal de Suède, il s'empresse de démentir l'information. Il demande la publication d'un rectificatif qui paraît deux jours plus tard :

« Je lis dans votre journal un article qui est sans fondement. Je ne suis point secrétaire intime de S.A.R. le prince de Suède ; je n'ai point l'honneur d'occuper une place auprès de sa personne. Il m'a permis de séjourner quelque temps à son quartier-général ; mais je n'ai le bonheur de lui être attaché que par les sentiments d'admiration et de reconnaissance qu'il inspire à tous ceux qui l'approchent. »

Façon élégante de prendre congé d'un personnage dont l'avenir n'est plus en France. Autrement dit, il est temps de « changer de branche » comme il l'avait noté dans son journal quelques semaines plus tôt devant les hésitations de Bernadotte. S'il a joué un temps la carte Bernadotte - qu'il appelle dans son journal le Béarnais - il n'avait guère d'illusion sur ce choix. Dès novembre 1813 il notait :

« Le Béarnais veut de moi. Je m'attache à lui. Il a l'air de m'aimer. Mais son propre terrain est mouvant. Ma cabane bâtie là-dessus serait du sable sur du sable. »[369]

Sa halte chez Bernadotte aura donc été de courte durée.

En vérité, dès son retour à Paris, il a trois priorités : se faire présenter au tsar Alexandre - ce qui sera fait rapidement - suivre les retombées dans l'opinion française de son *Esprit de conquête* ; profiter à nouveau des « circonstances », à savoir le retour des Bourbons, pour se réinsérer dans la vie politique.

Il ne tarde pas.

Dès le 21 avril il publie dans le *Journal des débats* un article où l'histoire des révolutions anglaises de 1660 et 1688 sert de justification au rétablissement des Bourbons français. Il constate d'abord que la France a

[369] Benjamin Constant *Œuvres*, Pléiade, op. cit., p.685.

obtenu en une seule révolution, celle de 1789, tous les progrès pour lesquels l'Angleterre a dû mener deux révolutions.

Selon lui, l'effondrement de l'usurpateur Napoléon et le retour des Bourbons sont deux événements qui doivent satisfaire à la fois les royalistes, les libéraux de 1789 et les républicains.

Et d'expliquer :

« Le changement qui vient de s'opérer aujourd'hui est une heureuse combinaison des deux révolutions anglaises de 1660 et 1688. Il a les avantages de toutes les deux ; il n'a les inconvénients d'aucune : il rend le sceptre aux mains de la famille incontestée ; il consacre la représentation nationale ; il établit la liberté de la presse ; il met hors d'atteinte l'indépendance des tribunaux : tous les partis doivent être également satisfaits. Que désiraient les défenseurs fidèles d'une dynastie antique ? Revoir sur le trône les descendants des rois qu'avaient servi leurs aïeux. Mais, certes, il ne peuvent s'affliger de ce que le trône est appuyé de corps respectables qui feront entendre la voix de la nation [...] Que voulaient les hommes qui, en 1789, furent plutôt les causes que les auteurs d'une révolution trop violente ? Que l'autorité ne pût ni étouffer les représentations du peuple, ni gêner les consciences, ou entraver la pensée, ni soustraire les citoyens à leurs juges naturels [...] Que voulaient enfin les républicains ? Les mêmes choses sous d'autres formes. Mais ils ont appris que les formes ne garantissent pas le fond. »

Et de rappeler très habilement que quatre mois plus tôt il a écrit un ouvrage, *De l'esprit de conquête*, dans lequel il a reconnu « la possibilité de la liberté sous la monarchie en la distinguant à la fois de l'usurpation et du despotisme ».[370]

Qu'est-ce qui permet à Benjamin Constant de voir ainsi en rose la future politique française alors que Louis XVIII n'est pas encore rentré en France ?

Ce qui le pousse à un tel optimisme, c'est un discours prononcé quelques jours plus tôt devant le Sénat par le Comte d'Artois, frère du roi et futur Charles X. En effet ce dernier était arrivé à Paris le 12 avril. Trois jours plus tard il avait été reçu par le Sénat qui lui avait conféré le titre de lieutenant-général du royaume et lui avait confié le gouvernement provisoire de la France.

Dans sa réponse le comte d'Artois avait énuméré les dispositions principales que Louis XVIII avait l'intention de mettre en œuvre :

- Maintien de la forme actuelle du gouvernement ;
- Monarchie pondérée par un gouvernement représentatif ;
- Existence de deux Chambres : Sénat et Chambre des députés des départements ;
- Impôt librement consenti par les représentants de la nation ;

---

[370] *Journal des débats*, du jeudi 21 avril 1814, p.4.

- Liberté publique, liberté individuelle, liberté de la presse, liberté des cultes garanties ;
- Propriétés inviolables et sacrées ;
- Vente de biens nationaux irrévocable ;
- Ministres responsables ;
- Juges inamovibles ;
- Pouvoir judiciaire indépendant ;
- Dette publique garantie ;
- Enfin tout Français sera admissible aux emplois civils et militaires et aucun individu ne sera inquiété pour ses opinions ou ses votes.

« Voilà, ce me semble, Messieurs, avait conclu le comte d'Artois, les bases essentielles et nécessaires pour consacrer tous les droits, tracer tous les devoirs, assurer toutes les existences, et garantir notre avenir. »[371]

De quoi satisfaire le libéral Benjamin Constant et lui faire approuver ces « bases essentielles » que l'on allait retrouver dans la Charte de 1814.

En effet, Louis XVIII débarque à Calais en provenance de Londres le 24 avril, arrive à Compiègne le 29, confirme à Saint-Ouen le 2 mai qu'il est résolu à faire adopter une Constitution libérale. Il entre dans Paris le lendemain.

Et le 4 juin 1814 il sera en mesure de proclamer la Charte qu'il a décidé « d'octroyer » à la nation.

2 mai - 4 juin : un intervalle d'un mois qui est habilement utilisé par Benjamin Constant.

Profitant une fois de plus « des circonstances », il exploite avec opportunité cet entre-deux pour faire connaître son propre projet de Constitution.

Le 24 mai il publie un ouvrage de plus de 150 pages qui porte comme titre : *Réflexions sur les Constitutions, la distribution des pouvoirs et les garanties, dans une monarchie constitutionnelle.*

Conscient de son audace, pour ne pas dire de l'incongruité de sa démarche, il prévient d'entrée son lecteur :

« Je ne me suis point déguisé qu'en publiant cet ouvrage, je m'exposais à être accusé de présomption. Des délégués du trône, des organes du peuple, vont délibérer sur les intérêts de la France, et sur la Constitution qu'il faut lui donner : appartient-il à un individu, sans mission actuelle, de mêler sa voix à ces voix imposantes ? »

Et il répond sans aucune hésitation :

« Je le pense, et les circonstances m'encouragent. »

Il est bien vrai que des délégués du trône et des délégués du peuple sont en train de travailler : Louis XVIII a formé une commission composée de neuf députés, de neuf sénateurs et de quatre personnalités qui le représentent

[371] *Journal des débats* du samedi 16 avril 1814, p.2.

et à qui il a confié la mission de préparer le texte de la Charte. Comme cette commission a commencé ses travaux le 22 mai et que les *Réflexions sur les Constitutions* paraissent deux jours plus tard, la première intention de Benjamin Constant est donc claire : apporter sa pierre à l'édifice constitutionnel en préparation.

Et s'il ose présenter une « esquisse de Constitution », c'est que le temps presse et qu'il est contraint d'agir avec rapidité. De surcroît, dresser l'esquisse d'une Constitution permet, selon lui, de mieux voir « d'un coup d'œil » les principaux thèmes à aborder. Il en énumère quatorze, qui vont de la nature du pouvoir royal à l'organisation de la force armée, de l'hérédité de la Pairie à l'indépendance du pouvoir judiciaire, de la responsabilité des ministres à la liberté de la presse, de la dissolution des Assemblées aux salaires des députés, etc.

A-t-il un modèle en tête ? Il répond par l'affirmative : c'est l'Angleterre :

« Je n'ai point cherché l'originalité, avoue-t-il, je ne me suis, sur beaucoup de points, écarté en rien de la Constitution anglaise ; j'ai plutôt expliqué pourquoi ce qui existait en Angleterre était bon, que je n'ai proposé quelque chose de nouveau. »

Toutefois, il y a aussi une seconde intention à cette démarche : montrer publiquement, ostensiblement, dès les lendemains de son retour en France, qu'après avoir été républicain il s'est rallié à la monarchie constitutionnelle :

« Je crois, souligne-t-il, que mon ouvrage a un avantage : il démontre que la liberté peut exister pleine et entière sous une monarchie constitutionnelle. »

Evidemment, pour publier un tel ouvrage en aussi peu de temps il a puisé une fois encore dans son gisement, dans ses *Principes de politique* toujours inédits. Certes, si l'on en croit son *Journal*, il travaillait depuis plusieurs mois sur un projet de livre à tonalité constitutionnelle, mais les contours restaient imprécis. L'annonce par Louis XVIII de sa volonté de promulguer une Charte a servi de déclic. Nouvelle illustration de l'art d'utiliser « les circonstances ».

Aujourd'hui les *Réflexions sur les Constitutions* nous intéressent parce qu'elles nous révèlent deux des aspects principaux de sa personnalité.

Le premier, c'est le Benjamin Constant *maître d'école du libéralisme politique.*

Son esquisse de Constitution est une sorte de démonstration, au tableau noir, des leçons à tirer et à méditer de vingt-cinq ans d'expériences publiques malheureuses qui ont vu se succéder, de 1789 à 1814, et l'anarchie et le despotisme. Après cela, il importe d'organiser et de concilier entre eux les différents pouvoirs, du plus élevé - le pouvoir royal - au plus immédiat - la liberté de la presse - en passant par la place des ministres, des députés, des juges, de l'armée, chacun devant avoir sa sphère propre mais limitée d'attributions.

Et de donner sa définition d'une Constitution libérale sous une monarchie constitutionnelle :

« Un peuple libre, des magistrats indépendants, des représentants intègres, des ministres responsables, et par-là même reconnus pour irréprochables, puisqu'ils ne sont pas accusés, la soumission fondée sur le consentement et non sur la crainte, l'éloge reprenant son prix, parce que la censure n'est pas étouffée, sont les plus nobles des pompes royales. Les libertés des peuples sont les colonnes du trône, et quand ces libertés sont à terre, le trône aussi se trouve abaissé [...] Une Constitution n'est point un acte d'hostilité. C'est un acte d'union, qui fixe les relations réciproques du monarque et du peuple et leur indique les moyens de se soutenir, de s'appuyer, de se seconder mutuellement. Pour qu'ils se soutiennent et s'appuient, il faut déterminer la sphère des divers pouvoirs, et en marquant leur place et leur action l'un sur l'autre, les préserver des chocs inattendus et des luttes involontaires. »[372]

Le second aspect qui nous intéresse, c'est le Benjamin Constant constitutionnaliste, en d'autres termes, osons le mot, le « technicien » des constitutions, spécialité qui vient s'ajouter à sa qualité de « théoricien » de la pensée politique.

A l'évidence, il a beaucoup médité sur les Constitutions des peuples en général et sur celles des peuples libres en particulier : leur origine, leurs fondements, leurs dispositions essentielles, leur efficacité, leur durée, etc. Sa solide formation historique jointe à ses études approfondies sur les religions l'ont conduit à constater que les souvenirs, les habitudes et les traditions des peuples doivent servir de base à leurs institutions. A l'heure présente, pour la France, après une révolution suivie de vingt-cinq ans d'anarchie et de despotisme, il s'agit de combiner ce qui résulte de l'histoire et a été confirmé par elle, à savoir « une dynastie révérée », et ce que réclament le présent et l'avenir, à savoir la justice. Il faut donc concilier ce qui est antique et ce qui est juste, ce qui est imposant et ce qui est raisonnable, « ce que le passé consacre et ce que le présent demande », le tout cimenté « par de nobles et inébranlables garanties ».[373]

Et dans les dernières pages de ses *Réflexions* il s'autorise à donner ce conseil aux rédacteurs de Constitutions :

« Organisez bien vos divers pouvoirs, intéressez toute leur existence, toute leur moralité, toutes leurs espérances honorables à la conservation de votre établissement public ; et si toutes les autorités réunies veulent profiter de l'expérience pour opérer des changements qui n'attentent ni au principe de la représentation, ni à la sûreté personnelle, ni à la manifestation de la

[372] Toutes ces citations sont extraites de l'avant-propos de Benjamin Constant à son ouvrage : *Réflexions sur les Constitutions, la distribution des pouvoirs, et les garanties dans une monarchie constitutionnelle*, Paris, Nicolle, 1814.

[373] Ibid.

pensée, ni à l'indépendance du pouvoir judiciaire, laissez-leur toute liberté sous ce rapport. Si l'ensemble de vos autorités abuse de cette prérogative, c'est que votre Constitution était vicieuse ; car si elle eût été bonne, elle leur aurait donné l'intérêt de n'en pas abuser [...] Les Constitutions se font rarement par la volonté des hommes : le temps les fait ; elles s'introduisent graduellement, et d'une manière insensible. Cependant, il y a des circonstances, et celle où nous nous trouvons est de ce nombre, qui rendent indispensable de faire une Constitution ; mais alors ne faites que ce qui est indispensable : laissez de l'espace au temps et à l'expérience, pour que ces deux puissances réformatrices dirigent vos pouvoirs déjà constitués dans l'amélioration de ce qui est fait, et dans l'achèvement de ce qui reste à faire. »[374]

Cet ouvrage de Benjamin Constant doit être considéré, dans sa biographie, comme le flambeau qui va éclairer et expliquer toutes ses prises de position quand, plus tard, et pendant presque dix ans, il sera membre de la Chambre des députés. C'est dire que, selon l'expression consacrée, ce sera un texte de référence parce qu'issu de fortes connaissances historiques combinées avec des observations aiguës de l'actualité. Texte, aussi, qui manifestera la constance de sa pensée politique tendue en permanence vers un objectif qui se résume en un mot : les garanties. En clair, et en termes constitutionnels, l'important ne sera pas, pour lui, la forme du gouvernement - république ou monarchie - mais l'impérieuse obligation d'inscrire dans sa loi fondamentale la garantie des droits individuels.

L'attachement de Benjamin Constant à la Charte de 1814, bien qu'il n'ait participé en rien à son élaboration, bien qu'il en connaisse les manques, bien qu'il sera, plus tard, témoin et critique de ses violations, cet attachement, que nous avons souvent souligné dans la première partie de cet ouvrage, s'explique du fait que, pour lui, cette Charte est la première vraie Constitution française. Qu'à ce titre elle a une extrême valeur pédagogique. Qu'à tout prix il importe que le peuple apprenne à se comporter en fonction d'elle et que son gouvernement la respecte.

La France n'ayant jamais eu de Constitution, il est impératif qu'une telle Charte prenne racine, c'est-à-dire qu'elle s'inscrive dans la durée par la force des habitudes, des mœurs et des traditions.

Pour appuyer son argumentation il pose face à face la situation de l'Angleterre et de la France.

L'Angleterre a une route constitutionnelle tracée depuis longtemps.

La France en est encore à trouver son chemin.

« En Angleterre, explique-t-il, les institutions, les corps, les prérogatives, les droits ont une solidité garantie par cent cinquante ans d'existence. L'intérêt du roi, accoutumé à trouver sa force dans les institutions

---

[374] *Réflexions sur les Constitutions*, p.165.

constitutionnelles ; l'habitude contractée par les ministres de se plier à ces institutions dont le respect leur est inculqué dès leur enfance ; les vastes prérogatives d'une pairie antique, investie de temps immémorial d'immenses propriétés ; la vigoureuse activité des communes, fortifiée à la fois et modérée par une tradition de plusieurs siècles ; toutes ces choses ramènent nécessairement la nation, les corporations qui la représentent et l'autorité qui la gouverne, à la route ordinaire consacrée, connue de tous, et considérée comme l'unique route à suivre, comme celle vers laquelle il faut tendre, et dans laquelle il est aussi utile que juste de rentrer, dès qu'on le peut. Même quand on en sort un instant dans la théorie, on y reste dans la pratique bien plus qu'on ne le pense. Toutes les tendances, tous les souvenirs, toutes les habitudes en rapprochent chaque citoyen, chaque agent du pouvoir. »

Rien de comparable en France.

Rien qui nous préserve des dangers de l'arbitraire.

La Révolution a tout nivelé.

Les pouvoirs intermédiaires sont inexistants.

« Nous n'avons pas une idée fixe, déplore-t-il, si l'on en excepte la volonté intime et profonde que la nation manifeste d'être libre. Nous n'avons aucune habitude de notre Constitution ; nous la connaissons à peine. Nous ne pouvons éprouver pour elle cette affection qui, chez les Anglais, est un sentiment du cœur non moins qu'un jugement de l'esprit. Nos ministres sont novices dans l'art de concilier les idées de toute leur vie avec une Constitution qui n'a pas deux mois. Nos représentants n'ont pas acquis non plus par l'expérience l'art de la défendre. Aucune propriété, aucun intérêt ne reposent encore sur elle : elle n'est pour nous qu'une théorie. Si la pratique est suspendue, elle restera pour nous une théorie ; et nous nous familiariserons avec l'idée qu'on peut l'écarter par des politesses, sous prétexte de la préserver, en annonçant toujours une époque où elle rentrera dans tous ses droits et en ajournant toujours cette époque. Je n'hésite pas à l'affirmer : c'est à présent qu'il faut que notre Constitution soit observée, ou elle ne le sera jamais. On trouvera toujours des raisons suffisantes pour en retarder l'observance ; et comme nous n'aurons point vécu sous son empire, comme nous ne lui devrons aucune sécurité, le moindre embarras du moment l'emportera sur le désir vague d'essayer enfin d'une chose inconnue, de mettre en action une charte écrite, qui, tant que l'expérience ne l'a pas sanctionnée de son imposant suffrage, n'est qu'un livre dont on se croit obligé de se débarrasser par des éloges. »

Et Benjamin Constant de proclamer que pour la France la liberté constitutionnelle ressemble à un pays entièrement neuf :

« La Constitution est notre fanal, conclut-il, et si nous avions habité ce pays depuis longtemps, nous pourrions éteindre le fanal, sauf à le rallumer plus tard, et marcher d'un pas ferme à travers les ténèbres ; mais nous ne connaissons point les chemins ; ils sont à peine tracés ; le fanal nous est indispensable pour les découvrir ou les retrouver [...] De ce que notre Constitution est nouvelle, il faut l'exécuter tout de suite scrupuleusement, sans quoi nous n'en prendrons jamais l'habitude. »[375]

En complément à toute Constitution d'un pays libre, il importe, selon lui, d'avoir des idées claires et précises sur la répartition des rôles et des pouvoirs entre le roi et ses ministres.

C'est en août 1814, dans une brochure sur la liberté de la presse, que Benjamin Constant consacre pour la première fois un passage un peu étendu à cette importante question qui, quelques mois plus tard, sera l'objet d'un livre entier. Il deviendra ainsi l'un de principaux théoriciens du *Pouvoir neutre* du roi et de la *Responsabilité des ministres* dans une monarchie constitutionnelle :

« Dans tout pays qui veut être libre, écrit-il, il est essentiel de ne pas confondre le roi avec ses ministres [...] Si une Constitution, comme je l'ai dit ailleurs, est un acte d'union entre le trône et le peuple, elle n'en est pas moins en même temps un acte de précaution contre les hommes chargés dans un rang inférieur de l'exercice de l'autorité. Car aucune Constitution ne serait nécessaire, si on les supposait doués d'une sagesse infaillible et d'une modération à toute épreuve. Le roi dans un pays libre est un être à part, supérieur à toutes les diversités d'opinions, n'ayant d'autre intérêt que le maintien de l'ordre et le maintien de la liberté, ne pouvant jamais rentrer dans la condition commune, inaccessible en conséquence à toutes les passions que cette condition fait naître, et à toutes celles que la perspective de s'y retrouver nourrit nécessairement dans le cœur des agents investis d'une puissance momentanée. »

Et il a une phrase frappante pour résumer sa pensée :

« Le roi plane, pour ainsi dire, au-dessus des agitations humaines. »

Ainsi, au sein même des dissentiments sans lesquels aucune liberté n'existe, le roi doit disposer d'une sphère inviolable « de sécurité, de majesté, d'impartialité » qui permet à ces dissentiments, rançons de la liberté, « de se développer sans péril, tant qu'ils n'excèdent pas certaines limites, et qui, dès que le danger s'annonce, y met un terme par les moyens légaux, constitutionnels, et dégagés de tout arbitraire ».

Aucune confusion donc entre le roi et ses ministres.

Si par malheur il y avait confusion on ne pourrait défendre la monarchie sans renoncer à la liberté, ni défendre la liberté sans compromettre la monarchie. Renoncer à la liberté, ce serait le despotisme ; compromettre la monarchie, ce serait l'anarchie.

---

375 *Collection complète des ouvrages publiés sur le Gouvernement représentatif et la Constitution actuelle de la France, formant une espèce de Cours de politique constitutionnelle, par M. Benjamin Constant*, Paris, Plancher, 1818, premier volume, p.472 et suivantes.

« N'oublions donc jamais cette grande vérité, termine-t-il, cette vérité qui établit de manière si incontestable la supériorité de la monarchie, mais de la monarchie constitutionnelle seulement, sur le gouvernement républicain, dans lequel il a été impossible jusqu'ici de séparer le pouvoir exécutif du pouvoir suprême, et de résister à l'un sans ébranler l'autre. Distinguons toujours le roi d'avec ses ministres, même quand ces derniers paraissent mériter toute confiance. »[376]

Bref, l'hommage au chef suprême d'un peuple libre doit s'accompagner de l'examen avec liberté - et avec décence - de tous les actes et de toutes les propositions des ministres.

On voit comment Benjamin Constant va venir greffer sur cette nécessité de l'examen des actes ministériels cette autre nécessité qui s'appelle liberté de la presse.

Une Constitution qui place le pouvoir suprême dans une position inviolable de neutralité et d'arbitrage, des ministres soumis à l'examen et à la critique dans leurs activités quotidiennes, une liberté de la presse pour porter cet examen et cette critique devant l'opinion publique : voilà comment Benjamin Constant a théorisé un régime politique de liberté en liant très étroitement ensemble Constitution, Pouvoir royal, responsabilités ministérielles et liberté de la presse.

Cela constitue le tout de la monarchie constitutionnelle.

Aucune pièce ne peut être retranchée si l'on veut que cela vaille mieux que la république :

« Ce ne sont point les formes des Constitutions qui les conservent, affirme Benjamin Constant. Il n'y a point de durée pour une Constitution sans opinion publique, et il n'y a point d'opinion publique sans liberté de la presse. Quand cette liberté est étouffée, les grands corps de l'Etat sont des masses isolées de la nation, sans vie et sans force véritable. »[377]

C'est dire que Benjamin Constant n'est pas passé de la république de sa jeunesse à la monarchie constitutionnelle de son âge mûr par foucade et sans réflexion, mais au contraire en opérant - et en théorisant - un tel passage *sous la dictée des circonstances.*

Les circonstances auront bien été les grandes accoucheuses des idées, des théories, des évolutions et des pratiques de Benjamin Constant.

De la promulgation de la Charte le 4 juin 1814 jusqu'au retour à Paris de Napoléon, après l'épisode de l'Ile d'Elbe, le 20 mars 1815, s'étend une période de dix mois qui va être, pour Benjamin Constant, tumultueuse dans le domaine sentimental mais riche sur le plan de sa production intellectuelle.

---

376 *Benjamin Constant : Observations sur le discours prononcé par le ministre de l'intérieur en faveur du projet de loi sur la liberté de la presse*, seconde édition, Paris, 1814, Nicolle, p.2 à 5.

377 Ibid., p.27.

Quand à son état d'esprit, alors qu'il marche vers ses quarante-sept ans, il se résume en deux mots : action, stabilité. Ce sont des confidences de son *Journal* qui nous l'apprennent :

« Je voudrais à tout prix agir. Je suis las d'écrire » note-t-il en septembre 1814. Et en décembre : « Voici la fin de l'année. Il faudrait bien réfléchir et prendre une vie raisonnable. Je suis si lassé et si malheureux de toutes mes folies. Reprenons-nous, il en est bien temps ».[378]

Agir : retenons ce mot. Il va expliquer pour partie son ralliement à Napoléon.

Vie raisonnable : l'expression laisse sceptique. D'autant qu'il est toujours dévoré par le jeu. Mais cette fois il a gagné. Et gros semble-t-il puisqu'il peut s'acheter une maison à Paris, rue Neuve de Berry.

Bonne base pour une éligibilité future.

En mai, il a retrouvé Mme de Staël. Sans effusion. Elle était arrivée à Paris en provenance de Londres dans le sillage de Louis XVIII. Deux ans plus tôt, en 1812, lassée et inquiète de la surveillance policière déployée autour d'elle sur ordre de Napoléon qui, de surcroît, avait fait détruire les épreuves de son dernier livre, *De l'Allemagne*, elle avait décidé de quitter la Suisse. Evitant la France, où elle était interdite de séjour, passant par l'Autriche, la Russie, la Suède elle avait gagné l'Angleterre, ouvert un salon à Londres, retrouvé nombre de ses amis exilés, comploté contre Napoléon et intrigué en faveur de Bernadotte.

A Paris, Benjamin Constant la trouve changée, maigre et pâle. En revanche, souligne-t-il « Albertine est charmante, spirituelle au possible, adorable. C'est elle que je regrette. » N'est-ce pas là parole d'un père sur sa fille ? Rentrée en France avec sa mère, Albertine a dix-sept ans.

Mme de Staël a, elle aussi, abandonné l'hypothèse Bernadotte. Elle se rallie aux Bourbons, mais de mauvaise grâce.

Après la promulgation de la Charte, les nouvelles institutions se mettent en place. Le Corps législatif de l'Empire devient Chambre des députés. Une Chambre des Pairs est formée par la nomination de 154 pairs et 103 dignitaires du régime précédent, parmi lesquels 51 anciens sénateurs. La volonté de Louis XVIII de fusionner au sein de ces institutions l'ancienne et la nouvelle France est manifeste.

Les travaux parlementaires commencent tout de suite par la discussion d'un projet de loi sur la liberté de la presse. D'autant plus nécessaire que la nouvelle Charte proclame, dans son article 8 :

« Les Français ont le droit de publier et de faire imprimer leurs opinions, en se conformant aux lois qui doivent réprimer les abus de cette liberté. »

Voilà quatorze ans que l'on n'a point entendu de tels propos.

---

[378] *Œuvres*, Pléiade, op.cit., p.706 et 729.

Depuis ce jour de janvier 1800 où Bonaparte, jeune Premier consul, a inauguré son pouvoir en supprimant d'un trait de plume soixante journaux politiques sur les soixante-treize qui paraissaient alors à Paris.

Le projet sur la presse, complément nécessaire de l'article 8 de la Charte, est présenté à la Chambre des députés le 5 juillet, quasiment un mois jour pour jour après la promulgation de cette même Charte.

C'est l'abbé de Montesquiou, ministre de l'intérieur, qui est chargé de le défendre. Il le fait avec une onction toute ecclésiastique qui n'arrive pas à masquer les épines et les arêtes de ce texte qui est loin d'être libéral.

D'abord, le projet répartit les écrits en deux catégories bien distinctes : les livres d'un côté, les journaux, brochures et pamphlets de l'autre.

Les livres au-dessus de 20 feuilles d'impression (320 pages in-octavo) jouiront d'un régime de liberté.

Les journaux, brochures et pamphlets de moins de 320 pages seront soumis à l'autorisation préalable et à la censure, et cela jusqu'à l'été 1817 dans un premier temps. (Le projet prévoit en effet « que la présente loi sera revue dans trois ans pour y apporter les modifications que l'expérience aura fait juger nécessaires »).

Seront qualifiés de délits et jugés par le tribunal correctionnel - donc par des magistrats professionnels et non par un jury populaire - les attaques contre le roi, contre les autorités constituées, contre l'ordre public.

22 censeurs sont nommés.

La surveillance de la presse parisienne sera de la responsabilité du ministère de la Police et celle de la presse de province du domaine de la Direction Générale de la Librairie.

Ce texte est débattu et voté en août par 137 voix contre 80 sur 270 votants.[379]

Il sera promulgué en octobre.

Benjamin Constant s'y était opposé dans deux brochures dès qu'il avait été rendu public.

L'une avait paru le 7 juillet sous le titre : *De la liberté des brochures, des pamphlets et des journaux considérée sous le rapport de l'intérêt du gouvernement.*

L'autre avait suivi le 20 août (une seconde édition sera diffusée quelques jours plus tard) avec en titre : *Observations sur le discours de S.E. le ministre de l'intérieur en faveur du projet de loi sur la liberté de la presse.*

Entre ces deux dates il avait publié un article sur le même sujet dans le *Journal des Débats* du 4 août.

C'est dire l'intérêt vigilant qu'il porte à l'attitude des nouvelles autorités sur la liberté de la presse.

---

[379] *Archives parlementaires de 1787 à 1860*, sous la direction de J. Mavidal et E. Laurent, deuxième série (1800-1860), tome XII, Paris, 1868, Paul Dupont, p.332.

Dans sa critique du projet gouvernemental, il s'étonne d'abord de cette « bizarrerie » qui consiste à couper le monde de la pensée en deux : d'un côté les livres qui jouiront d'une totale liberté, de l'autre les journaux soumis à la censure. Et de poser cette question : peut-on parler de liberté de la presse quand on place les journaux sous la coupe de censeurs nommés par le gouvernement ?

Ensuite il s'inquiète que le ministre se réfère en permanence au roi, assurant que ce dernier est prêt à accepter certains amendements. Mettre en avant le nom du roi pour défendre des mesure qui, constitutionnellement, dépendent des ministres, c'est nier la responsabilité de ceux-ci.

Enfin, il juge que le texte est contraire à la lettre et à l'esprit de la Charte. En effet, cette dernière parle de « réprimer » les abus de la liberté de la presse, elle n'évoque nullement l'hypothèse de les « prévenir » par le moyen de l'autorisation préalable et de la censure.

Ici - et pour éclairer la position de Benjamin Constant - il importe de rappeler ce qu'a été la doctrine constante du libéralisme depuis la Révolution en matière de presse. Elle se résume en deux mots : oui et non :

Oui aux mesures *répressives* pour combattre les abus dont les journaux sont responsables quand de tels abus ont été commis et constatés ;

Non aux mesures *préventives* comme l'autorisation préalable et la censure qui bloquent toute liberté. Interdire des écrits par l'autorisation préalable ou la censure pour prévenir des abus, c'est comme si on interdisait aux gens d'aller et de venir au prétexte d'éviter les vols, les crimes ou les assassinats.

Le premier grand texte constitutionnel, devenu par la suite la référence, le modèle, la bible des libéraux en matière de liberté, et qui va constituer la pierre angulaire du libéralisme politique, avait été la Constitution du 3 septembre 1791. Elle avait garanti comme droits naturels et civils, donc inaliénables, imprescriptibles et sacrés :

« - La liberté à tout homme d'aller, de rester, de partir, sans pouvoir être arrêté, ni détenu, que selon les formes déterminées par la Constitution ;

« - La liberté à tout homme de parler, d'écrire, d'imprimer et de publier ses pensées, sans que les écrits puissent être soumis à aucune censure ni inspection avant leur publication, et d'exercer le culte religieux auquel il est attaché ;

« - La liberté aux citoyens de s'assembler paisiblement et sans armes, en satisfaisant aux lois de police ;

« - La liberté d'adresser aux autorités constituées des pétitions signées individuellement. »[380]

Ce texte est capital sur plusieurs points.

---

380 *Les Constitutions de la France depuis 1789*, présentation par Jacques Godechot, Paris, 1970, Garnier-Flammarion, p.36

D'abord, il établit un lien entre certaines facultés humaines, considérées comme des droits naturels, et les libertés qui en découlent :

L'homme ayant la faculté de se mouvoir, il doit disposer de la liberté d'aller et venir ;

L'homme ayant la faculté de penser, il doit disposer de la liberté de manifester ses opinions ;

L'homme ayant la faculté de croire, il doit disposer de la liberté de son culte ;

L'homme ayant la faculté de s'intéresser à ses semblables ainsi qu'à la vie de la Cité, il doit disposer des libertés de s'assembler et de pétitionner.

L'aspect qui nous intéresse ici – le plus important – c'est que cette Constitution excluait catégoriquement les deux mesures assassines d'une presse libre : la censure et l'autorisation préalable.

En conséquence, la loi qui devra organiser la liberté de la presse ne pourra être que répressive (répression des abus commis par voie de presse) et jamais préventive, car le préventif signifierait le recours à la censure et à l'autorisation préalable.

Les Constituants de 1791 n'ignoraient donc pas la responsabilité pénale de la presse mais ils avaient formellement exclu que l'on appliquât à cette liberté des dispositions préventives, donc restrictives, pour n'accepter que des sanctions répressives après constatation des abus.

C'est Mirabeau qui avait le mieux résumé d'une phrase lapidaire cet aspect des choses quand il avait déclaré : « C'est à tort que tous les projets portent le mot *restreindre* : le mot propre est *réprimer*. La liberté de la presse ne doit pas être *restreinte* ; les délits commis par la voie de la presse doivent être *réprimés*. »

Pour l'Assemblée constituante de 1791 le *préventif* en matière de presse ouvrait la porte à tous les arbitraires, c'est pourquoi elle l'avait interdit.

Dans un langage imagé, on pourrait écrire, pour mieux faire comprendre l'aspect essentiel de cette question, que l'autorisation préalable permet au gouvernement d'enterrer la liberté de la presse avant même sa naissance, dès lors qu'il faut une autorisation pour créer un journal, et que la censure autorise son assassinat dans son berceau aussitôt sa naissance, dès lors qu'il faut se soumettre à la censure pour pouvoir diffuser un journal.

Liberté totale de la presse, mais répression par la loi des abus qu'elle est susceptible de commettre, car en cas d'abus elle porte gravement atteinte aux droits et aux libertés d'autrui : voilà le cœur de la bible libérale en matière de presse. Avec cette précision supplémentaire que, pour les libéraux, les infractions à la législation sur la presse doivent être jugées par un jury populaire et non par des magistrats professionnels toujours soupçonnés d'être trop proches du pouvoir.

Dans sa critique du projet présenté par Montesquiou, Benjamin Constant s'inscrit dans le droit fil de la doctrine libérale issue de 1791 :

« Je déclare que toute censure me paraît funeste et autant je réclame des lois sévères, efficaces et promptes, après les délits, autant je désire l'absence de toute mesure prohibitive, avant que les délits aient été constatés [...] Il y aura toujours dans la censure un arbitraire que la loi ne pourra ni prévenir, ni limiter, ni punir. »[381]

Dans sa brochure, il aborde aussi une question qui est encore d'actualité de nos jours, et même d'une actualité plus préoccupante aujourd'hui que de son temps : le respect de la vie privée dans une société où règne la liberté de la presse.

A l'objection qu'on lui avait faite qu'une loi contre la calomnie est très difficile à rédiger il répond par un principe, par une considération juridique et par une argumentation.

Le principe : « Les actions des particuliers n'appartiennent point au public. L'homme auquel les actions d'un autre ne nuisent pas, n'a pas le droit de les publier. »

La considération juridique : tout manquement à ce principe « sera condamné à une amende qui deviendra plus forte en raison du dommage que l'individu nommé sera exposé à éprouver ».

L'argumentation : la vie privée des personnes est une propriété particulière. Nul n'a le droit d'y toucher. « On ne doit exposer au public la vie privée d'un individu que lorsqu'il a commis quelque faute qui rend l'examen de cette vie privée nécessaire. Tant qu'un homme n'est traduit devant aucun tribunal, ses secrets sont à lui, et quand il est traduit devant un tribunal, toutes les circonstances de sa vie qui sont étrangères à la cause pour laquelle il est en jugement sont encore à lui, et ne doivent pas être divulguées. »[382]

Il demande l'extension de cette règle aux fonctionnaires publics. Les lois et les actes administratifs doivent, en régime de liberté, être examinés sans réserve mais les ministres comme individus doivent jouir des mêmes droits que tous les individus. Enfin, les peines infligées au motif de non-respect de la vie privée doivent être immédiatement « et rigoureusement exécutées », l'objectif étant de mettre rapidement un terme à ce genre d'agression.[383]

Que la presse soit libre et que les individus soient en repos : voilà l'objectif à atteindre.

---

381 *Collection complète des ouvrages publiés sur le gouvernement représentatif*, op.cit., volume premier, p.448.

382 *Ibid.*, p.452. Aussi dans *Œuvres*, Pléiade, op.cit., p.1236.

383 Ibid., p.454.

Les lois contre la calomnie et pour la protection des individus « ne nuisent point à la liberté, elles la garantissent au contraire. Sans elles, aucune liberté ne peut exister. »[384]

On se trouve là encore au centre de la doctrine libérale que l'on résume souvent par cette formule : pas de liberté sans responsabilité.

En clair, pas de vraie liberté de la presse sans haute responsabilité des journalistes dans leurs écrits.

A la fin du mois d'août 1814, Benjamin Constant tombe amoureux de Madame Récamier, amie de longue date de Mme de Staël et épouse d'un banquier célèbre :

« Madame Récamier, raconte-t-il dans son *Journal* se mit en tête de me rendre amoureux d'elle. J'avais quarante-sept ans. Rendez-vous qu'elle me donne [...] Sa manière d'être dans cette soirée : *Osez !* me dit-elle. Je sors de chez elle amoureux fou. Ma vie toute bouleversée. »[385]

L'insaisissable et coquette Juliette Récamier va d'abord utiliser - pour ne pas dire exploiter - son talent pour lui faire rédiger un *Mémoire* en faveur de Murat.

A l'époque, Murat est roi de Naples et époux de Caroline Bonaparte, sœur de Napoléon et, de surcroît, grande amie de Mme Récamier depuis l'époque du Consulat. Ce *Mémoire* devait servir au couple Murat pour défendre leur royaume lors des négociations du Congrès de Vienne. En effet, l'Autriche avait pressé Murat de se détacher de la France et l'intéressé de son côté caressait le projet de se placer sous la protection de l'Angleterre.

Benjamin Constant s'acquitte de ce travail en quelques jours. A la date du 15 septembre il écrit dans son *journal* :

« Lu mon mémoire. Trouvé excellent. Juliette m'avait promis une promenade, elle m'a manqué de parole [...] Mon sang brûle [...] Je n'avais jamais connu de coquette. Quel fléau ! »[386]

Plusieurs pages de son *Journal* vont alors retentir de ses imprécations, de ses pleurs, de ses insomnies devant l'attitude de Juliette.

Ainsi à la date du 18 septembre :

« J'ai pleuré la moitié de la nuit. C'est incroyable [...] Elle ne m'aime point du tout. Elle est dans un tourbillon qui l'étourdit. Elle ne m'aimera jamais. Je m'use et m'acharne sans but et sans espoir. Il faut guérir de ceci comme d'une maladie. Voyons des filles. Epuisons-nous. »[387]

Cela ne l'empêche pas, toujours à la demande de la coquette, de commencer un ouvrage qui aura comme titre : *Mémoires de Madame*

---

[384] Ibid., p. 422.
[385] *Œuvres,* Pléiade, op.cit., p.795.
[386] Ibid., p.707.
[387] Ibid., p.708.

Récamier, qui ne sera jamais achevé, et qui contient quelques portraits instructifs comme ceux de Sieyès, de Talleyrand, de Lucien Bonaparte.

Et de Mme Récamier elle-même.

Ecoutons Benjamin Constant parler de celle qui n'est plus du tout « la coquette », du moins pour la postérité :

« Parmi les femmes de notre époque que des avantages de figure, d'esprit, ou de caractère ont rendues célèbres, il en est une que je veux peindre. Sa beauté l'a d'abord fait admirer, son âme s'est ensuite fait connaître, et son âme a paru encore supérieure à sa beauté. L'habitude de la société a fourni à son esprit le moyen de se déployer, et son esprit n'est resté au-dessous ni de sa beauté ni de son âme. »[388]

Cela dit, ses démêlés sentimentaux avec la belle Juliette ne l'empêchent pas de publier à la même époque l'un de ses livres qui resteront comme une contribution vitale à l'élaboration, en France, d'un libéralisme parlementaire.

En effet, le 1er février 1815 paraît *De la responsabilité des ministres*.

Cette date n'est pas un hasard.

La Chambre des députés a été saisie six mois plus tôt d'un projet de loi sur le même sujet par le député du Nord Maximilien Farez, juriste réputé. La discussion a commencé en octobre.[389]

Une fois encore Benjamin Constant s'appuie sur cette *circonstance* pour faire connaître ses idées en la matière.

Déjà, dans des ouvrages précédents, il avait esquissé ce que, selon lui, devaient être les positions relatives du roi, des ministres, des Chambres et des fonctionnaires dans une monarchie constitutionnelle. Mais esquissé seulement. Cette fois il y revient dans un ouvrage complet destiné à approfondir ces importantes questions.

Selon lui, la monarchie constitutionnelle change la nature du pouvoir royal et crée en même temps un pouvoir nouveau : le pouvoir ministériel.

En conséquence, le pouvoir royal doit être un pouvoir neutre, supérieur, arbitral, très au-dessus de la région véritablement active de la politique « en mettant à l'abri de toute secousse la clef de voûte ».[390]

Notons au passage cette expression de *clef de voûte*, qui fera florès dans l'histoire constitutionnelle de la France. Elle se trouve déjà dans le vocabulaire politique en 1815.

Le pouvoir royal doit avoir ses attributions propres pour « arbitrer » entre les différents autres pouvoirs : nomination et révocation des ministres, dissolution de la Chambre des députés, nomination des Pairs qui composent la Chambre haute, pour les principaux.

---

[388] Ibid., p.934.

[389] Sur ce débat à la Chambre des députés voir : *Archives parlementaires*, op. cit., deuxième série (1800 à 1860) tome XIII, p.44.

[390] *La Minerve française*, tome cinquième, Paris, p.79.

Quant aux ministres, ils sont concernés par deux grands niveaux de responsabilité.

Le premier est leur responsabilité devant la Chambre des députés. Ils peuvent être mis en accusation par cette Chambre. Dans ce cas, ils seront jugés par la Chambre des Pairs érigée pour l'occasion en une sorte de tribunal extraordinaire. Mais cela ne vaut que pour deux accusations très précises et deux seulement : trahison ou concussion. Ce sont là les stipulations expresses de la Charte, et Benjamin Constant les approuve.

Toutefois, les ministres peuvent se rendre coupables d'autres actes illégaux, soit comme ministres dans l'exercice de leurs fonctions, par exemple l'atteinte aux libertés individuelles ou aux droits de propriété par abus de pouvoir, soit comme individus particuliers commettant des crimes ou délits de droit commun comme le vol, le viol ou autres infractions à la loi.

Pour Benjamin Constant, les fonctions ministérielles ne confèrent qu'un pouvoir légal. Tous les actes illégaux sont donc hors des fonctions ministérielles et en s'en rendant coupable un ministre se replace de lui-même dans la catégorie des simples particuliers.

C'est le deuxième niveau de responsabilité.

Dans ces hypothèses, c'est-à-dire comme ministres ou comme individus particuliers, ils relèvent des tribunaux ordinaires devant lesquels ils peuvent être assignés par toute personne se jugeant lésée.

Et Benjamin Constant de proclamer :

« La responsabilité des ministres est la condition indispensable de toute monarchie constitutionnelle. C'est cette responsabilité qui place le Roi dans une sphère à part au-dessus de toutes les agitations du Gouvernement proprement dit. En distinguant entre le pouvoir royal et le pouvoir exécutif ou ministériel, elle fait du premier une autorité neutre et préservatrice, qui départage les pouvoirs actifs en cas de dissentiment, et qui, demeurant toujours calme, parce qu'elle n'est jamais compromise, rétablit le repos, en faisant cesser les luttes, et l'action, en écartant les obstacles. »[391]

Avec l'année 1815 s'ouvre la période la plus controversée dans la vie de Benjamin Constant. Elle va révéler sur la scène politique, donc en pleine lumière, l'aspect le plus déplorable de la personnalité de celui qu'on qualifiera d'une formule bien connue : « Constant l'inconstant ».

Résumons les faits en quelques lignes avant de les examiner et de les juger dans le détail.

Le 19 mars 1815, il publie dans un article qui occupe toute la première page du *Journal des Débats* une attaque contre Napoléon d'une extrême violence. Elle vise à soulever l'opinion publique contre l'Empereur de retour

---

[391] Benjamin Constant, *De la responsabilité des ministres*, Paris, 1815, Nicolle, p.1.

de l'Ile d'Elbe et qui, d'ailleurs, arrivera à Paris le lendemain 20 mars au soir.

Quinze jours plus tard, il se rallie avec éclat à ce même Napoléon au point d'en devenir le Conseiller d'Etat privilégié et de lui rédiger une Constitution qui sera appelée par dérision « La Benjamine ».

Jamais n'aura éclaté à la face du grand public, avec une aussi cruelle évidence, ce que nombre de commentateurs nommeront « la grande palinodie » de Benjamin Constant. Palinodie étant employée ici au sens propre de rétractation.

Et cette rétractation sera d'autant plus spectaculaire que l'article du *Journal des Débats* était rédigé dans un style flamboyant et vengeur. Rien de surprenant quand on saura que la véritable inspiratrice de cette philippique n'était autre que Mme Récamier et que Benjamin Constant profitait de l'occasion pour s'instituer son dévoué chevalier servant. Dans cet écrit, Napoléon était qualifié d'ennemi de la France, d'ennemi de l'humanité, de honte nationale, de mélange d'Attila et de Gengis-Kan responsable de la mort « de douze cent mille braves qui ont péri sur la terre étrangère ».

Surtout, ce qui allait être le plus accablant pour lui, c'est qu'à la fin de l'article il se mettait en scène de façon grandiloquente :

« J'ai voulu la liberté sous diverses formes ; j'ai vu qu'elle était possible sous la monarchie ; j'ai vu le Roi se rallier à la nation ; je n'irai pas, misérable transfuge, me traîner d'un pouvoir à l'autre, couvrir l'infamie par le sophisme, balbutier des mots profanés pour racheter une vie honteuse. »[392]

Peu après la parution de ces lignes il n'allait pas tarder à se traîner en effet d'un pouvoir à l'autre...

En attendant, il fait comme Louis XVIII, il se sauve.

Le roi avait quitté Paris pour la Belgique, lui prend la route de Nantes dans l'intention de se mettre à l'abri chez son ami le préfet Prosper de Barante, un ancien de Coppet. Il n'ira pas jusqu'à Nantes. La région est déjà aux mains des bonapartistes. Barante aussi est en fuite. Benjamin Constant fait demi-tour. Parti le 23 mars, trois jours après le retour de Napoléon aux Tuileries, il est de nouveau à Paris dès le 27.

C'est à cette date que tout bascule.

Napoléon demande à le rencontrer.

Les deux hommes ont des entretiens en tête à tête durant tout le mois d'avril. L'Empereur réussit finalement à le convaincre qu'il a changé. Désormais il veut doter la France d'une Constitution libérale. Il lui demande d'y participer :

« Je ne veux pas être le roi d'une jacquerie, lui déclare-t-il. S'il y a des moyens de gouverner par une Constitution, à la bonne heure. J'ai voulu l'empire du monde et, pour me l'assurer, un pouvoir sans borne m'était

---

[392] *Journal des Débats* du dimanche 19 mars 1815, page 1.

nécessaire. Pour gouverner la France seule, il se peut qu'une Constitution vaille mieux [...] Apportez-moi vos idées. Des discussions publiques, des élections libres, des ministres responsables, la liberté de la presse, je veux tout cela. La liberté de la presse surtout ; l'étouffer est absurde. Je suis convaincu sur cet article. Je suis l'homme du peuple ; si le peuple veut réellement la liberté, je la lui dois [...] Je ne suis plus un conquérant ; je ne puis plus l'être [...] Je ne demande pas mieux que d'être éclairé. Je vieillis. On n'est plus à quarante-cinq ans ce qu'on était à trente. Le repos d'un roi constitutionnel peut me convenir. Il conviendra plus sûrement encore à mon fils. »[393]

Dans son *Journal* à la date du 14 avril Benjamin Constant note :

« Entrevue avec l'Empereur. Longue conversation. C'est un homme étonnant. Demain, je lui porte un projet de Constitution. Arriverai-je enfin ? Faut-il le désirer ? L'avenir est noir. »[394]

Du 14 au 20 avril 1815, il travaille avec Napoléon à ce projet de Constitution qui s'appellera en définitive *Acte additionnel aux Constitutions de l'Empire.*

Le 20 avril il est nommé Conseiller d'Etat.

Il se confie à son *Journal* :

« Annonce de ma nomination au Conseil d'Etat... Le saut est fait... Je me lance tout à fait sans abjurer aucun principe... Il faut renoncer au jeu et à l'amour... La chose est décidée... Profitons-en ... Me voilà donc de la nouvelle cour. »

Chez ses amis et dans l'opinion, c'est un tollé. On fustige son ralliement à l'Empereur. Il est vilipendé dans la presse. Il est ébranlé. Il note dans son *Journal*, entre deux réunions du Conseil d'Etat :

« Je crois que j'ai fait une sottise. Le vin est tiré [...] Il me faut d'ici au plus court temps possible un ouvrage qui rétablisse ma réputation et constate mes principes. »[395]

Mais laissons Benjamin Constant à ses remords. Il est temps maintenant de prendre un peu de recul et de hauteur, d'abandonner les péripéties de la politique que l'on n'appelle pas encore politicienne pour poser les deux seules questions qui vaillent aux yeux de l'Histoire et qui concernent l'un et l'autre des protagonistes :

Première question : Benjamin Constant s'est-il comporté en opportuniste avisé, en arriviste effréné, en amant capable de tous les reniements pour les beaux yeux de Juliette ?

---

393 Benjamin Constant, *Mémoires sur les Cents-Jours en forme de lettres*, deuxième et dernière partie, Paris, 1822, Béchet, p.24.
394 *Œuvres*, Pléiade, op.cit., p.745.
395 Ibid., p.748.

Deuxième question : Napoléon, en déclarant qu'il avait changé, a-t-il trompé sciemment son nouveau Conseiller d'Etat et, à travers lui, l'opinion publique ?

Ce qui nous pousse à nous interroger ainsi c'est qu'un grand historien des idées politiques en même temps qu'un grand critique littéraire, esprit libre dégagé de tout dogmatisme, s'est prononcé sans hésitation sur ce moment si particulier non seulement de l'histoire des Cents-Jours mais aussi de l'histoire du libéralisme politique :

« Benjamin Constant ne s'est pas rallié à Napoléon, écrit sans hésiter Albert Thibaudet, c'est Napoléon qui s'est rallié à Constant, en demandant à son ennemi de rédiger une Constitution libérale pour l'Empire. »[396]

Thiers, comme historien, justifiera l'attitude de Benjamin Constant :

« On comprend très bien, écrit-il, que Benjamin Constant, mécontent des Bourbons, qui avaient si mal répondu à la bonne volonté des constitutionnels, tout plein également des assurances libérales données par Napoléon et convaincu aussi de la nécessité de se rattacher au seul homme qui pût sauver la France de l'invasion, se soit donné à l'empereur. »[397]

Ce n'est pas le seul élément à décharge pour Benjamin Constant. Si, sur le moment, nombre de ses amis ont fait chorus avec l'opinion pour dénoncer son ralliement, plusieurs personnalités libérales, moins bruyamment, l'ont soutenu, soit ouvertement, soit dans la coulisse.

Ouvertement, c'est Sismondi qui prend position dans *Le Moniteur* en faveur de *l'Acte additionnel.* Dans la coulisse, c'est La Fayette qui fait connaître son accord. Enfin, Mme de Staël dans une correspondance privée approuve cette nouvelle Constitution :

« Les articles additionnels, écrit-elle, sont tout ce qu'il faut à la France, rien que ce qu'il faut, pas plus qu'il ne faut. » Si elle changera d'avis plus tard dans ses *Considérations sur la Révolution française*, il n'en demeure pas moins que sur le moment elle a apporté sa caution.[398]

Mais une autre pièce est à verser en faveur de Benjamin Constant : c'est l'état physique et moral de Napoléon lui-même.

Aujourd'hui tous les historiens de l'Empire reconnaissent que durant les Cents-Jours l'Empereur n'était plus le même. Il avait grossi, s'était empâté. Lors de la bataille de Waterloo, qui a lieu deux mois et demi après le ralliement de Benjamin Constant, il est malade. Il n'est plus le brillant tacticien militaire de sa jeunesse. Il apprécie mal la situation. Il commet des fautes de commandement. On peut donc s'interroger : Napoléon avait-il dit vrai quand il avait confié à Benjamin Constant qu'il avait vieilli, qu'il n'était

---

[396] Albert Thibaudet, *Réflexions sur la politique.* Edition établie par Antoine Compagnon, Paris, 2007, Robert Laffont, collection Bouquins, p.449.

[397] *Journal intime de Benjamin Constant*, par D.Melegari, Paris, 1895, Ollendorff, p.153.

[398] Cité par Sainte-Beuve dans : *Nouveaux Lundis*, Paris, 1883, Calmann-Lévy, tome deuxième, p.316.

plus le même homme à quarante-cinq ans qu'à trente, qu'il aspirait « au repos » d'un roi constitutionnel ? Faut-il prendre tout cela non comme ruse mais comme gage de sa sincérité à doter la France d'une Constitution libérale ?

Au reste, une décision rarement citée milite aussi en faveur de cette thèse : quatre jours seulement après son retour à Paris, le 24 mars 1815, donc bien avant de recevoir Benjamin Constant, l'une de ses premières décisions avait été de prendre un décret qui rétablissait une liberté totale pour la presse en annulant la censure et en supprimant la Direction Générale de l'imprimerie et de la librairie.[399]

Un autre historien croit lui aussi à la sincérité de Napoléon. C'est Achille de Vaulabelle. Il en trouve la preuve précisément dans la situation de la presse durant les Cents-Jours :

« *Je veux la liberté de la presse*, disait l'Empereur à Benjamin Constant. Les faits confirmèrent cette parole. A aucune époque, la faculté de tout dire, de tout écrire, de tout imprimer, ne fut plus absolue. Les Cents-Jours furent, pour la presse, une période de liberté illimitée. »[400]

Reste maintenant à appeler à la barre, pour jugement, le texte même de *l'Acte additionnel* rédigé par Benjamin Constant à partir des travaux d'une Commission de Constitution nommée par Napoléon, texte accepté par l'Empereur le 21 avril, rendu public le 22 puis ratifié par un plébiscite le 1er juin, plébiscite positif mais marqué par une abstention massive.

Le texte de cet *Acte additionnel* conserve la charpente générale de la Charte de 1814. Comme elle, il est incontestablement libéral.

On y reconnaît aisément la marque de Benjamin Constant, notamment dans le titre VI concernant les droits des citoyens : égalité devant la loi et les impôts, libre accès aux emplois civils et militaires, propriété irrévocable des biens nationaux, responsabilité des ministres. Toutes les libertés, entre autres celle des cultes et de la presse, sont garanties.

Attaqué plus tard sur sa participation à l'élaboration de cette Constitution, il précisera la nature de ses interventions :

« On m'a désigné comme l'auteur de *l'Acte additionnel*, relève-t-il, j'y ai concouru, je l'avoue sans peine, pour y insérer l'article sur la liberté de la presse, sur les jurés, sur le nombre de la représentation nationale et sur la limitation des tribunaux militaires. »[401]

Précisément, l'article 64 sur la liberté de la presse est du Benjamin Constant pur sucre. On y identifie sans effort son esprit de synthèse et la clarté de sa plume. Cet article est court mais résume à lui seul toute la

---

[399] Jean Tulard et Louis Garros, *Itinéraire de Napoléon au jour le jour*, 1769-1821, Paris, 1992, Taillandier, p.465.

[400] Achille de Vaulabelle, *Histoire des deux Restaurations jusqu'à l'avènement de Louis-Philippe*, Paris, 1874, Garnier, tome deuxième, p.476.

[401] *Collection complète*, op.cit., troisième volume, p.64.

doctrine des libéraux en la matière. L'essentiel est dit, et très bien dit, et cela en une seule phrase, qu'on en juge :

« Tout citoyen a le droit d'imprimer et de publier ses pensées, en les signant, sans aucune censure préalable, sauf la responsabilité légale, après la publication, par jugement par jurés, quand même il n'y aurait lieu qu'à l'application d'une peine correctionnelle. »[402]

Toutefois, l'apport de Benjamin Constant ne se limite pas là. Il y a un autre article - l'article 33 - dont il a réclamé aussi la paternité. Cet article, qui nous intéresse particulièrement car il émane du *Benjamin Constant économiste,* est tout à fait nouveau et original dans l'histoire constitutionnelle française car il institue une représentation spéciale au Parlement « pour l'industrie et la propriété manufacturière et commerciale ».

En clair, l'industrie et le commerce sont élevés au rang de valeurs constitutionnelles, précisément à l'heure où l'innovation technique qui bouleverse l'activité textile frappe les trois coups de l'entrée en scène de la Révolution industrielle et de l'irruption de la propriété immobilière appelée à prendre la prééminence sur la propriété foncière dans la société des Modernes.

De toutes nos Constitutions, *La Benjamine* sera celle qui aura la vie la plus brève. Deux mois ou bien vingt-deux jours selon que l'on compte à partir de sa promulgation le 22 avril ou à partir du 1er juin (proclamation du résultat du plébiscite) jusqu'au 22 du même mois (seconde abdication de Napoléon).

C'est dire que son intérêt n'est en rien dans ses effets opérationnels mais bien dans sa valeur de témoignage. A ce titre elle témoigne, à sa façon, des idées constitutionnelles de Benjamin Constant et doit être rangée dans ses œuvres complètes.

Après son ralliement à Napoléon, et sous l'averse de critiques, il s'était fixé une urgence : justifier publiquement que ce ralliement n'avait en rien entamé son attachement aux libertés, combat de toute sa vie. On a vu qu'il s'était signifié à lui-même cette urgence quand il avait écrit dans son *Journal* qu'il lui fallait publier au plus vite un ouvrage « qui rétablisse ma réputation et constate mes principes ».

C'est fait moins d'un mois plus tard.

Ce sera *Principes de politique.*

Le *Moniteur universel* leur consacre le 1er juin un article très élogieux.

Le succès et immédiat.

Cette rapidité d'exécution s'explique du fait qu'il possède en réserve cet ouvrage rédigé entre 1806 et 1810 lors de sa traversée du désert. Il y a puisé mais ponctuellement pour certains articles ou certaines brochures. Cette fois les circonstances exceptionnelles - et fâcheuses - où il s'est placé lui

---

[402] *Les Constitutions de la France depuis 1789*, op.cit., p.238.

imposent de le publier en entier pour repousser les accusations d'opportunisme et rappeler avec éclat que toutes ses actions, même les plus controversées, sont guidées par des principes.

Après Waterloo, Louis XVIII est de retour en France.

Un certain nombre de personnalités, dont Benjamin Constant, reçoivent sans tarder un ordre d'exil sanctionnant leur attitude durant les Cents-Jours. Il adresse aussitôt au roi un mémoire pour se justifier. Ce dernier est probant puisque l'ordre d'exil est annulé par Louis XVIII en personne. En conséquence son nom ne figure plus dans l'ordonnance royale du 24 juillet 1815 que le *Moniteur universel* publie le lendemain. Cette ordonnance mentionne dix-huit généraux, dont, en tête, Ney et Labédoyère, qui seront arrêtés et traduits devant des conseils de guerre, et une quarantaine de personnalités qui recevront l'ordre de quitter Paris dans les trois jours et d'attendre en province leur destination d'exil à l'étranger.

Benjamin Constant se lance immédiatement dans une campagne d'opinion en faveur de Labédoyère, accusé de s'être rallié à Napoléon avec tout son régiment. Il publie en sa faveur un article dans *L'Indépendant.* Le journal est aussitôt supprimé :

« Je porte malheur aux journaux » constate-t-il dans son *Journal.*

Après quoi il rencontre personnellement Decazes, proche du roi. En vain. Labédoyère est arrêté, jugé, condamné et fusillé le 19 août.

C'est aussi en ce mois d'août 1815 qu'il dresse le plan d'un ouvrage qui portera comme titre *Mémoire sur les Cents-Jours.*

Après les élections du même mois qui envoient à la Chambre des députés une large majorité d'ultraroyalistes - ce sera « la Chambre introuvable » - et qui marquent le début de la Terreur blanche avec l'assassinat par les royalistes du général Ramel à Toulouse, il décide de quitter Paris et s'installe à Bruxelles où il retrouve sa femme.

Depuis son retour à Paris en 1814 avec Bernadotte, Charlotte était restée en Allemagne. Ils se retrouvent donc après une séparation de presque deux ans et décident de partir en Angleterre.

Fin janvier 1816 ils s'installent à Londres.

En Angleterre, si l'on en croit son *Journal,* Benjamin Constant travaille de manière intense à son ouvrage sur les Cents-Jours. Il reprend aussi la suite de ce qu'il appelle « mon polythéisme », en clair son histoire des religions. Il dîne presque chaque soir chez des personnalités politiques ou littéraires anglaises.

Surtout, il publie début juin à Londres son roman *Adolphe*, achevé depuis un certain temps, qu'il avait lu dans des salons en France et en Angleterre, qui sera traduit en anglais et qui va porter son nom à une place éminente dans l'histoire du roman français, encore aujourd'hui.

Avant *Adolphe,* il n'avait publié durant sa traversée du désert qu'une autre œuvre littéraire : sa tragédie en cinq actes et en vers, *Wallstein,* dont ne survit aujourd'hui que la longue préface où il compare l'art de la tragédie en Allemagne et en France.

Charlotte étant reçue avec grande froideur dans la bonne société anglaise en raison de son double divorce, le couple décide de retourner en Belgique.

Au début du mois d'août 1816 ils arrivent à Spa.

C'est là qu'ils apprennent, début septembre, la dissolution de la Chambre introuvable par Louis XVIII.

Cette nouvelle change tout à leurs projets.

Ils rentrent en France

Fin septembre, Benjamin et sa femme sont de retour à Paris.

7 - « Hâter l'éducation constitutionnelle de la France » (1816-1818)

Quand il retrouve Paris, Benjamin Constant va avoir quarante-neuf ans.

Il lui reste quatorze ans à vivre.

Ce seront des années consacrées à une vive défense du libéralisme dans la presse et à la tribune de la Chambre des députés.

Dès son retour, il ne tarde pas à reprendre la plume.

En décembre 1816, il publie *De la doctrine politique qui peut réunir les partis en France*. Il a été incité à écrire cet ouvrage par Germaine de Staël. Elle aussi s'est réinstallée à Paris. S'ils ne sont plus amants, Germaine et Benjamin sont restés en relation. Malgré leur séparation il avait continué à fréquenter son salon comme en témoigne son *Journal.*

La brochure de Benjamin est un appel à l'unité de la nation derrière les conquêtes de la Révolution. C'est aussi une sorte de réponse à l'ouvrage de Chateaubriand qui a paru quelques semaines plus tôt : *De la monarchie selon la Charte.* S'ils sont tous deux des défenseurs de la Charte de 1814, qui redevient le centre des institutions politiques après la dissolution de la Chambre introuvable, chacun l'interprète à sa façon. Plus exactement, chacun veut la tirer dans des directions différentes.

Pour Benjamin Constant, la Charte manifeste clairement une rupture avec la monarchie d'Ancien Régime et elle doit permettre l'épanouissement des idées issues de 1789.

Pour Chateaubriand, loin d'être une rupture, c'est une continuité. En conséquence, il faut lui donner pour base les valeurs anciennes et traditionnelles qui n'ont pas péri avec la Révolution. Selon lui, le gouvernement représentatif tel qu'il est issu de la Charte doit être la monarchie moins l'absolutisme du droit divin alors que pour Benjamin Constant, ce type de gouvernement c'est plutôt la République moins les errements et les crimes de la Terreur. La Charte n'est pas la continuité de l'ancienne monarchie épurée de son absolutisme mais plutôt une nouvelle histoire qui prend sa source dans le siècle des Lumières et les écrits des philosophes du XVIIIe siècle.

Benjamin Constant et Chateaubriand sont comme deux navigateurs qui s'en remettent à la même boussole, à savoir la monarchie constitutionnelle et le gouvernement représentatif, mais chaque aiguille aimantée n'indique pas tout à fait la même direction ni la même origine.

Celle de Benjamin Constant pointe l'avènement inéluctable de l'égalité, résultat de l'évolution de l'humanité vers une forme de perfectibilité.

Celle de Chateaubriand pointe la nécessité de maintenir la religion et les antiques valeurs des veilles mœurs et des vieilles traditions par la continuité d'une dynastie âgée de quatorze cents ans mais qui a décidé d'accepter le meilleur des idées de 1789. Selon lui « le gouvernement représentatif est le résultat naturel des anciennes monarchies ».

Et de préciser sa pensée en quelques phrases :

« Je veux toute la Charte, toutes les libertés, toutes les institutions amenées par le temps, le changement des mœurs et le progrès des lumières, mais avec tout ce qui n'a pas péri de l'ancienne monarchie, avec la religion, avec les principes éternels de la justice et de la morale, et surtout *sans* les hommes trop connus qui ont causé nos malheurs [...]

« Je me résume en quelques mots :

« La religion, base du nouvel édifice, la Charte et les honnêtes gens, les choses politiques de la révolution et non les hommes politiques de la révolution : voilà tout mon système. Le contraire de ce système est précisément ce que l'on a adopté. On a toujours voulu les hommes beaucoup plus que les choses. On a gouverné pour les intérêts, nullement pour les principes. »[403]

Bref, les ministres qui ont gouverné depuis 1814 sous l'étendard de la Charte, et surtout le dernier en date de ces ministres, qui est aussi l'actuel favori du roi, Decazes, ont précipité la France au bord de l'abîme.

Un tel réquisitoire, qui suscite la colère de Louis XVIII, ne pouvait rester impuni : Chateaubriand est aussitôt relevé de son titre de ministre d'Etat et sa pension est supprimée.

Au reste, la brochure de Benjamin Constant, si elle se présente à la fois comme une défense de Decazes et comme une critique de Chateaubriand, à qui il demande de reconnaître ce que le ministère a fait de bien, constitue surtout une condamnation de la conduite des plus ultras parmi les ultraroyalistes. Et de lancer un appel au rassemblement autour des intérêts moraux de la révolution :

« Ces intérêts sont ce qu'à l'époque de la Révolution la nation a voulu, ce qu'elle veut encore, ce qu'elle ne peut cesser de vouloir, l'égalité des

---

[403] Chateaubriand, *De la monarchie selon la Charte*, Paris, 1816, Le Normant, pp.254 et 276.

citoyens devant la loi, la liberté des consciences, la sûreté des personnes, l'indépendance responsable de la presse. Les intérêts moraux de la révolution, ce sont les principes [...] L'esprit du siècle, et plus encore celui de la France, est tout entier à l'égalité [...] Ce que la nation craint, ce qu'elle déteste, c'est l'arbitraire. »[404]

L'année 1817 commence, pour Benjamin Constant, par une activité incessante au *Mercure de France*, dont le premier numéro paraît le 4 janvier. Il a participé en première ligne à la rénovation de cette revue. C'est lui qui a rédigé le prospectus qui annonce et commente ce renouveau, renouveau qui s'impose d'autant plus que les élections qui viennent d'avoir lieu en octobre 1816 après la dissolution de la Chambre introuvable annoncent une situation politique nouvelle.

En effet, les ultraroyalistes, qui dominaient précédemment le paysage parlementaire, se retrouvent très minoritaires dans la nouvelle Assemblée. Ils ne sont plus que 92 sur 238 élus. Les ministériels (qui s'appellent aussi constitutionnels) sont majoritaires avec 146 élus. Deux tendances s'expriment en leur sein : l'une de droite groupée autour du duc de Richelieu ; l'autre de gauche représentée par Decazes et soutenue par le groupe des « doctrinaires » dont les personnalités principales sont Royer-Collard, Guizot, Barante, de Broglie, de Serre, Camille Jordan etc. Enfin, on note la présence de quelques libéraux. Ils vont constituer le noyau de ce qui deviendra au fil des élections suivantes « le parti des indépendants », autrement dit la gauche libérale de la Seconde Restauration.

Au *Mercure de France*, Benjamin Constant occupe ce que l'on nommerait aujourd'hui la fonction de journaliste parlementaire. Il voudrait faire du compte rendu des travaux des deux Chambres « un abrégé de l'histoire parlementaire de la France ».

Mais il rédige aussi d'autres chroniques de politique ou de littérature.

Et même d'économie.

En effet, soit dans des articles, soit dans des « pensées détachées », il commente l'actualité à partir des problèmes économiques, même les plus techniques comme le budget, la fiscalité, les dettes publiques, la finance, la nécessité pour l'Etat d'assumer avec scrupule ses engagements financiers. La revue consacre d'ailleurs une section spéciale « à l'examen des ouvrages relatifs aux finances et à l'administration ».

Le *Mercure* ne durera qu'un an.

Il sera supprimé fin décembre 1817 à cause d'un article sur le Concordat qui a déplu au ministère. Malgré cela, il aura constitué un galop d'essai pour la famille libérale sur le chemin de son implantation parlementaire et pour

---

404 Benjamin Constant, *De la doctrine politique qui peut réunir les partis en France*, Paris, décembre 1816, Delaunay, pp. 21, 31 et 33.

Benjamin Constant lui-même dans sa volonté d'aborder l'économie sous l'angle à la fois technique et pratique des questions budgétaires.

En juillet il publie *Questions sur la législation actuelle de la presse en France.*

C'est une étude sur la jurisprudence engendrée par l'application de la loi sur la presse qui avait été promulguée le 21 octobre 1814, modifiée par une ordonnance royale du 20 juillet 1815, laquelle avait suscité le 7 décembre 1816 un projet pour la mettre en œuvre. Il s'agissait de préciser les modalités pratiques de saisie des écrits, et les modalités de jugement après de telles saisies. Ces différents textes avaient donné lieu à plusieurs procès, donc à une jurisprudence que Benjamin Constant entend examiner à la loupe pour voir si le ministère public, source de cette jurisprudence, a rendu des jugements conformes aux intentions libérales de la Charte et du roi.

Selon lui l'épreuve est loin d'être satisfaisante.

La jurisprudence a pour effet de restreindre la liberté des écrits plutôt que de conforter cette liberté. Cette jurisprudence, qu'il a étudiée à partir de deux procès, est « peu conforme aux principes de la Constitution et aux vues du législateur ».[405]

En vérité, le problème réside dans le comportement des personnalités qui rendent les jugements dans les affaires de presse. Comme ce sont des magistrats professionnels, et non des jurés populaires, ils ont tendance à plaire au pouvoir au risque d'aller, dans la sanction, au-delà de ce que proclame la Charte et de ce que souhaite le roi lui-même.

Les procès de presse ont ceci de singulier qu'ils campent un particulier - journaliste ou écrivain - organe de l'opinion, face à un corps de magistrats organe de l'autorité. Absoudre le journaliste ou l'écrivain « ressemble au triomphe de l'opinion d'un particulier sur l'autorité ».

Et Benjamin Constant de remarquer :

« Les tribunaux ne sauraient alors juger impartialement ; institués par l'autorité, ils en font partie ; ils ont un intérêt de corps avec elle. Ils pencheront toujours pour l'autorité contre l'écrivain. »[406]

De surcroît, la différence entre juges et jurés réside dans le fait que les juges sont astreints à se conformer à la lettre de la loi, d'être les organes impassibles de la loi écrite. Les jurés, en revanche, décident d'après leur conscience, d'après le bon sens naturel. Ils connaissent l'opinion publique. Ils savent que les écrits dépendent d'une foule de circonstances. Circonstances que la loi écrite ne saurait prévoir mais que les jurés, organes de la raison commune, peuvent saisir et apprécier :

« Vous n'aurez jamais de liberté de la presse, conclut Benjamin Constant, tant que les jurés ne décideront pas de toutes les causes de cette nature. »[407]

---

[405] Benjamin Constant, *Questions sur la législation actuelle de la presse en France et sur la doctrine du ministère public*, Pari, 1817, Delaunay, seconde édition, p.16.
[406] Ibid., p.21.

A la mi-juillet, une page se tourne dans sa vie personnelle et sentimentale avec le décès de Mme de Staël. Il rédige aussitôt deux articles nécrologiques qui paraissent dans *Le Mercure* et dans *Le Journal de Paris*. Toutefois, c'est dix mois plus tard, en mai 1818, dans trois études sur l'ouvrage posthume de Mme de Staël *Considérations sur les principaux événements de la Révolution française*, insérées dans *La Minerve française*, qu'il rendra un hommage émouvant à « cette femme illustre », à « cet esprit qui n'était circonscrit par aucune borne », à « ce talent supérieur qui dut son éclat à des pensées toujours nobles, et sa force à son attachement invariable à la morale, à la justice, à la liberté ». [408]

En septembre, il se présente pour la première fois aux élections pour la députation dans le département de la Seine sous l'étiquette *Indépendant*. S'il est battu, son résultat est très honorable et laisse entrevoir une élection possible dans les années qui viennent, d'autant que la loi électorale - renouvellement par cinquième tous les ans de la Chambre des députés - impose des élections législatives partielles chaque année.

A ce scrutin de 1817, c'est Laffitte qui mène la liste des *Indépendants*. Il sera élu au premier tour. Au total, derrière Laffitte, les libéraux se retrouvent à 25 à la Chambre. Ils y seront 45 en 1818 et 90 en 1819, année de l'élection de Benjamin Constant.

Ce scrutin de fin septembre 1817 est important dans l'histoire du libéralisme parlementaire et mérite qu'on s'y arrête. En effet, il s'est déroulé en fonction d'une nouvelle loi électorale votée quelques mois plus tôt, le 5 février. Cette nouvelle loi électorale, présentée par Lainé, ministre de l'Intérieur, remplaçait celle qui avait présidé à l'élection de la Chambre ultraroyaliste. Elle libéralise considérablement les conditions d'âge et de fortune pour l'accès à la députation. C'est une loi qui entend restreindre l'influence des grands propriétaires fonciers pour accroître le nombre des représentants des couches nouvelles du commerce et de l'industrie.

Quand il sera élu, Benjamin Constant sera le porte-parole de ces couches nouvelles pour lesquelles la liberté et l'égalité sont des principes premiers.

En attendant, il se félicite du vote de cette nouvelle loi électorale de même qu'il s'était réjoui naguère de l'ordonnance royale du 5 septembre 1816 qui avait procédé à la dissolution de la Chambre introuvable.

C'est aussi en 1817 qu'il participe, avec d'autres libéraux, dont La Fayette et de Broglie, à la création de la *Société des amis de la presse*, en réponse à l'emprisonnement du journaliste Chevalier, directeur de la *Bibliothèque historique*, qui avait critiqué le ministère en place.

---

[407] Ibid., p.19.

[408] *La Minerve française*, Paris, mai 1818, tome second, p.105.

Enfin, il se lance dans une grande campagne d'opinion qui va ajouter à sa notoriété, en prenant publiquement la défense de Wilfrid Regnault accusé à tort d'assassinat.

Rappelons l'affaire brièvement.

A Amfreville, petit village de Normandie situé non loin d'Ouistreham, on découvre en mars 1817 qu'une servante a été assassinée. Après enquête, un habitant de la commune, Wilfrid Regnault, est arrêté, accusé, traduit en justice et condamné à mort le 29 août de la même année par la cour d'assises d'Evreux.

L'accusé est défendu par un jeune avocat qui plus tard fera carrière dans la politique, Odilon-Barrot. Il découvre très vite que la condamnation de Wilfrid Renault ne repose sur aucune preuve sérieuse mais plutôt sur des calomnies qui l'accusent d'avoir été en 1792 un « septembriseur », autrement dit un agent de la Terreur en Normandie.

Après étude du dossier, Benjamin Constant alerte l'opinion sur les nombreux manquements au droit dans une *Lettre à M. Odilon-Barrot sur l'affaire Wilfrid Regnault condamné à mort*, où il apporte son soutien au jeune avocat. Il dénonce la transmission aux juges d'informations tenues secrètes contenant des faits matériellement faux sans que l'accusé ait obtenu la permission de les réfuter. Il stigmatise aussi la prévention des juges maniant le langage de la haine et prêtant une oreille complaisante à la calomnie ainsi que les témoignages à charge de personnes qui se contredisent.

Bref, selon Benjamin Constant, ce procès se résume par les mots irrégularités, injustices, prévention, haine, violation des formes, culpabilité non démontrée.

« Si Wilfrid Regnault est innocent, souligne-t-il, la vie d'un innocent regarde tout le monde [...] puisqu'alors tous les innocents sont en péril. »[409]

D'où son appel à l'opinion publique.

En définitive, l'émotion est suffisamment forte dans le pays pour que Pasquier, ministre de la Justice à l'époque, donne ordre de surseoir à l'exécution et propose au roi une commutation de peine. Wilfrid Regnault fera vingt ans de prison.

Dans cette affaire, Benjamin Constant s'est inscrit dans la lignée des grands défenseurs du droit et des garanties, après Voltaire lors de l'affaire Calas, et avant Zola et Clemenceau lors de l'affaire Dreyfus.

Avec le lancement de *La Minerve française* le 2 février 1818 s'ouvre dans l'histoire du libéralisme une période capitale qui va se caractériser par

---

[409] Benjamin Constant : *Lettre à M. Odilon-Barrot, avocat à la cour de cassation, sur l'affaire de Wilfrid Regnault*, Paris, 1818, Imprimerie de la Renaudière, p. 4.

trois moments que l'on peut résumer par trois mots : progression, repli, victoire.

La progression va de 1818 à 1820. Le libéralisme politique, s'appuyant sur le respect de la Charte, gagne en influence aussi bien à la Chambre des députés que dans la presse et l'opinion.

Le repli s'amorce en février 1820 après l'assassinat du duc de Berry et la démission de Decazes. Les mesures répressives qui suivent ont pour conséquence l'écrasement des libéraux aux élections. Ce repli durera pendant les sept années des gouvernements Richelieu et Villèle. Certains libéraux comme La Fayette soutiendront en sous-main le carbonarisme, autrement dit l'action des sociétés secrètes dont l'objectif est de renverser le pouvoir par la violence. Ce ne sera pas le cas de Benjamin Constant.

La victoire s'esquissera avec les élections de 1827 gagnées par le mouvement libéral, ce qui entraînera la démission de Villèle. Après les ministères Martignac et Polignac, les ordonnances contre la presse déboucheront sur la révolution de juillet 1830 et l'abdication de Charles X.

Benjamin Constant va se trouver au cœur de ces différentes phases, cette fois sans atermoiements ou revirements, libéré de l'influence des femmes fatales, ayant trouvé une certaine stabilité sentimentale auprès de son épouse Charlotte, reconnu par ses pairs et l'opinion publique comme le chef intellectuel du parti des indépendants.

C'est d'ailleurs avec le ton et l'autorité d'un chef de file qu'il s'exprime dans le premier numéro de *La Minerve* pour exposer le programme de la revue :

« Propager toutes les connaissances utiles, favoriser le développement de l'industrie, détruire sans retour tous les préjugés que certaines classes et certains partis voudraient soutenir encore, former ou fortifier l'opinion publique, hâter l'éducation constitutionnelle de la France, affermir en un mot tous les vrais principes en politique, en morale et en littérature : telle est la noble tâche que nous nous sommes imposée, et que nous promettons de remplir, sinon avec talent, du moins avec courage. »[410]

Dans la perspective de ce programme, il décide aussitôt de mener plusieurs actions en direction de l'opinion publique. Il s'agit d'accompagner la montée en puissance des idées libérales par des initiatives de pédagogie, d'explications, de vulgarisation au bon sens du terme, voire de formation et d'enseignement, le tout à destination de cette classe intermédiaire qui est en voie de devenir le cœur de la société des Modernes.

Ainsi prononce-t-il en 1818 plusieurs conférences à l'Athénée royal, cette institution que l'on pourrait comparer à ce que furent à notre époque les universités populaires. Il y commence un cours sur les institutions anglaises par l'éloge de Sir Samuel Romilly, ami des Noirs et adversaire de

---

[410] *La Minerve française*, tome premier, février 1818, p.4.

l'esclavage. Il y fait des lectures sur l'histoire des religions en puisant dans ses travaux personnels sur le sujet. Surtout, c'est à la tribune de l'Athénée qu'il prononcera en février 1819 sa célèbre conférence sur *La liberté des Anciens comparée à celle des Modernes*, texte qui deviendra un chapitre capital de la bible des libéraux.

Par ailleurs, il forme le projet de rassembler les plus importants de ses écrits et de les republier en plusieurs volumes dans un ensemble cohérent sous le titre un peu long mais très explicite de : *Collection complète des ouvrages publiés sur le gouvernement représentatif et la Constitution actuelle de la France, formant une espèce de Cours de politique constitutionnelle.*

Cet ensemble comptera quatre volumes.

Le premier paraît début 1818.

Il contient la réédition de ses *Réflexions sur les Constitutions*, ainsi que l'un de ses textes de 1814 sur la liberté de la presse.

Journaliste à *La Minerve française*, chroniqueur épisodique au *Journal du commerce* ou au *Journal général*, conférencier à l'Athénée, écrivain engagé dans le combat libéral avec la publication - et la réédition - de livres et de brochures, cette année 1818, mieux que toute autre, nous révèle à quel point Benjamin Constant a été « le maître d'école de la liberté », menant ses actions à tous les étages où, selon lui, il faut instituer cette liberté - droit constitutionnel, institutions politiques, régime de la presse et des cultes, statut de la propriété, organisation de l'économie, etc. - et utilisant pour ce faire, en véritable stratège, la communication écrite ou orale à travers les moyens que l'époque met à sa disposition. De surcroît, ce stratège s'appuie sur des méthodes bien rodées : s'immerger dans l'actualité, se constituer un stock d'écrits sur les sujets les plus divers dans lequel il pourra puiser selon les circonstances, réagir rapidement aux événements, écrire vite et clair, jouer de toutes les ressources du style pour sauter avec efficacité de la polémique à la philosophie, de la politique à l'histoire.

Sans oublier de saisir au vol un événement très particulier susceptible d'émouvoir l'opinion, comme l'affaire Wilfrid Regnault, pour en faire la preuve de l'impérieuse nécessité des garanties judiciaires.

Toutefois pour un tel communicant-né, il manque un barreau à son échelle, une corde à son arc, une tribune à sa parole : la députation. Autrement dit, cet accès au Parlement d'où il pourra s'adresser à la nation entière sans craindre la censure.

8 - Député de la Sarthe (1819-1822)

Rien de surprenant, en conséquence, si 1818 est aussi l'année de sa deuxième tentative pour accéder à la Chambre des députés. Il se présente de nouveau à Paris, fait la course en tête mais chute dans la dernière ligne droite, victime d'une coalition montée contre lui par les ministériels de Decazes et les ultraroyalistes.

Ce n'est que partie remise.

A ces élections d'octobre 1818 on avait assisté à une forte poussée du parti des indépendants, surtout dans le département de la Sarthe où ce parti, bien organisé grâce à l'action vigoureuse d'une forte personnalité locale, Charles Goyet, avait réussi à faire élire quatre députés, dont La Fayette. Mais quelques semaines plus tard, l'un de ces quatre élus avait démissionné pour raisons personnelles. Tous les partis politiques se remettent en action pour pourvoir à son remplacement. C'est à ce moment que Charles Goyet, sur la suggestion d'un journaliste originaire du département et travaillant à *La Minerve*, décide de faire appel à Benjamin Constant.

Charles Goyet, qui restera dans l'histoire politique sous le nom de *Goyet de la Sarthe*, fait partie de ces chefs locaux qui ont leurs troupes bien en main. Intelligent, actif, dévoué à ses idées, autoritaire, bon organisateur et bon tacticien, il dispose au service de sa politique d'une publication, *Le Propagateur*, qui a servi à faire élite La Fayette. Il entend bien faire de même avec Benjamin Constant.

Objectif atteint à des élections complémentaires qui ont lieu fin mars 1819.

Grâce à Goyet, Benjamin Constant se hisse donc à ce dernier barreau qui est la Chambre des députés. Il y représentera le département de la Sarthe. S'ensuivra entre les deux hommes, jusqu'en 1822, une riche correspondance faite de respect et de rude franchise, Charles Goyet se déclarant souvent subjugué par l'intense activité de son protégé mais n'hésitant jamais à le rudoyer, allant même jusqu'à lui prodiguer des conseils très personnels, comme de vivre « conjugalement » et de se coucher « de bonne heure », sous entendu, sans doute, pour éviter de traîner la nuit dans les tripots.

Le « terrible Monsieur Goyet », selon l'expression de Chateaubriand, sera durant toutes ces années le mentor en politique du nouveau député libéral de la Sarthe.

La période 1818-1819 est donc une époque faste dans la biographie de Benjamin Constant.

Sauf pour sa santé physique.

En effet, c'est aussi en 1818 qu'il est victime d'un grave accident à la jambe. Sa blessure, mal soignée, lui imposera d'user de béquilles jusqu'à la fin de ses jours.

Elu député de la Sarthe le 25 mars 1819, Benjamin Constant prend la parole à la tribune de la Chambre des députés moins d'un mois plus tard, le 14 avril.

Il intervient dans une discussion en cours sur trois lois présentées par le ministre de la Justice, Hercule de Serre. Elles concernent une nouvelle organisation de la presse dans un sens plus libéral que précédemment.

La première de ces trois lois définit les délits susceptibles d'être commis par voie de presse et les pénalités à appliquer ;

La deuxième touche à la réorganisation du mode de procédure et de jugement dans les affaires de presse. Désormais cette procédure ne relèvera plus des tribunaux correctionnels mais des tribunaux criminels. En clair, les délits de presse seront jugés par des jurés populaires et non plus par des magistrats professionnels (sauf les injures et les diffamations envers les particuliers qui restent du domaine de la correctionnelle) ;

Enfin, la troisième loi fixe les conditions de création et d'existence des journaux et des périodiques. Affranchis désormais de toute censure ou autorisation préalable, ils doivent faire l'objet de quelques dispositions particulières.

Dans son intervention, Benjamin Constant se félicite de constater que le gouvernement, en matière de presse, s'est enfin rallié à la doctrine libérale en choisissant de *réprimer* les abus commis par voie de presse et en abandonnant toute idée de vouloir les *prévenir* par des mesures forcément liberticides :

« On ne parle plus, souligne-t-il, de prévenir quand il s'agit de réprimer. En exécution de la promesse de nous donner la liberté, on ne nous offre plus la censure [...] La presse, qui ne donne lieu à la création ni à la définition d'aucun crime ou délit particulier et nouveau, redevient ce qu'elle doit être, un moyen de plus d'exercer une faculté naturelle, moyen semblable à tous ceux de divers genres dont les hommes disposent et qui doit, de même que tous les autres, être libre dans son exercice légitime et réprimé seulement dans les délits qu'il peut entraîner. »[411]

Durant cette session parlementaire, il interviendra une douzaine de fois dans la discussion des lois de Serre.

Après le vote de ces lois on assiste à la création de nombreux titres de presse.

Benjamin Constant participe au lancement de *La Renommée*.

Avec les débats sur la presse, sur les libertés individuelles, sur les lois électorales - il y en aura encore beaucoup sur ces thèmes récurrents jusqu'en 1830 - ce sont les discussions budgétaires qui le mobilisent fortement, au point que Goyet lui écrit son admiration pour ses compétences financières.

Il entretient d'ailleurs les liens qui l'unissent à sa circonscription par des *Lettres aux habitants de la Sarthe* et par une correspondance personnelle avec Goyet.

---

[411] *Archives parlementaires*, op. cit., deuxième série, tome XXIII, Paris, 1873, Dupont, p.622.

En décembre 1819, il intervient à la tribune pour défendre l'abbé Grégoire, ancien évêque constitutionnel, qui vient d'être élu député par la ville de Grenoble, élection dénoncée comme illégale et indigne par les ultraroyalistes, l'accusation d'indignité reposant sur le fait que Grégoire aurait sinon voté du moins approuvé la condamnation à mort de Louis XVI.

Benjamin Constant a beau jeu de souligner que la Charte a prescrit « l'oubli du passé » et que Louis XVIII avait donné l'exemple puisqu'il avait appelé Fouché, célèbre régicide, au ministère de la Police après les Cent-Jours. Mais rien n'y fait : l'élection de Grégoire est invalidée.

Paul Bastid a calculé que durant les quatre sessions parlementaires auxquelles Benjamin Constant a participé comme nouveau député il a pris la parole 265 fois « et sur les sujets les plus variés ».[412]

Tout cela ne l'empêche pas de poursuivre, en parallèle, ses activités de plume, soit à *La Minerve*, soit dans d'autres titres dont maintenant *La Renommée.*

Ainsi, le 21 août 1819, aborde-t-il pour la première fois dans *La Minerve* une question lancinante sur laquelle il reviendra à plusieurs reprises à la tribune : la situation des Noirs dans les colonies et la condamnation de l'esclavage.

C'est encore dans *La Minerve* qu'à cette époque il commence la publication de *Lettres sur les Cent-Jours* qu'il rassemblera plus tard en un volume qui portera le même titre et qui aura pour objet de justifier son ralliement à Napoléon en 1815.

Si 1819 peut être qualifiée d'année des libéraux avec l'élection de Benjamin Constant et le vote des trois lois sur la presse, 1820 prend une toute autre direction.

Le 13 février, à onze heures du soir, en sortant de l'Opéra, le duc de Berry est assassiné.

Ce dernier est le fils du comte d'Artois, futur Charles X. A ce titre, il sera appelé un jour à accéder au trône. C'est pour mettre fin à la royauté en France que son assassin, un nommé Louvel, déclare avoir agi.

Ce drame suscite une intense émotion. Il est bien vite exploité contre les libéraux et contre Decazes par l'extrême droite ultraroyaliste.

« J'ai vu le poignard de Louvel, c'était une idée libérale » écrit Charles Nodier dans *Le Journal des Débats*. Et Chateaubriand ajoute : « La main qui a porté le coup n'est pas la plus coupable. »[413]

Benjamin Constant, qui a écrit jadis une brochure sur *Les réactions politiques*, va vivre une de ces réactions en direct et dans toute son ampleur.

C'est la fin de la politique de réconciliation des deux France voulue par Louis XVIII.

---

[412] Paul Bastid, *Benjamin Constant et sa doctrine*, op.cit., tome 1, p.326.

[413] Bertier de Sauvigny, *La Restauration*, 1974, Champs/Flammarion, p. 164

C'est la fin de l'ambition de Decazes de gouverner au centre pour « royaliser la nation et nationaliser le royalisme ».

C'est le retour en force dans le jeu politique des ultraroyalistes avec leur volonté proclamée de liquider définitivement la Charte de 1814.

C'est comme si une violente éruption volcanique s'était produite au beau milieu de la Chambre des députés, repoussant la droite modérée vers l'extrême-droite ultra et le centre gauche vers la gauche libérale.

Il n'y a plus de centre de gouvernement : il a été englouti avec Decazes dans un immense cratère.

Sur la pressante sollicitation du Comte d'Artois, Louis XVIII renvoie Decazes et rappelle le duc de Richelieu. Ce dernier accepte de revenir à la direction du gouvernement et fait voter aussitôt par les deux Chambres une longue série de mesures répressives : suspension de la liberté individuelle, rétablissement en matière de presse de l'autorisation préalable et de la censure, nouvelle loi électorale dite du « double vote » où les électeurs les plus fortunés, surtout les grands propriétaires fonciers, pour la plupart ultraroyalistes, voteront deux fois, ce qui vise à favoriser l'élection de députés de droite.

Des événements d'une telle ampleur et de sens si contraire, dans une période aussi brève – moins d'une année entre le vote des lois de Serre et leur abrogation - suscitent dans les Chambres, dans la presse, dans l'ensemble du pays des débats passionnés et, parfois, des affrontements violents. Plutôt que de se réconcilier dans une « fusion » souhaitée par Louis XVIII et Decazes, les deux France se retrouvent face à face, plus hostiles et plus irréconciliables que jamais.

A chacun, maintenant, de choisir son camp.

Benjamin Constant se porte tout de suite en première ligne du sien.

Il y déploie son artillerie habituelle - articles, livres, brochures, discours - pour combattre les trois lois répressives présentées par le duc de Richelieu. La conséquence immédiate d'une telle attitude sera la suppression de *La Minerve* en mars 1820 et de *La Renommée* en juin.

Dans ces moments d'extrême tension politique, Benjamin Constant reste dans la légalité, contrairement à nombre de ses amis qui, à l'exemple de La Fayette, vont rejoindre les sociétés secrètes de la Charbonnerie pour tenter de renverser le pouvoir par la force. On apprendra plus tard que trois villes, toutes sièges de garnisons militaires, auront été des centres actifs de préparation d'un coup d'Etat : Saumur dans l'ouest du pays, Belfort et Neuf-Brisach dans l'est.

Tous ces complots carbonaristes seront découverts et plusieurs de leurs auteurs seront fusillés. Ce sera le cas du général Berton, responsable de celui de Saumur. Les ultraroyalistes tenteront d'impliquer Benjamin Constant dans cette affaire, mais en vain. Ses actes resteront irréprochables, qu'ils soient journalistiques - à *La Renommée* a succédé *Le Courrier français* où il écrira jusqu'à sa mort - ou qu'ils soient parlementaires : il prononcera en 1820, 1821 et 1822 de nombreux discours sur tous les sujets avec comme ambition constante la défense des libertés.

Identifié comme chef de l'opposition, il sera même la cible d'actions violentes comme en ce mois d'octobre 1820 où, en visite dans sa circonscription de la Sarthe, il sera pris à partie par des élèves ultras de l'école de cavalerie de Saumur.

N'empêche que les attaques répétées contre lui amènent son échec en novembre 1822 aux élections législatives partielles de la Sarthe.

Dans l'ensemble du pays, sur 86 sièges à pourvoir, 78 sont gagnés par les royalistes.

Sur 45 députés libéraux soumis à réélection, seuls 8 sont reconduits.

Battu, Benjamin Constant va vivre l'année 1823 dans une semi-retraite entre Paris et Montmorency où il a loué une maison. Il souffre de sa jambe blessée, se dit fatigué des luttes politiques, envisage de se retirer de la vie publique, fait face à plusieurs procès suite à l'affaire de Saumur. Surtout, il profite de ce temps de repos pour reprendre et mener à bien ses études sur la religion. Le premier des cinq volumes sur le sujet paraîtra en 1824.

De loin, il observe les préparatifs de l'intervention de l'armée française en Espagne pour rétablir sur le trône le roi Ferdinand VII évincé par les libéraux. A ce propos, il prend la défense, dans *Le Courrier français,* du député libéral Manuel. Celui-ci, lors du débat sur le financement de cette guerre, avait été exclu de la Chambre pour avoir proclamé à la tribune que les cent mille soldats français qui allaient franchir la frontière allaient marcher « pour livrer l'Espagne à l'inquisition et aux jésuites ». Il avait même rappelé que Louis XVI avait été guillotiné au moment où, précisément, une armée étrangère menaçait d'envahir la France. Déclaration qui avait été interprétée par la droite et l'extrême-droite comme une apologie du régicide. Ce fut le motif principal de son exclusion. [414]

9 - Figure de proue de l'opposition libérale (1823-1830)

Indirectement, ce sont les suites politiques de la victoire de la France en Espagne qui vont replonger Benjamin Constant dans la fournaise de la politique, et cette fois jusqu'à sa mort.

En effet, fort de cette victoire, Villèle, qui a succédé au duc de Richelieu à la tête du gouvernement, fait voter une nouvelle loi électorale qui institue ce que l'on nommera la *septennalité*. En clair, la Chambre des députés sera

414 Sur l'affaire Manuel, voir Duvergier de Hauranne, *Histoire du gouvernement parlementaire en France, 1814-1848*, tome septième, Paris, 1865, Michel Lévy frères, p.299 à 325. Voir aussi *Archives parlementaires*, op.cit., seconde série, tome XXXIX, p.495.

désormais élue pour sept ans. Le renouvellement par cinquième chaque année est supprimé.

Et le 24 décembre la Chambre en fonction est dissoute par une ordonnance du roi

Les nouvelles élections sont fixées au 25 février et 6 mars 1824.

Ce renouvellement complet de la Chambre des députés selon les dispositions de la nouvelle loi électorale se traduit par un raz de marée royaliste. Le résultat est équivalent à celui de 1815 qui avait porté au pouvoir *la Chambre introuvable*. A tel point que l'on qualifiera cette nouvelle Assemblée de « Chambre introuvable retrouvée ».

Les libéraux ne sont plus que 19 sur 430 députés (ils étaient 110 en 1823).

Parmi ces 19 : Benjamin Constant.

Il est élu dès le premier tour, non plus dans la Sarthe mais à Paris.

La surprise est telle chez les royalistes qu'ils vont tout mettre en œuvre pour faire casser son élection.

Dès la rentrée parlementaire en mars ils reprennent et intensifient contre lui la vieille querelle sur sa nationalité.

Cette fois, l'accusation de n'être pas Français prend une grande ampleur et suscite des heures de débats, mais en vain.

Une commission spéciale nommée pour étudier son cas et animée par Martignac lui reconnaît, après examen des pièces qu'il a fournies, la qualité de Français.

Martignac demande à la Chambre de ratifier son élection.

Et le 24 mai 1824, par 214 voix pour et 168 contre, il est enfin proclamé membre de la Chambre des députés.[415]

Quatre mois plus tard, le paysage politique change.

Le 16 septembre, Louis XVIII décède. Son frère, le comte d'Artois, accède au trône sous le nom de Charles X. Les débuts du nouveau monarque prennent une teinte libérale : il proclame son attachement à la Charte, annonce la suppression de la censure, accorde une amnistie aux condamnés politiques. Toutefois - première ombre au tableau - il décide de garder à la tête du gouvernement son fidèle Villèle, lequel « transfère au nouveau règne le capital de rancunes dont il avait chargé les derniers temps du précédent ».[416]

Dans ce capital de rancunes il y a celle, tenace et sonore, de Chateaubriand. Dessaisi de son titre de ministre des Affaires étrangères quelques mois plus tôt par Villèle, le grand écrivain a annoncé avec fracas qu'il entrait dans l'opposition, entraînant avec lui le puissant *Journal des Débats* dont les propriétaires sont ses amis.

---

[415] *Archives parlementaires*, op.cit., deuxième série, volume XL, p.685.

[416] G. de Bertier de Sauvigny, *La Restauration*, Paris, 1955, Champs/Flammarion, p. 371

Villèle est donc condamné à gouverner avec une double opposition : celle de certains ultraroyalistes qui vont lui faire défection pour suivre Chateaubriand et celle des libéraux, qu'ils soient de l'école des doctrinaires ou du parti des indépendants.

C'est le moment où Villèle et Charles X tentent, à travers plusieurs projets de loi, dont celui sur le rétablissement du droit d'aînesse, de ramener la France à la société à privilèges d'Ancien Régime. Vainement.

Dans le même temps, une loi sur la police de la presse, présentée par le ministre de la Justice Peyronnet, et maladroitement qualifiée par lui de « loi de justice et d'amour », suscite contre elle l'alliance de Benjamin Constant et du doctrinaire Royer-Collard. De surcroît, Chateaubriand qualifie ce texte de « loi vandale » et Lamennais de « monument unique d'hypocrisie et de tyrannie ».

Devant ce tollé, le gouvernement préfère, là encore, s'incliner. Une ordonnance de Charles X en date du 17 avril 1827 annonce aux deux Chambres que « le projet de loi relatif à la police de la presse est retiré ».

Hors activité parlementaire, et hors ses travaux sur la religion qu'il poursuit intensément, ce qu'il faut retenir de l'action de Benjamin Constant dans ces années-là, c'est principalement deux longs articles qui, tous deux, paraissent dans la *Revue encyclopédique*.

Le premier, daté de décembre 1825, s'intitule : *Coup d'œil sur la tendance générale des esprits au XIXe siècle*. C'est la version écrite d'un discours qu'il vient de prononcer l'Athénée.

Le second, daté de janvier 1826, est le compte rendu d'un ouvrage de Charles Dunoyer qui porte comme titre : *L'industrie et la morale considérées dans leur rapport avec la liberté*.

C'est dans ces deux articles que s'affirme et se résume le mieux le Benjamin Constant industrialiste - « car l'industrie est le genre de vie le plus favorable au développement de toutes nos facultés » - , et visionnaire.

Visionnaire non seulement pour les aspects positifs d'un développement industriel intensif, mais aussi pour ses aspects négatifs.

L'année 1827 est marquée par l'ouverture d'une souscription pour la publication d'un ouvrage qui aura pour titre *Discours de M. Benjamin Constant à la Chambre des députés*. Le premier volume paraît en juillet 1827 et le second paraîtra en janvier 1828.

De même, c'est en juillet 1827 que sort en librairie le troisième volume de sa *Religion*.

Mais la grande affaire politique de cette fin d'année 1827 est, en novembre, la dissolution de la Chambre des députés, conséquence du double échec éprouvé par le gouvernement sur les projets de droit d'aînesse et de police de la presse.

Précédemment à cette dissolution, Villèle avait rétabli la censure qui avait été supprimée par Charles X lors de son accession au trône. Bonald, ultraroyaliste pur et dur, avait été nommé président d'un Conseil de surveillance de la presse et avait inauguré ses fonctions par une véritable déclaration de guerre au libéralisme :

« La censure, avait-il proclamé, est un établissement sanitaire fait pour préserver la société de la contagion des fausses doctrines, tout semblable à celui qui éloigne la peste. »[417]

En réplique, Chateaubriand avait créé une *Société des amis de la liberté de la presse* et Guizot avait lancé une association *Aide-toi, le ciel t'aidera.*

Toute cette agitation avait eu pour effet de réduire la base politique du gouvernement dans les deux Chambres.

D'où la décision de Villèle de trancher dans le vif.

Et le 6 novembre 1827, *Le Moniteur* publie trois ordonnances du roi.

L'une annonce la dissolution de la Chambre des députés.

L'autre nomme 76 nouveaux pairs, tous orientés à droite, parmi lesquels 40 députés et 5 archevêques.

La troisième supprime la censure, décision obligatoire en période électorale.

Les électeurs sont convoqués aux urnes pour les 17 et 24 novembre.

Les résultats de ce scrutin sont un cuisant échec pour Villèle.

Les candidats qui soutenaient son ministère ne se retrouvent qu'à 170 face à 180 libéraux et à 75 représentants de la *défection* des ultraroyalistes.

Benjamin Constant est largement reconduit dans ses fonctions de député : il est à la fois réélu à Paris et élu à Strasbourg où un de ses amis, Coulmann, a fait campagne pour lui.

Il choisit de devenir député de Strasbourg.

C'est au lendemain de ces élections que se pose avec éclat - et pour la première fois sous un jour aussi cru - la grande question qui a traversé toute la Restauration depuis ses origines, et qui prend un tour préoccupant en raison de la personnalité de Charles X, à savoir : prérogative royale ou prérogative parlementaire ? Autrement dit, et pour formuler différemment la question : qui doit incarner la souveraineté, le roi ou le peuple par l'intermédiaire de ses élus ? Charles X n'avait jamais accepté la Charte. Il n'avait jamais abandonné l'idée de revenir à une forme de monarchie absolue de droit divin. Il avait toujours proclamé qu'il ne serait jamais « un roi d'Angleterre », en clair un monarque susceptible de s'incliner devant les décisions d'un Parlement.

Or il se retrouve, à l'issue de ces élections, face à une Chambre majoritairement acquise à la Charte.

---

[417] Bertier de Sauvigny, *La Restauration*, op.cit., p. 392.

Dans un premier temps il semble vouloir respecter la prérogative parlementaire : Villèle démissionne en décembre et le roi accepte cette décision en janvier 1828. Il nomme aussitôt un ministère à orientation centriste dirigé par un avocat bordelais : Martignac.

Après les élections, Benjamin Constant reprend ses activités.

Il publie les deux volumes de ses *Discours à la Chambre*, rend visite à sa nouvelle circonscription électorale, présente une nouvelle fois sa candidature à l'Académie française mais sans plus de succès que précédemment.

En 1829, il publie ses *Mélanges de littérature et de politique* mais, surtout, prononce un important discours que l'on peut qualifier de Girondin sur l'organisation départementale de la France, dans le cadre de deux projets de loi - l'un sur les communes, l'autre sur les départements - déposés par Martignac.

Comme Decazes précisément, la grande ambition de Martignac est de réconcilier les deux France, d'enraciner la monarchie représentative en enlevant leurs préjugés aux royalistes et leurs préventions aux libéraux. Mais cette politique se heurte à l'hostilité des premiers et à l'intransigeance des seconds : Martignac est renversé lors du vote sur ses projets de réorganisation administrative de la France.

Cet échec fournit à Charles X un excellent prétexte pour remplacer Martignac par son vieil ami Jules de Polignac avec qui il compose un gouvernement d'un ultraroyalisme extrême.

Constitué le 8 août 1829, le ministère Polignac est reçu par les libéraux comme une provocation. D'autant que l'orientation volontairement contre-révolutionnaire de cette équipe est soulignée par le choix des ministres. Trois d'entre eux, surtout, incarnent les aspects les plus contestés de l'Ancien Régime : Jules de Polignac, catholique intransigeant, qui avait été parmi les premiers nobles à émigrer avec le comte d'Artois dès le début de la Révolution et qui, ensuite, avait participé à la conspiration de Cadoudal ; La Bourdonnaye, chef intempestif des ultras, que l'opinion publique jugeait responsable de la « Terreur blanche » de 1815 dans le Midi ; enfin le général de Bourmont, qui avait déserté l'armée à la veille de la bataille de Waterloo.

Voilà pourquoi l'un des plus brillants journalistes d'opposition de l'époque, Girardin, trouve tout de suite la formule lapidaire qui devait marquer au fer rouge ce gouvernement : « Coblence, Waterloo, 1815, s'exclame-t-il, voilà les trois principes, voilà les trois personnages du ministère. Tournez-le de quelque côté que vous voudrez, de tous les côtés il effraie, de tous les côtés il irrite. Pressez, tordez ce ministère : il ne dégoutte qu'humiliations, malheurs et dangers. »

Pour les libéraux, il ne fait aucun doute que Charles X, sous couvert de ce nouveau ministère, prépare un coup d'Etat contre la Charte et ses libertés et que, le moment venu, il tentera de substituer au régime des lois inscrit dans la Charte, le régime des ordonnances, autrement dit le gouvernement du « bon plaisir ».

D'autant que l'article 14 de la Charte stipule que le roi peut faire des ordonnances « pour la sûreté de l'Etat ».

Plus que jamais le pays est coupé en deux.

D'un côté Charles X, sa famille, sa Cour, son ami Polignac et ses ministres ultras qui, selon la rude formule de Royer-Collard « avaient, dès leur avènement, les ordonnances écrites sur le visage ». Ils incarnent le rejet sans appel de la France issue de la Révolution.

De l'autre, une opposition de plus en plus forte composée de libéraux, d'orléanistes, de bonapartistes, de républicains, ainsi que de royalistes qui ont fait défection. Et chacun de ces deux camps est désormais cadenassé dans son propre fortin, intransigeant sur ses positions, sourd à tout dialogue. La perspective qui se présente, c'est nécessairement l'affrontement, à un moment ou à un autre, de ces deux camps hostiles et déterminés.

Une fois encore c'est la liberté de la presse qui va servir de champ de bataille.

Charles X ouvre les hostilités le 2 mars 1830 dans son discours du trône, à la veille de la rentrée parlementaire.

Devant les deux Chambres, après quelques propos de circonstance, il hausse le ton et se montre menaçant :

« Pairs de France, députés des départements, je ne doute pas de votre concours pour opérer le bien que je veux faire. Vous repousserez avec mépris les perfides insinuations que la malveillance cherche à propager. Si de coupables manœuvres suscitaient à mon gouvernement des obstacles que je ne peux prévoir ici, que je ne veux pas prévoir, je trouverais la force de les surmonter dans ma résolution de maintenir la paix publique, dans la juste confiance des Français, et dans l'amour qu'ils ont toujours montré pour leur roi. »

Les députés, selon l'usage, doivent répondre au roi par une Adresse.

Sous la direction de Royer-Collard, nommé à la présidence de la Chambre, une commission de neuf membres est élue pour la préparer. Benjamin Constant intervient dans ce débat préparatoire. Il dénonce l'inactivité du gouvernement qui dure depuis plusieurs mois :

« Vous n'avez rien fait, constate-t-il. La France active, industrieuse, s'élance vers tous les genres de prospérité, et vous vous vantez de rester immobiles, c'est-à-dire de paralyser ses ressources ; la France constitutionnelle a soif des institutions qui consolideront l'alliance de la monarchie et de la liberté, et vous vous vantez de ne rien faire, c'est-à-dire de lui refuser les institutions qu'elle réclame. »[418]

Il sera, évidemment, parmi les députés qui voteront l'Adresse.

---

[418] *Archives parlementaires*, op.cit., deuxième série, tome LXI, p.580.

Celle-ci est lue aux députés le 15 mars, discutée le 16 en séance à huis-clos où deux parlementaires qui deviendront célèbres – Guizot et Berryer – font leurs débuts à la tribune. La majorité des députés est d'accord pour refuser son concours au gouvernement de Polignac. C'est Sébastiani qui résume le mieux le point de vue dominant : lorsque les ministres de la couronne ne jouissent pas de la confiance des Chambres, explique-t-il en substance, ils doivent abandonner leur charge.

Finalement, l'Adresse est votée par 221 voix – gauche, centre-gauche, royalistes de la défection – contre 181.

Le 18 mars à midi elle est lue à Charles X par Royer-Collard :

« La Charte, rappelle le président de la Chambre des Députés, que nous devons à la sagesse de votre auguste prédécesseur, et dont votre majesté à la ferme volonté de consolider le bienfait, consacre comme un droit l'intervention du pays dans la délibération des intérêts publics. Cette intervention devait être ; elle est en effet indirecte, sagement mesurée, circonscrite dans des limites exactement tracées, et que nous ne souffrirons jamais que l'on ose tenter de franchir ; mais elle est positive dans son résultat : car elle fait du concours permanent des vues politiques de votre gouvernement, avec les vœux de votre peuple, la condition indispensable de la marche régulière des affaires publiques. Sire, notre loyauté, notre dévouement, nous condamnent à vous dire que ce concours n'existe pas. Une défiance injuste des sentiments et de la raison de la France est aujourd'hui la pensée fondamentale de l'administration : votre peuple s'en afflige, parce qu'elle est injurieuse pour lui ; il s'en inquiète, parce qu'elle est menaçante pour ses libertés. »[419]

Charles X a écouté Royer-Collard « froidement et avec gravité », selon les propres termes de ce dernier. Puis il fait une réponse sèche et brève :

« Monsieur, j'ai entendu l'Adresse que vous venez de me lire au nom de la Chambre des députés. J'avais droit de compter sur le concours des deux Chambres, pour accomplir le bien que je méditais. Mon cœur est affligé d'entendre les députés des départements déclarer que, de leur part, ce concours n'existe pas. Messieurs, je vous ai annoncé dans mon discours mes résolutions ; elles sont immuables ; l'intérêt de mon peuple me défend de m'en écarter. »

Après ce dialogue de sourds entre le monarque et les représentants de la Chambre des députés, chacun s'enfermant dans ses positions comme dans une citadelle, il ne fait plus de doute que la guerre est ouverte entre Charles X et les représentants du peuple.

Le 17 mai, *Le Moniteur* publie la décision du roi portant dissolution de la Chambre des députés.

---

[419] Ibid., p.607 pour le vote de l'Adresse ; 617 à 619 pour le discours au Roi de Royer-Collard et 619 pour la réponse du Roi.

De nouvelles élections sont fixées au 25 juin et 3 septembre.

Talleyrand constate :

« Le moment décisif approche. Je ne vois ni boussole, ni pilote, et rien ne peut empêcher un naufrage. »

Ce naufrage annoncé du gouvernement Polignac a lieu à l'issue des élections : 274 sièges reviennent à l'opposition contre 143 seulement au ministère.

Sur les 221 députés qui avaient voté l'Adresse, 202 sont réélus dont Benjamin Constant.

C'est une humiliation pour le pouvoir et un triomphe pour les libéraux.

Polignac décide, avec le soutien de Charles X, d'aller à l'épreuve de force avec l'opposition.

Quatre ordonnances sont signées par le roi le 25 juillet 1830 et paraissent le lendemain dans le *Moniteur* :

- Nouvelle dissolution de la Chambre des députés ;
- Nouvelles dates pour de nouvelles élections ;
- Nouvelle loi électorale ;
- Suppression de la liberté de la presse par le rétablissement de la censure et de l'autorisation préalable pour tous les journaux et écrits périodiques, avec saisie immédiate des presses en cas de non respect de ces nouvelles dispositions.

Le secret a été bien gardé.

A part le roi, le dauphin, les ministres, personne, même dans l'entourage immédiat du monarque, n'a été informé de la signature des ordonnances. Le directeur du *Moniteur* est convoqué à onze heures du soir, le dimanche 25 juillet, pour recevoir le texte de ces quatre ordonnances, avec ordre de publier le tout dès le lendemain.

Le lundi 26 juillet 1830 la surprise est donc immense dans tous les milieux.

Aussitôt que *Le Moniteur* paraît, la nouvelle du coup d'Etat si souvent annoncé par les libéraux se répand comme une traînée de poudre.

Les premiers visés sont les journalistes. Ils sont donc les premiers à réagir.

Jacques Coste, directeur du journal *Le Temps*, fondé en octobre 1829, adresse un message pressant à Benjamin Constant, absent de Paris :

« Ami, il se joue ici un jeu terrible ; nos têtes servent d'enjeu : venez vite apporter la vôtre. »

Et, bien que malade et quasi-grabataire car il vient d'être opéré de la jambe, Benjamin Constant arrive bientôt, suivi de plusieurs députés présents à Paris.

La protestation des journalistes au lendemain de la parution de ces ordonnances marque le début de la Révolution de Juillet.

Elle va durer trois jours.

Cette « ruade du peuple » selon l'expression de Victor Hugo, sera appelée par les historiens *Les Trois Glorieuses.*

Elles amènent Louis-Philippe au pouvoir. Il prend désormais le titre de Roi des Français et non plus de Roi de France.

Benjamin Constant fait partie de la foule qui accompagne le nouveau souverain à l'Hôtel de Ville de Paris.

Charles X abdique et s'exile.

Le pays se donne un nouveau texte constitutionnel : la Charte de 1830.

Après la Révolution de Juillet, Benjamin Constant, qui se trouve dans sa soixante-troisième année, entre dans les derniers mois de son existence.

Malgré sa blessure à la jambe, malgré un état de santé délabré, il va continuer de siéger à la Chambre des députés.

En août, il est nommé président d'une section du Conseil d'Etat. Il reçoit de Louis-Philippe une somme de 200 000 francs qui lui permet de solder ses dettes de jeu, une passion, avec la politique qui l'aura suivi et dévoré jusqu'à la tombe.

Comme par un heureux hasard des circonstances – et du calendrier parlementaire – les derniers discours qu'il prononce, entre autres ceux du 4 octobre et des 6, 9, 12, 19 et 20 novembre (ce dernier dix-sept jours avant sa mort) lui permettent de revenir sur les deux grands thèmes qui auront dominé toute sa vie :

- L'organisation de la presse dans un régime de liberté ;
- L'organisation générale des pouvoirs publics dans le cadre d'un gouvernement représentatif, avec la question cruciale des rapports entre le législatif et le judiciaire à travers l'inviolabilité des députés et leur liberté de parole à la tribune.

Les *Trois Glorieuses*, qui ont mis en pleine lumière le rôle de la presse dans le renversement de Charles X, sont suivies d'une explosion de nouveaux journaux. Un nouveau statut de la presse s'impose. Il est débattu à la Chambre en octobre et novembre. Benjamin Constant intervient pour demander un allègement du cautionnement que ces nouvelles publications vont devoir payer pour continuer à paraître. Il faut que la liberté soit égale pour tous. Un cautionnement élevé aurait pour conséquence de favoriser les journaux anciens et de pénaliser les nouveaux. D'où, par le biais pervers de cette mesure, création d'un *privilège* en faveur des anciens journaux.

C'est aussi l'occasion, pour lui, de réaffirmer son attachement à l'existence de jurés populaires pour les jugements des affaires de presse, et cela pour plusieurs raisons, entre autres pour réprimer sévèrement la diffamation :

« J'ai toujours combattu pour la liberté de la presse, rappelle-t-il, mais j'ai toujours détesté la diffamation. J'ai toujours détesté, et je déteste encore, les attaques personnelles. Je crois que le jury sera aussi sévère que moi [...]

Il est certain que la diffamation est un des plus grands délits et une des plus grandes plaies de notre état social, qu'ainsi il faut donner contre ce délit toutes les garanties possibles, et que nous trouvons ces garanties dans le jury [...] Je veux qu'un misérable diffamateur puisse être accusé dans le lieu qu'habite celui qu'il a diffamé, au milieu de ceux qui savent combien cette diffamation est odieuse, avec des jurés qui connaissent les antécédents d'un honnête homme et qui flétrissent le diffamateur. Je n'ai aucune pitié pour ces sortes de gens. »[420]

Enfin, dans son dernier discours, le 20 novembre, il intervient dans un débat sur l'instruction primaire et prend position contre la volonté du nouveau gouvernement de maintenir l'ancienne pratique du « certificat de moralité » imposé aux instituteurs primaires. Avec cette pratique, qui rappelle ces certificats de civisme que l'on demandait sous la Révolution, il aperçoit le risque de main mise de l'Etat sur l'éducation. En effet, quand on veut restreindre la liberté on en appelle toujours, comme justification, soit à la sûreté publique, soit à la moralité :

« C'est, dit-il, le raisonnement qu'on a toujours invoqué en faveur des monopoles et des privilèges : on ne les introduit en apparence que dans l'intérêt public, et sur le motif de l'aveuglement supposé de l'intérêt personnel, toujours plus éclairé, mille fois plus éclairé, que les gouvernements. »[421]

L'intérêt personnel, *mille fois plus éclairé que les gouvernements*, dernières paroles de Benjamin Constant à la tribune de la Chambre des députés, est une phrase qui sonne comme le résumé des combats de toute son existence.

Benjamin, Constant est mort le 8 décembre 1830, soutenu par son épouse, la dévouée et discrète Charlotte, et par son ami alsacien Coulmann.

Avant de mourir, il avait donné le bon à tirer du cinquième et dernier volume de son grand livre *De la religion* qui paraîtra en 1831. C'était là le résultat d'un travail de plus de quarante ans.

En 1832 sortiront en librairie les deux volumes posthumes de son *Polythéisme romain.*

Ses funérailles, le 12 décembre 1830, furent grandioses, nationales et populaires. Ce fut l'alliance, le long du trajet emprunté par le convoi funèbre, du peuple, des autorités constituées et de la jeunesse « qu'il a éclairée, soutenue, exaltée sans cesse, écrira le journal *Le Constitutionnel,* avec l'intention constante d'en faire jaillir des prodiges de raison, de constance et de dévouement ».[422]

---

420 *Archives parlementaires*, op.cit., deuxième série, tome 64, p.39.
421 *Archives parlementaires*, op.cit., deuxième série, tome 64, p.515.
422 *Le Constitutionnel* du lundi 13 décembre 1830 dans l'article : *Funérailles de Benjamin Constant.*

Tous les ministres, le Conseil d'Etat, une délégation de la Chambre des députés, le corps municipal, le préfet de la Seine, trois aides de camp du roi, étaient entourés d'une jeunesse ardente issue de l'école Polytechnique, de l'école de médecine, de l'école de droit, de l'école de pharmacie, de l'école de commerce, de l'école des beaux-arts, lesquelles honoraient en Benjamin Constant d'abord et surtout le défenseur infatigable de la liberté de la presse.

Une jeunesse qui tenta même de faire dévier le cortège vers le Panthéon.

Commencées à onze heures du matin au domicile du défunt, ces funérailles, suivies par des milliers de parisiens, ne devaient s'achever qu'à huit heures du soir, au cimetière du Père Lachaise, après plusieurs discours dont celui de La Fayette.

Au lendemain de ce gigantesque hommage, Victor Hugo écrira dans son *journal* :

« Benjamin Constant était un de ces hommes rares qui fourbissent, polissent et aiguisent les idées générales de leur temps, ces armes des peuples qui brisent toutes celles des armées. Il n'y a que les révolutions qui puissent jeter de ces hommes-là dans la société. Pour faire la pierre ponce il faut des volcans. » [423]

---

[423] Kurt Klooke, *Benjamin Constant, une biographie intellectuelle*, op.cit., p. 296.

BIBLIOGRAPHIE

1 – Œuvres de Benjamin Constant :

L'essentiel de l'œuvre politique de Benjamin Constant est aujourd'hui accessible au grand public en trois ouvrages au format de poche :

- Benjamin Constant, *Ecrits politiques*, Paris, 1997, Gallimard, collection Folio/essais. Préface et notes de Marcel Gauchet. Ce volume contient : *De l'esprit de conquête et de l'usurpation* ; *Principes de politique* (édition de 1815) ; *De la liberté des Anciens comparée à celle des Modernes* ; *Mélanges de littérature et de politique.*
- Benjamin Constant, *Principes de politique* (édition de 1806-1810), Paris, 1997, Hachette-Littératures, collection Pluriel. Préface de Tzvetan Todorov, introduction par Etienne Hofmann.
- Benjamin Constant, *De la force du gouvernement actuel de la France et de la nécessité de s'y rallier*, Paris, 2013, Flammarion, collection Champs/classiques. Préface et notes de Philippe Reynaud. Ce volume contient aussi deux autres textes de la même époque : *Des réactions politiques* et *Des effets de la Terreur*.

Hors format de poche mais au chapitre des œuvres indispensables ajoutons :

- Benjamin Constant, *Commentaire sur l'ouvrage de Filangieri*, Paris, 2004, Les Belles Lettres, collection Bibliothèque classique de la liberté. Préface d'Alain Laurent.
- Benjamin Constant, *De la Religion*, Arles, 1999, Actes Sud, collection Thésaurus. Texte intégral présenté par Tzvetan Todorov et Etienne Hofmann.

Plus anciennes, citons trois éditions d'œuvres diverses :

- *Cours de politique constitutionnelle* par Benjamin Constant, nouvelle édition mise en ordre et précédée d'une introduction par M. J-P Pagès (de l'Ariège), Paris, 1836, Didier, 2 volumes.
- *Cours de politique constitutionnelle ou collection des ouvrages sur le gouvernement représentatif*, par Benjamin Constant, avec une introduction et des notes par Edouard Laboulaye, Paris, 1861, Guillaumin, 2 volumes.
- *Œuvres politiques de Benjamin Constant*, avec introduction, notes et index, par Charles Louandre, Paris, 1874, Charpentier.

Les romans de Benjamin Constant existent aussi en format de poche. Citons entre autres :

- Benjamin Constant, *Adolphe,* suivi de *Cécile*, Paris, 1957, Le Livre de Poche classique. Présentation par Marcel Arland. (Repris en Folio, 1973).
- Benjamin Constant, *Adolphe*, Paris, 1989, GF-Flammarion. Préface, bibliographie et chronologie par Daniel Leuwers.

Rappelons qu'il existe en Pléiade, chez Gallimard, un important volume concernant Benjamin Constant :

- Benjamin Constant, *Œuvres,* Paris, 1957, Bibliothèque de la Pléiade. Texte présenté et annoté par Alfred Roulin.

Articles et discours :

- Harpaz Ephraïm, *Benjamin Constant recueil d'articles* (1795-1817) 1 vol. (1817-1820) 2 vol. (1820-1824) 1 vol. Genève, Droz.
- Pozzo di Borgo, Benjamin Constant, écrits et discours politiques, Paris, 1971.

Edition complète :

L'édition savante des œuvres complètes de Benjamin Constant est l'objet d'un remarquable travail d'universitaires et de chercheurs de l'Université de Lausanne. La liste des volumes de cette édition savante est disponible sur le site internet de l'Institut Benjamin Constant de cette Université.

Sur internet :

- La quasi-totalité des œuvres de Benjamin Constant est aujourd'hui disponible sur internet en téléchargement gratuit à partir des sites Gallica, Google-Books et Archive.
- Disponible également sur internet la série des *Archives parlementaires*, de Mavidal et Laurent. Ce qui nous intéresse ici, c'est la deuxième série de ces *Archives* (1800 à 1860, Paris, Paul Dupont, 1873) qui contient les volumes des périodes où Benjamin Constant a été parlementaire : 1800-1802, comme membre du Tribunat et 1817-1830, comme député successivement de la Sarthe, de Paris et de l'Alsace. L'avantage des *Archives parlementaires* réside en ceci qu'elles restituent le cadre et l'ambiance des débats de l'époque où s'affrontent partisans et adversaires du gouvernement représentatif et où Benjamin Constant intervient fréquemment sur l'économie à partir des discussions sur les budgets annuels.

Correspondances :

- Lettres de Benjamin Constant à Mme Récamier, introduction et épilogue de Louise Colet, Paris, 1864, Dentu.
- Lettres de Benjamin Constant à sa famille. Introduction de Jean H. Menos, Paris, 1888, Savine.
- Journal intime de Benjamin Constant et lettres à sa famille et à ses amis, introduction par D. Melegari, Paris, 1895, P. Ollendorf.
- Correspondance de Benjamin Constant et d'Anna Lindsay, publiée par la baronne Constant de Rebecque, Paris, 1933, Plon.
- Lettres à un ami (lettres de Benjamin Constant et de Mme de Staël à Claude Hochet) publiées par Jean Mistler, Neuchâtel, 1949, La Baconnière.
- Lettres de Benjamin Constant à Bernadotte publiées par B. Hasselrot, Genève, 1952, Droz.
- Benjamin Constant Isabelle de Charrière, Correspondance 1787-1805, Paris, 1996, éditions Desjonquères.

- Harpaz Ephraïm, Benjamin Constant et Goyet de la Sarthe, correspondance, 1818-1822, Genève, 1973, Droz.
- Lettres de Benjamin Constant à Prosper de Barante, *Revue des Deux Mondes,* 15 juillet et 1er août 1906 (sur internet).
- Correspondance de Benjamin et de Rosalie de Constant, introduction et notes par Alfred et Susanne Roulin, Paris, 1955, Gallimard.

2 – Biographies :

- Kloocke Kurt, *Benjamin Constant, une biographie intellectuelle*, 1984, Genève-Paris, Droz.
- Bastid Paul, *Benjamin Constant et sa doctrine*, deux volumes, Paris, 1966, Armand Colin.
- Rudler Gustave, *La jeunesse de Benjamin Constant (1767-1794),* Paris, 1908, Armand Colin.
- Rudler Gustave, *Benjamin Constant député de la Sarthe*, Le Mans, 1913.
- Glachant Victor, *Benjamin Constant sous l'œil du guet,* Paris, 1906, Plon.
- Fabre-Luce Alfred, *Benjamin Constant*, Paris, 1978, Librairie académique Perrin.
- Kerchove Arnold de, *Benjamin Constant ou le libertin sentimental*, Paris, 1930.
- Poulet Georges, *Benjamin Constant par lui-même*, collection Ecrivains de toujours, Paris, 1968, Seuil.
- Guillemin Henri, *Benjamin Constant muscadin, 1795-1799*, Paris, 1958.
- Guillemin Henri, *Mme de Staël, Benjamin Constant et Napoléon*, Paris, 1959, Plon.
- Castille Hippolyte, *Benjamin Constant*, Paris, 1857, Ferdinand Sertorius.

3 – Etudes sur l'homme ou sur l'œuvre :

- Holmès Stephen, *Benjamin Constant et la genèse du libéralisme moderne*, Paris, 1994, PUF.
- Todorov Tzvetan, *Benjamin Constant, la passion démocratique*, Paris, 1997, Hachette/Littératures.
- Grange Henri, *Benjamin Constant amoureux et républicain (1795-1799),* Paris, 2004, Les Belles Lettres.
- Hofmann Etienne, *Les principes de politique de Benjamin Constant. La genèse d'une œuvre et l'évolution politique de leur auteur (1789-1806),* deux volumes, Genève, 1980, Droz.
- Bessard Pierre et Meuwly Olivier, *Libéral en tout : l'actualité de Benjamin Constant*, LIT Verlag, 2018.

- Loève-Veimars, François-Adolphe, *Lettres sur les hommes d'Etat de la France : Benjamin Constant*, Revue des Deux Mondes, 2ème série, tome 1, 1833.

- Fink Béatrice, *Un inédit de Benjamin Constant (histoire abrégée de l'égalité)* Dix-huitième siècle, N°14, 1982.

- Fink Béatrice, *Une trinité constantienne méconnue : liberté, égalité, équité*, Cahiers de l'Association internationale des études françaises, 1996, N°48.

- Jasinski B.W., *L'engagement de Benjamin Constant, amour et politique*, Paris, 1971.

- Deguise Pierre, *Benjamin Constant méconnu. Le livre « De la religion »*, Genève, 1966, Droz.

- Jaume Lucien, *L'individu effacé ou le paradoxe du libéralisme français*, Paris, 1997, Fayard.

- Jaume Lucien (direction) *Coppet, creuset de l'esprit libéral*, Paris, 2000, Economica.

- Meuwly Olivier, *Liberté et société. Constant et Tocqueville face aux limites du libéralisme moderne*, Genève, 2002, Droz.

- Nemo Philippe, *Benjamin Constant, le grand architecte humaniste de la démocratie libérale*, dans *Histoire du libéralisme en Europe*, sous la direction de Philippe Nemo et Jean Petitot, Paris, 2006, PUF.

- Raico Ralph, *Benjamin Constant*, sur le site internet de l'Institut Coppet.

- Lauris Georges de, *Benjamin Constant et les idées libérales*, Paris, 1904, Plon.

- Sainte-Beuve, *Benjamin Constant et Madame de Charrière*, Portraits littéraires, tome III, p.185, Paris, 1864, Garnier.

- Sainte-Beuve, *B.Constant, son cours de politique constitutionnelle, par M. Laboulaye*, Nouveaux Lundis, tome premier, p.411, Paris, 1884, Calmann Lévy.

- Sainte-Beuve, *Sur Adolphe de Benjamin Constant*, Causeries du lundi, tome onzième, p.432, Paris, Garnier.

- Sainte-Beuve, *Un dernier mot sur Benjamin Constant*, Portraits contemporains, tome cinquième, p.275, Paris, 1874, Michel Lévy frères.

- Du Bos Charles, *Grandeur et misère de Benjamin Constant*, Paris, 1946, Corrêa.

- Gouhier Henri, *Benjamin Constant*. Collection Les écrivains devant Dieu, Paris, 1967, Desclée de Brouwer.

- Kloocke Kurt, *Les écrits de Benjamin Constant sur la religion. Quelques réflexions herméneutiques et méthodologiques,* Cahiers de l'Association internationale des études françaises, 1996, N°48.

- Berr Michel, *Eloge de Benjamin Constant prononcé le 12 juin 1833 dans la chaire de l'Athénée Royal de Paris*, Paris, 1836, Treuttel et Wurtz.

4 – Divers :

- Baelen Jean, *Benjamin Constant et la question sociale*, Bulletin de l'association Guillaume Budé : Lettres d'humanité N°13, décembre 1954.
- Barbier Maurice, *Religion et politique chez Benjamin Constant*, Revue française de science politique, 33ème année, N°1 1983.
- Benrekassa Georges, *De Montesquieu à Benjamin Constant : la fin des Lumières ?* Dix-huitième siècle, N°21, 1989.
- Besse Guy, *philosophie, apologétique, utilitarisme*, Dix-huitième siècle, 1970, N°2.
- Bourdeau Michel et Fink Béatrice, *De l'industrie à l'industrialisme : Benjamin Constant aux prises avec le saint-simonisme. Une étude en deux temps,* Œuvres et critiques, XXXIII, 1, 2008.
- Broglie Victor de *Souvenirs,* 2 volumes, 1886, Paris, Calmann-Lévy.
- Coulmann Jean-Jacques, *Réminiscences*, Genève, 1973, Slatkine Reprints, 3 volumes.
- Dalem Alexis, *Guerre et économie : le libéralisme et la pacification par le marché*, Paris, Presses de Sciences po, 2003/1 N°9.
- De Champ Emmanuelle, *Le « moment utilitaire » ? L'utilitarisme en France sous la Restauration.* Cahier d'histoire, revue d'histoire critique, 123/2014.
- Diesbach Ghislain de, *Mme de Staël*, Paris, 1997, Perrin.
- Dupuis Jean-Pierre, *Libéralisme et justice sociale*, Paris, 1997, Hachette/Littératures, collection Pluriel.
- Duvergier de Hauranne, *Histoire du gouvernement parlementaire en France*, 10 volumes, Paris, 1857, Michel Lévy.
- Feldman Jean-Philippe, *Le constitutionnalisme selon Benjamin Constant*, Cercle de philosophie politique Benjamin Constant.
- Filon Augustin, *Madame de Charrière d'après un livre récent*, Revue des Deux Mondes, 15 août 1906.
- Gainot Bernard, *Benjamin Constant et le Cercle constitutionnel de 1797 : la modération impossible*, Annales historiques de la Révolution française, N°357, Juillet/septembre 2009.
- Girard Louis, *Les libéraux français, 1814-1875*, Paris, 1985, Aubier, collection historique.
- Grunberg Gérard, *Napoléon, le noir génie*, Paris, CNRS éditions, 2015.
- Hofmann Etienne (direction), *Bibliographie analytique des écrits sur Benjamin Constant*, Lausanne, 1980, Institut Benjamin Constant et Oxford The Voltaire foundation.
- Hoock-Demarle Marie-Claire, *Un lieu d'interculturalité franco-allemand : le réseau épistolaire de Coppet*, Romantisme, 1991, N°73.
- Hyard Alexandre, *Dugald Stewart, les « économistes » et la Révolution française*, Annales historiques de la Révolution française, N° 345, Juillet/septembre 2006.

- Isbell John Claiborne, *Le Contrat social selon Benjamin Constant et Mme de Staël, ou la liberté a-t-elle un sexe ?* Cahiers de l'Association internationale des études françaises, 1996, N°48.

- Jaunin Frédéric, *Stratégies et spontanéité des opposants aux discours de Benjamin Constant contre la traite des Noirs*, Institut Benjamin Constant.

- Larrère Catherine, *Montesquieu et le « doux commerce »* : un paradigme *du libéralisme*, Cahier d'histoire. Revue d'histoire critique, 123/2014.

- Laurent Alain, *La philosophie libérale*, Paris, 2002, Les Belles Lettres.

- Laval Christian, *« La chaîne invisible », Jeremy Bentham et le néo-libéralisme*, Revue d'études benthamiennes, 1/2006.

- Leroux Robert, *Aux fondements de l'industrialisme : Comte, Dunoyer et la pensée libérale en France*, Paris, 2015, Hermann.

- Lubis F.P., *Histoire de la Restauration*, 1857, Paris.

- Madelin Alain (direction), *Aux sources du modèle libéral français,* Paris, 1997, Perrin.

- Manent Pierre, *Les libéraux*, Paris, 1986, Pluriel (deux volumes).

- Manent Pierre, *Histoire intellectuelle du libéralisme*, Paris, 1987, Pluriel.

- Mathiez Albert, *Le Directoire*, Paris, 1934, Armand Colin.

- Ménissier Thierry, *Réinventer la liberté ? Benjamin Constant et la « liberté des Modernes »*

- Meuwly Olivier, *Les* Principes de politique *de Benjamin Constant sous l'œil de Frédéric-César de La Harpe*. Annales Benjamin Constant, N°38, 2013.

- Minart Gérard, *Les opposants à Napoléon 1800-1815. L'élimination des royalistes et des républicains*, Toulouse, 2003, Privat.

- Nettement Alfred, *Histoire de la Restauration*, 8 volumes, Paris, 1860, Jacques Lecoffre.

- Pasquino Pascale, *Emmanuel Sieyès, Benjamin Constant et le « gouvernement des Modernes »,* Revue française de science politique, Paris, 1987, 37ème année, N°2.

- Rémond René, *La vie politique en France depuis 1789*, tome 1 (1789-1848), Paris, 1965, Armand Colin/Agora.

- Rémusat Charles de, *Mémoires de ma vie*, présenté par Jean Lebrun, Paris, 2017, Perrin.

- Rosanvallon Pierre, *Le moment Guizot*, Paris, 1985, Gallimard, collection Bibliothèque des sciences humaines.

- Rosenblatt Helena, *Commerce et religion dans le libéralisme de Benjamin Constant*, Revue Commentaire, N°102, été 2003.

- Takeda Chinatsu, *Deux origines du courant libéral en France*, Revue française d'histoire des idées politiques, 2003/2, N°18.

- Thibaudet Albert, *Les idées politiques de la France*, Paris, 1932, Stock.

- Thureau-Dangin Paul, *Le parti libéral en France sous la Restauration*, Paris, 1876, Plon.

- Vaulabelle Achille, *Histoire des deux Restaurations*, 8 volumes chez Perrotin en 1860, 10 volumes chez Garnier Frères en 1874.
- Waresquiel Emmanuel et Yvert Benoît, *Histoire de la Restauration 1814-1830. Naissance de la France moderne*, Paris, 1996, Perrin.
- Winock Michel, *Madame de Staël,* Paris, 2010, Fayard.

TABLE DES MATIÈRES

Revue « Marché et Organisations »
L'Harmattan

Cahiers d'économie et de gestion thématiques dont le but est de promouvoir la recherche originale sur les relations de plus en plus étroites qui se tissent entre le marché et les organisations. Les acteurs économiques de taille, de puissance et de pouvoir différents dont les intérêts peuvent être convergents, complémentaires ou, le plus souvent, antagoniques, ont tendance à organiser les marchés. La raison du marché, pourtant, est la référence stratégique pour l'entreprise ainsi que pour les institutions publiques de décision économique.

Numéros parus :

N°1 : Artisanat. La modernité réinventée, 2006
N°2 : La petite entreprise, elle a tout d'une grande. De l'accompagnement aux choix stratégiques, 2006
N°3 : Tourisme et Innovation. La force créative des loisirs, 2007
N°4 : Le travail. Formes récentes et nouvelles questions, 2007
N°5 : Les universités et l'innovation. L'enseignement et la recherche dans l'économie des connaissances, 2007
N°6 : Entrepreneuriat et accompagnement. Outils, actions et paradigmes nouveaux, 2008
N°7 : Développement durable des territoires. Economie sociale, environnement et innovations, 2008
N°8 : Développement durable et responsabilité sociale des acteurs, 2009
N°9 : Gouvernance : exercices de pouvoir, 2009
N°10 : Le travail collaboratif. Une innovation générique, 2009
N°11 : Economie sociale et solidaire. Nouvelles trajectoires d'innovations, 2010
N°12 : Relations à la marque et marques de la relation. Regards croisés sur le management relationnel de la marque, 2010
N°13 : Les contrats au service de la recherche ?, 2011
N°14 : Le potentiel économique de l'Afrique subsaharienne, 2011
N°15 : Management de la distribution, 2012
N°16 : Territoire Vert. Entreprises, Institutions, Innovations, 2012
N°17 : Eco-conception, conception et innovation. Les nouveaux défis de l'entreprise, 2013
N°18 : Intelligence économique : entreprises et territoires, 2013
N°19 : La finance globale. Un monde fini, 2013
N°20 : La crise du « développement », 2014
N°21 : La Chine innove. Politiques publiques et stratégies d'entreprise, 2014
N°22 : Go East! Nouvelles Economies de Marché, 2015
N°23 : L'économie du changement, 2015
N°24 : Le temps des artisans. Permanences et mutations, 2015
N°25 : Innovations de proximité et esprit d'entreprise, 2016
N°26 : L'avenir des économies du Maghreb : entre inertie structurelle et envie de rupture, 2016/3 (n° 27)
N°27 : Le sport aux frontières du marché du travail, 2016
N°28 : Dynamiques internationales des entreprises, 2017
N°29 : L'univers du risque, 2017
N°30 : Les petites entreprises dans l'histoire industrielle, 2017
N°31 : Economie sociale et *social business* ? Au défi d'entreprendre et se financer, 2018
N°32 : Éducation et fertilisation des économies africaines, 2018
N°33 : L'entrepreneuriat innovant dans les pays du Maghreb, 2018

Collection « L'esprit économique »

fondée par Sophie Boutillier et Dimitri Uzunidis en 1996
dirigée par Sophie Boutillier, Blandine Laperche, Dimitri Uzunidis

Dernières parutions

► ***Série Economie et Innovation***
M.-J. POLLET-VILLARD, *L'innovation dans les services. Cadre d'une analyse dynamique fondée sur les réseaux*, 2017.
B. CHRISTOPHE, *La décroissance écologique transforme l'entreprise*, 2017.
G. ACHERMANN, *Territoires d'innovation en Russie, Ambitions et contraintes d'une politique de clusterisation*, 2018.
C. ABDOU LAHAD THIAW, *Innovation localisée pour le développement économique du Sénégal*, 2018.
N. ANIDO FREIRE, *Tradition et innovation : de l'opposition à la complémentarité*, 2018.
C. BERGHMANS (dir.), *Intelligence et compétences émotionnelles en entreprise : perspectives multiples*, 2018.
T. MICHAUD, *La réalité virtuelle : de la science-fiction à l'innovation*, 2018.
► ***Série Le Monde en Question***
W. AMEDZRO St-HILAIRE, *Reconstruire l'Afrique. Nouvelle gouvernance et projet de développement*, 2014.
M. SANTI, *Misère et opulence. Chroniques d'austérité globalisée*, 2015
J.-M. BOUSSARD, *Les prix agricoles. Nouveau dialogue sur le commerce des bleds*, 2017
C. BASTIDON, O. GBAGUIDI A. GHOUFRANE, A. SILEM (dir.), *Commerce, investissement et développement durable en Afrique*, 2017.
L. BOURQUIN, *Europe 3.0 : le grand réveil*, 2017.
A. ROSOWSKY, *De l'économie de pillage a la société désagrégée, un essai sur la révolution thatchérienne*, tomes 1 & 2, 2017.
M. AMAN, *Currency board* (caisse d'émission) à Djibouti. Quelles implications économiques ?, 2018.
► ***Série Krisis***
A. MARQUEZ-VELASCO, *Politique et économie. 10 mesures phares pour un monde meilleur*, 2015.
R. GOODFELLOW, *Le cycle des crises aux États-Unis depuis 1929. essai de systématisation de la conjoncture*, 2016.
M. LAUDET, *Aux origines de l'économie politique : Antoine de Montchrestien et son « traicte de l'oeconomie politique »*, 2016.
J. HUERTA DE SOTO, *La théorie de l'efficience dynamique*, 2017.
Y. LEVANT, S. TREBUCQ, *Théorie comptable et sciences économiques du XVe au XXIe siècle, mélanges en l'honneur du professeur Jean-Guy Degos*, 2018.
M. WIELEZYNSKI, *Retour sur l'origine du profit : et si l'économie changeait de paradigme…*, 2018.
► ***Série Clichés***
S. BOUTILLIER, D. UZUNIDIS (dir.), *La Russie européenne. Du passé composé au futur antérieur*, 2008.
R. VOLPI, *La négociation. Pain, paix, liberté*, 2009.
► ***Série Cours Principaux***
J.-P. MOCKERS, *Court traite d'économie et de politique économique*, 2016.
P.-Y. CARASCO, Prix de transfert et stratégies d'optimisation fiscale de la firme multinationale, 2017.
O. ESNEU, *Fondements de droit. Manuel d'initiation*, 2018.
B. LANDAIS, *Les fluctuations économiques, une synthèse nouvelle*, 2017.
S. FREZAL, *Quand les statistiques minent la finance et la société. Risque, responsabilité et décision*, 2018.
O. ESNEU, *Le droit du transport routier de marchandises (TRM)*, 2018.
► ***Série L'économie formelle***
F. BISMANS, *La grande récession : un autre regard sur des temps troubles (2007-2013)*, 2016.
B. SCHWENGLER, *De l'inflation à la dette publique : analyse des discours politiques*, 2016.
S. PARK, *Les abus de puissance économique dans les relations commerciales déséquilibrées*, 2018.

Structures éditoriales du groupe L'Harmattan

L'Harmattan Italie
Via degli Artisti, 15
10124 Torino
harmattan.italia@gmail.com

L'Harmattan Hongrie
Kossuth l. u. 14-16.
1053 Budapest
harmattan@harmattan.hu

L'Harmattan Sénégal
10 VDN en face Mermoz
BP 45034 Dakar-Fann
senharmattan@gmail.com

L'Harmattan Cameroun
TSINGA/FECAFOOT
BP 11486 Yaoundé
inkoukam@gmail.com

L'Harmattan Burkina Faso
Achille Somé – tengnule@hotmail.fr

L'Harmattan Guinée
Almamya, rue KA 028 OKB Agency
BP 3470 Conakry
harmattanguinee@yahoo.fr

L'Harmattan RDC
185, avenue Nyangwe
Commune de Lingwala – Kinshasa
matangilamusadila@yahoo.fr

L'Harmattan Congo
67, boulevard Denis-Sassou-N'Guesso
BP 2874 Brazzaville
harmattan.congo@yahoo.fr

L'Harmattan Mali
Sirakoro-Meguetana V31
Bamako
syllaka@yahoo.fr

L'Harmattan Togo
Djidjole – Lomé
Maison Amela
face EPP BATOME
ddamela@aol.com

L'Harmattan Côte d'Ivoire
Résidence Karl – Cité des Arts
Abidjan-Cocody
03 BP 1588 Abidjan
espace_harmattan.ci@hotmail.fr

L'Harmattan Algérie
22, rue Moulay-Mohamed
31000 Oran
info2@harmattan-algerie.com

L'Harmattan Maroc
5, rue Ferrane-Kouicha, Talaâ-Elkbira
Chrableyine, Fès-Médine
30000 Fès
harmattan.maroc@gmail.com

Nos librairies en France

Librairie internationale
16, rue des Écoles – 75005 Paris
librairie.internationale@harmattan.fr
01 40 46 79 11
www.librairieharmattan.com

Lib. sciences humaines & histoire
21, rue des Écoles – 75005 Paris
librairie.sh@harmattan.fr
01 46 34 13 71
www.librairieharmattansh.com

Librairie l'Espace Harmattan
21 bis, rue des Écoles – 75005 Paris
librairie.espace@harmattan.fr
01 43 29 49 42

Lib. Méditerranée & Moyen-Orient
7, rue des Carmes – 75005 Paris
librairie.mediterranee@harmattan.fr
01 43 29 71 15

Librairie Le Lucernaire
53, rue Notre-Dame-des-Champs – 75006 Paris
librairie@lucernaire.fr
01 42 22 67 13

www.ingramcontent.com/pod-product-compliance
Lightning Source LLC
LaVergne TN
LVHW050643051026
849532LV00002B/507